大学生军事理论教程

房 兵 ◎主编

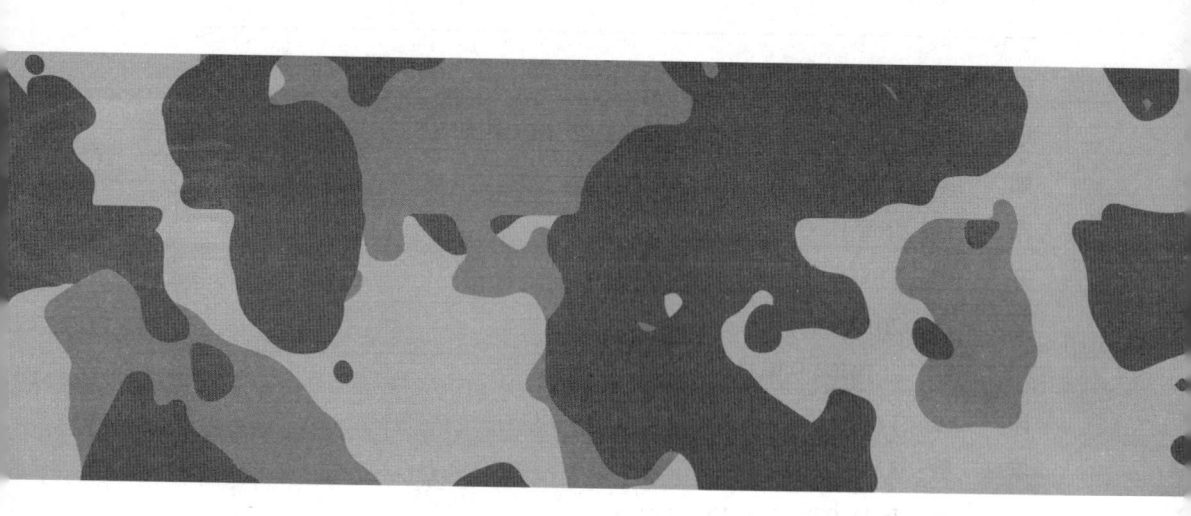

贵州出版集团
贵州民族出版社

图书在版编目（CIP）数据

大学生军事理论教程/房兵主编. -- 贵阳： 贵州民族出版社，2019.4
ISBN 978-7-5412-2450-8

Ⅰ.①大… Ⅱ.①房… Ⅲ.①军事理论—高等学校—教材 Ⅳ.①E0

中国版本图书馆CIP数据核字（2019）第009388号

大学生军事理论教程
房兵　主编

出版发行：	贵州民族出版社
地　　址：	贵阳市观山湖区会展东路贵州出版集团大楼
邮　　编：	550081
印　　刷：	华睿林（天津）印刷有限公司
开　　本：	710mm×1000mm　1/16
版　　次：	2019年4月第1版
印　　次：	2019年4月第1次印刷
印　　张：	17.5
字　　数：	320千字
书　　号：	ISBN 978-7-5412-2450-8
定　　价：	49.80元

前 言
PREFACE

国防政策,是指国家制定的一定时期内指导国家防务的基本行动准则,是国家政策的重要组成部分。我国的国防政策,是党中央、国务院、中央军委从维护国家安全和发展利益的需要出发,依据宪法和法律,着眼国际安全形势的特点和变化,立足于我国政治、经济、军事、科技、文化和地理等方面的客观实际,在科学总结中国革命战争和国防建设历史经验的基础上制定的,对国防建设和国防斗争具有全面的指导作用。

"民无兵不安,国无防不立。"一个国家、一个民族,最重要的两件大事就是生存与安全问题和发展与富强问题。国防是人类社会发展与安全的产物,是国家生存和发展的安全保障。建立巩固的国防是我国现代化建设的战略任务,是维护国家主权、安全和发展利益,实现中华民族伟大复兴的重要保障。关注国防、了解国防及建设国防,是我们义不容辞的责任。

1984年,《中华人民共和国兵役法》颁布,我国学生军训工作有了法律依据。1997年颁布的《中华人民共和国国防法》和2001年颁布的《中华人民共和国国防教育法》,使学生军训的有关法律规定日臻完善。2001年6月29日,国务院办公厅、中央军委办公厅转发了《教育部、总参谋部、总政治部关于在普通高等学校和高级中学开展学生军事训练工作意见的通知》(国办发〔2001〕48号文件),对新时期的学生军训工作提出了一系列方针、原则和要求。这些都为学生军训工作的开展提供了可靠的法律和政策保障,使我国的学生军训工作逐步走上了法制化、制度化的轨道。

面对瞬息万变的国际环境和国家安全形势，我们需要全民提高国防意识。"天下虽安，忘战必危"，加强对大学生的国防教育，提高国防意识，使大学生树立正确的人生观和价值观，是现代科技兴国的一项重要保障。

本书从现代国防出发，从习近平主席提出的"强军强国，实现大国梦"出发，详细叙述了我国目前所处的国际环境及面临的安全问题，使同学们充分体会国家安全的紧迫感。高科技军事是未来战争的方向，认识军事武器发展的现状，可以使同学们客观认识国家实力，了解现代武器的打击力量。信息化战争是未来战争的主要途径，科技的发展，不仅改变人的生活，同时也改变着战争的方式。大学生应了解基本军事条例，掌握基本军事技巧及技能，锻炼好自己强健的体魄，做高素质的国家未来的主人。

本书除了配备课件外，还配有丰富的视频资料，以及强大的军事专家团队，可以为院校提供最新的国防教育讲座及培训。

敬请广大师生在使用本书时，提出宝贵的意见，以使本书不断完善。谢谢！

2019年3月25日

目 录
CONTENTS

上篇　军事理论

第一章　中国国防 ··· 2

　第一节　国防概述 ··· 3

　第二节　国防法规 ··· 13

　第三节　国防建设 ··· 21

　第四节　武装力量 ··· 32

　第五节　国防动员 ··· 37

第二章　国家安全 ··· 45

　第一节　国家安全概述 ····································· 46

　第二节　国家安全形势 ····································· 49

　第三节　国际战略形势 ····································· 56

第三章　军事思想 ··· 65

　第一节　军事思想概述 ····································· 66

　第二节　外国军事思想 ····································· 69

第三节　中国古代军事思想 ·· 75
第四节　当代中国军事思想 ·· 82

第四章　现代战争　107

第一节　现代战争概述 ··· 108
第二节　新军事革命 ·· 110
第三节　机械化战争 ·· 118
第四节　信息化战争 ·· 122

第五章　信息化装备　137

第一节　信息化装备概述 ·· 138
第二节　信息化作战平台 ·· 142
第三节　综合电子信息系统 ··· 147
第四节　信息化杀伤武器 ·· 152

下篇　军事技能

第六章　共同条令教育与训练　166

第一节　共同条令教育 ··· 167
第二节　分队的队列动作 ·· 170
第三节　现地教学 ··· 175

第七章　射击与战术训练　176

第一节　轻武器射击 ·· 177
第二节　战术 ·· 197

第八章　防卫技能与战时防护训练…………………………………… 205
　　第一节　格斗基础………………………………………………… 206
　　第二节　战场医疗救护…………………………………………… 212
　　第三节　核生化防护……………………………………………… 225

第九章　战备基础与应用训练…………………………………………… 234
　　第一节　战备规定………………………………………………… 235
　　第二节　紧急集合………………………………………………… 237
　　第三节　行军拉练………………………………………………… 240
　　第四节　野外生存………………………………………………… 246
　　第五节　识图用图………………………………………………… 251
　　第六节　电磁频谱监测…………………………………………… 263

附录一

教育部、中央军委国防动员部关于印发《普通高等学校军事课教学大纲》的通知………………………………………………………………………… 265

附录二

普通高等学校军事课教学大纲…………………………………………… 266

上篇　军事理论

第一章　中国国防

【教学目标】

1. 理解国防内涵和国防历史，树立正确的国防观
2. 了解我国国防体制、国防战略、国防政策及国防成就，激发学生的爱国热情
3. 熟悉国防法规、武装力量、国防动员的主要内容，增强国防意识

什么是国防？

　　国防，是国家的防务，是指为捍卫国家主权、领土完整，防备外来侵略和颠覆所进行的军事及与军事有关的政治、外交、经济、文化等方面的建设和斗争。

　　中国奉行防御性的国防政策。中国把捍卫国家主权、安全、领土完整，保障国家发展利益和保护人民利益放在高于一切的位置，努力建设与国家安全和发展利益相适应的巩固国防和强大军队，在全面建成小康社会进程中实现富国和强军的统一。

第一节　国防概述

"民无兵不安，国无防不立。"一个国家、一个民族，最重要的两件大事：一是生存与安全问题，一是发展与富强问题。国防是人类社会发展与安全所需要的产物，是国家生存和发展的安全保障。建立巩固的国防是我国现代化建设的战略任务，是维护国家主权、安全和发展利益，实现中华民族伟大复兴的重要保障。关注国防、了解国防、建设国防，是我们义不容辞的责任。

一、国防的内涵和基本类型

（一）国防的内涵

国防是指国家为防备和抵抗侵略，制止武装颠覆，保卫国家的主权、统一、领土完整和安全所进行的军事及与军事有关的政治、经济、外交、科技、文化、教育等方面的活动，是国家生存与发展的安全保障。国防的基本要素如表1-1所示。

表1-1　国防的基本要素

国防的基本要素	国防的行为主体	国防的行为主体是国家，基本内容包括国防建设和国防斗争两个方面。国防建设是指国家为构建和完善国防体系、提高国防能力而进行的一系列活动的统称；国防斗争是国家为维护自身安全而进行的各方面的斗争
	国防的目的	国防的目的主要是捍卫国家的主权、统一、领土完整和安全
	国防的手段	国防的手段是指为达到国防目的而采取的方法与措施。根据《中华人民共和国国防法》的规定，我国国防的手段包括军事活动及与军事有关的政治、经济、外交、科技、教育等方面的活动
	国防的对象	国防的对象是指国防所要防备、抵抗和制止的行为。根据《中华人民共和国国防法》的界定，国防的对象一是侵略，二是武装颠覆

（二）国防的基本类型

按照不同的标准，国防可分为若干类型，如表1-2所示。

表1-2　国防的基本类型

国防的基本类型	按社会形态分	奴隶制国防	
		封建制国防	
		资本主义国防	
		社会主义国防	
	按军事战略和国防建设的目标分	防御型国防	防御型国防在国防建设上以防止外敌入侵为主要目的
		扩张型国防	扩张型国防以国家安全和防务需要为幌子，以侵略、颠覆或渗透为主要目的与手段，将其他国家和地区纳入自己的势力范围
	按国防力量的构成方式分	联盟型国防	联盟型国防的最大特征就是通过结盟的形式，壮大自身的防卫力量，维护国家的安全稳定
		独立自主型国防	独立自主型国防，强调主要依靠本国自身的防卫力量，坚持不结盟政策，但并不排斥国与国的防务合作
		中立型国防	中立型国防的最大特征是在国际冲突或战争面前，严格恪守和平中立的政策，有的采取全民防卫式的武装中立，有的则采取完全不设防的方式

中国的社会主义制度和国防政策，以及积极防御的军事战略，决定了我国国防是独立自主的防御型国防，与奉行霸权主义、强权政治国家的国防有着本质区别。

二、国家与国防

国防是国家的重要组成部分。国家与国防密不可分、相辅相成。

（一）国防随着国家的产生而出现

国防是国家的防务，有国才有防。

原始社会末期，随着社会解体并分裂为奴隶和奴隶主两大阶级，奴隶主为了维护和巩固统治地位，组建军队，并制定法令、设立监狱，采用暴力手段镇压奴隶的反抗，从而形成人类社会初始的国家。国家建立后，对外防侵扰和对内防叛乱等巩固国家政权的问题，非常突出地摆在统治者面前，真正意义上的国防由此诞生。

伴随着人类社会的发展和演变，国防的内容不断得到丰富和完善。在这一发展历程中，战争成了国防发展的原始推动力。为了遏制或赢得战争，国家要不断加强国防建设。为了解决军队的兵员问题，从而形成兵役制度和动员政策。为了解决军队行军作战的给养，便逐渐组建了后勤保障机构，后来又产生了国防科研、国防立法等专门机构。直至国防部等国防领导机构的成立，国防便逐渐超出了军事范畴，由较为单一的军事领域扩展到与军事相关的各种庞大而复杂的社会体系。

（二）国防服务于国家利益

国防通过为国家和民族提供安全保障，从而达到为国家和民族利益服务的目的。在国际战略格局中，主权国家求得安全、和平、生存、发展是其基本利益。而这一利益的获得，有赖于国防的有力保障。如果没有强大的国防，国家陷入战争与动乱之中，国家建设无法正常进行，维护国家利益也就无从谈起。所以，国防是为国家利益服务的。国防除主要担负防御外敌入侵与颠覆，保卫国家主权和领土完整等职能外，还担负维护国家内部的安全稳定、保障经济建设顺利进行等职能。

三、国防的作用

一个国家，从诞生之日起，首要的任务就是对内巩固政权，对外抵御侵略，保证国家的生存、安全与发展。国防在国家的职能中，地位和作用十分重要，其强弱与国家安危、荣辱兴衰休戚与共。国防的作用如表1-3所示。

表1-3　国防的作用

国防是国家安全的重要保障	有国无防，或国防不强，国家和民族就要遭殃。为了保障国家安全，促进国家发展，各国都从本国实际出发，努力加强国防建设，同时在国民中普遍进行有关维护国家安全的国防教育，使国民树立爱国主义观念，为国家的生存与发展营造有利的条件和环境，保障国家安全
国防是国家独立自主的前提	强大的国防，是确保国家独立自主地行使主权的前提。国家和民族的独立，必须有巩固的国防。国家独立、民族兴旺，离不开现代化的人民军队，离不开整个民族的尚武精神，也离不开高效率的国防动员建设。在新的历史条件下，巩固的国防不仅是我们在异常激烈、错综复杂的国际环境中赢得战略主动权的重要条件，也是完成祖国统一大业，全面建成小康社会的重要保障

续表

国防是国家生存和发展的重要条件	如果没有强大的国防，国家的政权是无法稳定的，经济发展的目标也难以实现。因此，国家的生存、政权的稳固和经济利益的维护，以及国际地位、国际形象的树立，都必须有一个能够捍卫国家根本利益的强大国防

四、国防历史与启示

中国国防的历史悠久，源远流长。随着人类社会的不断发展和演变，中国社会先后经历了不同的发展阶段，国防也经历了屈辱与荣耀、衰败与昌盛的历史。它记录了中华民族悲壮的过去，有着沉痛的教训，也积累了成功的经验。它充满了中华民族的勇敢和智慧，不但是中国人民的精神财富，也是我们进行国防教育的生动教材。

（一）中国古代国防

中国古代国防始于公元前21世纪夏王朝的建立，止于1840年的鸦片战争。历经20多个朝代4 000多年的更迭，呈现出兴衰交替和曲折发展的历程。夏王朝的建立，标志着中国最初的国防的产生。秦始皇统一六国后，国防才真正担负起巩固、发展统一政权和抗击外敌入侵的双重任务。为巩固国防，秦王朝采取了一系列综合治理措施：设郡而治，筑路通邮，实施军屯等。盛唐时期，唐王朝非常重视国防建设，注重讲武，苦练精兵，改良兵器，执行"怀柔四方，华夷一体"的防务政策，使唐朝北部边疆出现了数十年无战祸的太平景象。从中唐到两宋、明清，国防的基本趋势是由弱到强，再从强盛走向衰落。具体到各个朝代，国防也大都由兴而盛，由盛及衰。

中国古代国防的主要内容如表1-4所示。

表1-4 中国古代国防的主要内容

建立军制	军制就是军事制度，包括武装力量体制、军事领导体制和兵役制度等。在武装力量体制上，一般区分为中央军、地方军和边防军。中央军通常由御林军和其他较为精锐的部队组成，担任警卫京师和宫廷的任务；地方军由地方军政长官统率，担负该地区的卫戍任务；边防军是戍守边疆并兼有屯田任务的军队

续表

传统防御工程体系建设	城池是中国古代国防建设中时间最早和数量最多的工程，长城是城池建设的延续和发展。古代海防建设始于明朝，主要是防御倭寇的入侵
军事技术	中国古代的军事技术，走在世界的前列，并对世界军事乃至世界经济的发展产生过深远影响。公元8世纪，唐朝发明了火药并用于军事，引起了军事上划时代的变革
军事著作	《孙子兵法》《孙膑兵法》《吴子兵法》《司马法》《尉缭子》《六韬》《三略》《李卫公问对》和其他军事理论著作，对于指导战争和加强国防起到了重要作用

（二）中国近代国防

中国近代国防是一部充满着屡弱、衰败和屈辱的历史。1840年，英国凭借坚船利炮的优势，从海上打开了清王朝紧锁的国门，开始了对中国的入侵。在西方列强的侵略面前，腐朽的统治者奉行消极防御的国防建设指导思想，卖国求荣，结果是有国无防，大片国土被迫割让，人民惨遭蹂躏和屠杀。

中国近代国防的主要内容如表1-5所示。

表1-5　中国近代国防

清朝后期的国防	自"康乾盛世"之后，清朝的政治日趋腐败，国防日渐衰落。鸦片战争爆发后，西方列强大举入侵，从此清王朝一蹶不振，每况愈下，有国无防，内乱外患交织，逐步沦为半殖民地半封建的社会
民国时期的国防	辛亥革命虽然推翻了清朝的统治，建立了中华民国，但并没有改变中国任人宰割的历史。西方列强为维护其在华利益，纷纷扶植各派军阀为自己的代理人，加紧对中国的掠夺。各派军阀为争权夺利，混战不已，中国依然是有边不固，有海无防
	以五四运动为标志，中国反帝反封建的资产阶级民主革命发展到了新阶段。1921年7月1日，中国共产党成立，给灾难深重的中国人民带来了光明和希望，中国革命开始进入了新的发展时期

续表

民国时期的国防	1931年9月18日，"九一八事变"爆发，国民党政府奉行"攘外必先安内"的政策，一味妥协退让，使东北大片国土迅速沦陷。1937年7月7日，日本发动"卢沟桥事变"，全面侵华战争爆发，中华民族到了生死存亡的紧要关头。中国共产党高举团结抗日的旗帜，与国民党再度实行合作，组成了广泛的抗日民族统一战线，使抗日战争的正面战场作战、敌后战场作战和全民抗日作战行动得以有力结合。历经14年艰苦卓绝的奋战，终于取得了中国自近代以来第一次抗击外敌入侵的完全胜利。抗日战争胜利后，国民党当局背信弃义，妄图消灭中国共产党及其领导的军队。经过4年全国解放战争，中国共产党领导人民，终于推翻了国民党的统治，建立了中华人民共和国

（三）中华人民共和国国防

中华人民共和国成立后，在加强国防建设的同时，为抵抗侵略，制止武装颠覆，保卫国家的主权、统一、领土完整和安全，我国武装力量同国内外敌人进行了多次坚决的斗争，取得了一个又一个伟大胜利。中华人民共和国国防的主要内容如表1-6所示。

表1-6　中华人民共和国国防

与国内敌人的斗争	清理国民党残余部队
	平息匪患、叛乱
	解放西藏
抗击外国军队的武装侵犯	抗美援朝战争
	中印边境自卫反击作战
	珍宝岛自卫反击作战
	西沙群岛自卫反击作战
	中越边境自卫还击作战

（四）国防历史的启示

在我国四千多年的国防历史长河中，有声威远播、天下归附的武功，有引而不发、强虏驻足的宁静，有遍体鳞伤、不堪回首的屈辱，也有抗敌卫国取得的巨大胜利。重温国防历史，我们可以从中得到不少有益的启示。

1. 政治昌明是国防巩固的根本

纵观我国古代几千年的国防兴衰史，可以看出，当统治阶级处于上升阶段时，政治昌明、经济发展、民族团结、国家统一，国防就强盛；反之，当统治阶级处于没落阶段时，政治腐败、经济凋敝、民族分裂、国内混乱，国防就衰弱。因此，国家政策的正确与否直接关系到国防的兴衰，只有政治昌明，才能有巩固的国防。这是国防历史给予我们的一个深刻启示。

春秋战国时期，各诸侯国都十分注意昌明政治；变法图强，把举贤任能作为强国的根本大计。汉高祖刘邦得天下后，实行文武并用的治国方针，建立法制，此后的文帝、景帝至武帝，由于都实行了比较开明的治国方略，使得国家昌盛，国力强大，为国家安定奠定了基础。相反，秦朝实行暴政，迫使农民起义，最终推翻了秦始皇梦想千秋万代、子孙相继的基业。宋朝机构臃肿，官员奢侈腐化，国力衰竭不堪，最终为元兵所灭亡。明朝中后期皇帝昏庸，宦官专政，结党营私，终被起义军所败，后清兵入关，政权沦丧。近代中国，由于清政府政治日益腐朽，国防虚弱，面对列强入侵屡战屡败，乞降求和，使我国遭受了前所未有的奇耻大辱。

2. 经济强盛是国防强大的基础

经济是国防的物质基础，国防的强大依赖于经济的发展，这是国防历史给予我们的一个深刻启示。早在春秋战国时期，统治者就认识到国富才能强兵，自强方可自立，并把发展经济作为巩固国防、争夺霸权的重要措施。例如，春秋时期，晋国本是一个国贫兵弱的小国，晋文公执政后，通过整顿内政、发展经济、扩充军队等一系列的综合治理，使晋国实力迅速增强，一跃成为中原霸主。秦国重用商鞅进行变法，推行"开阡陌""废井田"等一系列土地改革措施，极大地解放了生产力，促进了经济的发展，这对秦军南征北战，最终吞并六国，完成统一大业起到了重要的作用。而唐朝由"贞观之治"达到封建社会的鼎盛时期，更是当时统治者注重发展经济的结果。

与此相反，各个朝代的衰落、灭亡，几乎毫无例外地都是由于这个王朝后期政治腐败，经济落后，动摇了国防的根基，才导致政权易手。由此可见，只有经济的强盛，才能有强大的国防，才能有政权的稳固和国家的安全。经济强盛，是国防巩固的基础，是国家得以长治久安的根本保证。

3. 国家的统一和民族的团结是国防强大的关键

在面临外敌入侵、国家危亡的紧要关头，只有国家统一，民族团结，共同抵抗，才能筑起一道坚不可摧的国防长城，取得反侵略战争的胜利。

近代西方列强对我国发动的一系列侵略战争，使中国逐渐沦为半封建半殖民地的国家。山河破碎，有国无防，一个重要的原因是，清朝统治者在侵略者面前，没有发动和依靠广大人民进行反侵略的正义战争。而广大人民虽然自发反抗侵略者，由于缺乏统一指挥，没有形成一致对外的合力，因此没能改变战争的结局。

相反，在抗日战争时期，中国共产党主张全国军民团结起来，建立广泛的抗日民族统一战线，共同抵抗日寇的侵略。同时，坚持人民战争的战略指导方针，放手发动群众，团结一切可以团结的力量共同抗击敌人，开辟了广大的敌后抗日根据地，灵活运用人民战争的战略战术，有效地打击了日本侵略者，并最终取得了抗日战争的全面胜利。

历史证明，国家的统一，民族的团结，全国军民共同抵抗侵略的精神和意志，才是国防真正的"钢铁长城"，是让一切侵略者都望而生畏的真正的"铜墙铁壁"，这是民族自强的根本，是国防力量的源泉。

4. 科技进步是国防强大的重要保证

当西方列强用武力敲开清王朝闭关自守的大门后，中华民族就开始用血泪书写自己的"百年屈辱史"。由于清朝政府闭关自守，不注重发展科学技术，而西方资本主义国家在工业革命中后来居上，并在我们祖先创造发明的军事科技成果的基础上，进行加工和技术改造，用洋枪洋炮打败了清军的大刀长矛和低劣的火炮等武器装备，造成了交战双方科技水平上的"代差"。"落后就要挨打！"这就是当年殖民战争给予我们的最深刻的教训，我们应当永远牢记。以史为鉴，我们可以从中看出科技进步对国防强大的重要性。

新时期，科技进步和创新，对国防现代化的作用尤为突出。我国国防必须积极推进中国特色的军事变革，努力完成机械化和信息化双重历史任务，为实现国防现代化跨越式发展而奋斗。

5. 国防意识是国防赖以确立的精神根基

国防意识的强弱是民族精神素质和国防发展潜力的重要标志之一。由于思想麻痹，民族无国防意识而导致战败甚至亡国的教训不乏其例。

近代中国在两次鸦片战争、中日甲午战争、八国联军侵华战争中，一败再败，除清朝政府腐败之外，很重要的一个原因，就是从上到下均无防卫御敌之念，思想上"一盘散沙"，以致军队遇敌一触即溃，望风而逃。抗日战争中，在全国军民与日寇浴血奋战、用血肉筑起长城的同时，也有人投降敌寇，充当汉奸，为虎作伥，屠杀同胞。

由此可见，强烈的国防意识、高度的爱国主义精神可使民众站在国家安危、民族兴衰的高度，关心和支持国防建设，增强"天下兴亡，匹夫有责"的爱国心和责任感；可使军人提高对战争的警惕，自觉加强"武德"修养。这样，就会增强整个民族的凝聚力和向心力，筑起"精神上的长城"，平时保持巨大的威慑力，战时就可以产生强大的战斗力。

五、现代国防观

现代国防是对传统国防的继承和发展，是一种全新的国防理念和实践活动，其基本特征如表1-7所示。

表1-7　现代国防的基本特征

国家利益及其安全防务的整体性	现代国防的职能正在由维护地缘明确的"硬疆界"，扩展到争取于己有利的"软环境"；由保卫本土不受侵犯，扩展为在全球或地区范围内争取政治、经济和安全秩序的影响力与主导权；由打赢战争扩展到在战争和非战争状态下都能保证国家利益的实现。此外，现代国防强调，国家安全必须依靠整体性防务。只有经济不断强大，科技不断发展，国防实力不断增强，国防安全意识不断巩固，以及与周边国家睦邻友好，一个国家才能真正实现长治久安
国防力量的综合性	现代国防力量是以综合国力为基础的综合国防力量，有了雄厚的综合国力才有可能建设强大的国防。国家的整体实力，是指国家的政治、经济、科技、军事、文化、外交和自然等综合力量的总和。同样，强大的国防实力，也是多种因素相互交织的力量的综合。尽管军事力量依然是国防力量的主体，但现代国防力量的构成不再局限于单一的军事力量，而更加突出复合力量的建设
国防手段的多元性	由于对国家利益的威胁来自诸多方面，除了兵戎相见的"硬对抗"外，还有各种"软伤害"式的威胁，如意识形态渗透和信息攻击等。因此，单纯的军事行为，已不能满足国家安全的需要。现代国防斗争，不仅使用军事手段进行武力对抗，而且通过政治对话、外交谈判、经济封锁、心理施压和军备控制等非战争手段，在更广阔的空间进行激烈的较量。既依靠国家的国防实力，也依靠国家的国防潜力及战略威慑能力。在某一时期和某一方面，可以选择某一种手段，并以其他手段相配合，但决不能固守一种方式

续表

国防建设的系统协调性	现代国防是一个以经济和科技为基础、以武装力量为骨干，通过总体性的战略运筹，谋求综合国防效益的有机系统。现代国防建设更加重视质量优势，而不是数量优势；更重视整个系统的威力，而不只是某些单元的作用。因此，世界各国普遍着眼于从宏观规划上合理调整军队、准军事组织和后备役部队的比重，军队内部各军种、兵种的比重，以及如何在发展武器装备、改进编制体制、强化军事训练、完善战场建设等方面，更有利于协调行动，发挥系统的整体效能。与此同时，整个国家要做到平战结合、军民结合，在确保国家经济实力不断增长的基础上，不断加强国防实力，做到富国强军协调发展
国防事业的社会性	随着国防内涵的扩展，全面增强国防能力必然涉及各个领域和各条战线，因而与整个社会构成了密不可分的联系。依靠国家和社会的综合力量来建设国防，越来越受到各国重视。国防不是"军防"，而是全民都要参与的事业，与整个社会密不可分。古训曰："天下兴亡，匹夫有责。"国家主席习近平在十二届全国人大三次会议解放军代表团全体会议上发表重要讲话，鲜明提出把军民融合发展上升为国家战略。所以我们必须牢记："保卫祖国、抵抗侵略是每个公民的神圣职责。"

　　习近平主席在党的十九大报告中强调："我们的军队是人民军队，我们的国防是全民国防。我们要加强全民国防教育，巩固军政军民团结，为实现中国梦强军梦凝聚强大力量！"这为我国现代国防观提供了方向和依据。

习　题

1. 国防的内涵是什么？
2. 简述国防历史与启示。
3. 简述现代国防观。

第二节　国防法规

国防法规是调整国防和武装力量建设领域各种社会关系、法律规范的总和，是国家法律体系的重要组成部分，是加强国防和武装力量建设的基本依据。在"四个全面"战略布局的新形势下，大力推进国防法规建设，对于保障国防和军队建设的顺利进行，做好军事斗争准备具有十分重要的意义。

一、国防法规的特性

国防法规是国家法律体系的重要组成部分，是由国家制定或认可，并强制实施的行为规范。国防法规除具有鲜明的阶级性、高度的权威性、严格的强制性、普遍的适用性和相对的稳定性等一般法律特性外，还具有区别于其他法规的特殊性，主要表现在以下三个方面。

（一）调整对象的军事性

法律是调整社会关系的行为规范，不同的法律规范用来调整不同领域的社会关系，国防法规所调整的是国防和武装力量建设领域的各种社会关系，包括军队内部的社会关系、武装力量内部的社会关系、武装力量与外部的社会关系等。这些带有军事性的社会关系是国防法规特有的调整对象，是其他任何法律规范所不能代替的，这是国防法规特性的基本表现。

调整对象的军事性并不意味着国防法规只适用军队，不适用地方。国防是国家行为，也是全民都要参与的事业。国防和武装力量建设领域的社会关系所涉及的行为主体并不都是军队和军人，也必然包括各种机关、行业和团体，政治、经济、外交、文化、科技和教育等各个部门和社会各阶层人士都与国防有关。因此，一切社会团体和个人都必须按照国防法规的要求，自觉接受其行为规范的调整。

（二）法律适用的优先性

国防法规优先适用，是指在解决与国防利益、军事利益有关的法律问题时，如果国防法规和普通法都有相关的规定，而两者的规定又发生矛盾时，要以国防法规的规定作为评判是非的标准和采取行动的准则。优先适用不是指的先后顺序,而是一种排他性的单项选择。在涉及国防利益、军事利益的案件中,只适用国防法规,不适用普通法。"特别法优先于普通法"是国际公认的法律适用原则。

(三)处罚措施的严厉性

国防法规所保护的国防利益,是关系国家兴亡的最根本的国家利益,因而对危害国防利益的犯罪行为施行比较严厉的处罚。

战时从重处罚。所谓战时,是指国家宣布进入战争状态、部队受领作战任务或者遭敌袭击时,部队执行戒严任务或者处置突发性暴力事件也以战时论处。《中华人民共和国兵役法》《中华人民共和国刑法》(以下简称《兵役法》《刑法》)的许多条款都明确战时要从重处罚。如《兵役法》规定,应征公民拒绝、逃避征集,拒不改正的,不得录用为公务员或者参照公务员法管理的工作人员,两年内不得出国(境)或者升学。战时有此行为构成犯罪的,依法追究刑事责任。

对军人违反职责的犯罪行为从重处罚。《刑法》规定的军人违反职责罪有30项罪名,其中12项罪名最高刑罚为死刑。对军人犯罪给予较重的处罚,是军事斗争的特殊性决定的,是保障完成军事任务的需要。

二、国防法规体系

国防法规体系是指由不同层次、不同门类的国防法律规范构成的相互联系、相互制约和相互协调的有机整体。我国的国防法规,按立法权限区分为四个层次:第一层次是法律,是由全国人民代表大会及其常务委员会制定的;第二层次是法规,由中央军委制定的为军事法规,由国务院制定或国务院与中央军委联合制定的为军事行政法规;第三层次是规章,由各战区、军兵种制定的为军事规章,由国务院有关部委与军委有关部门联合制定的为军事行政规章;第四层次是地方性法规,是由各省、自治区、直辖市人民代表大会及其常务委员会制定的贯彻执行国家国防法规的实施办法、实施细则和补充规定等。

我国的国防法规按调整领域可以划分为16个门类:国防基本法类,国防组织法类,兵役法类,军事管理法类,军事刑法类,军事诉讼法类,国防经济法类,国防科技工业法类,国防动员法类,国防教育法类,军人权益保护法类,军事设施保护法类,特区驻军法类,紧急状态法类,战争法类,对外军事关系法类。不同门类的国防法规,调整、规范不同领域的国防和军事活动。

三、公民的国防权利和义务

（一）公民的国防权利

《中华人民共和国国防法》第54条规定："公民和组织有对国防建设提出建议的权利、有对危害国防的行为进行制止或者检举的权利。"第55条规定："公民和组织因国防建设和军事活动在经济上受到直接损失的，可以依照国家有关规定取得补偿。"

1. 提出建议权

公民依法对国防建设的指导思想、方针、原则、规章制度和实施方法等提出建议，是公民依照宪法享有的对国家事务建议权在国防建设方面的体现。

2. 制止和检举权

制止危害国防利益的行为，是指公民依法采取一定的方式、方法使危害国防的行为停止下来，从而维护国防利益。对于危害国防安全的行为，公民有权采取一切合法手段制止其发生、发展。

检举危害国防利益的行为，是指危害国防的行为发生后，公民对违法行为进行揭发。《中华人民共和国国防法》规定公民享有制止和检举权，对及时发现和有效地制止、打击侵害国防利益的违法犯罪行为，维护国防利益，加强国防建设有着重要作用。

3. 获得补偿权

国家进行国防建设，武装力量开展军事活动，在某些情况下可能对公民的合法权益产生一定的影响甚至造成经济损失，公民可以按国家有关规定，请求政府或军事机关予以补偿。战时和其他紧急状态下，有些补偿措施是在事后落实的，不应把预先得到补偿作为接受征用的条件。同时"补偿"不同于"赔偿"。补偿是由国家机关工作人员或军事人员的合法行为引起的，是国家对公民因国防活动受到损失所采取的补救措施，仅限于直接经济损失，不包括间接经济损失和精神损失。因此，必须实事求是地进行申请与核实。

（二）公民的国防义务

1. 兵役义务

兵役义务是公民在参加国家武装力量和以其他形式接受军事训练方面应当履行的责任。《中华人民共和国兵役法》（以下简称《兵役法》）第一章第3条规定："中华人民共和国公民，不分民族、种族、职业、家庭出身、宗教信仰和教育程度，都有义务依照本法的规定服兵役。"兵役分为现役和预备役两种。

第一，现役。在中国人民解放军和武装警察部队服现役的称现役军人。按照《兵役法》的规定，每年12月31日以前年满18周岁的男性公民，应当被征集服现役。当年未被征集的，在22周岁以前仍可以被征集服现役，普通高等学校毕业生的征集年龄可以放宽至24周岁。根据军队需要，可以征集18~22周岁的女性公民服现役。同时，《兵役法》还规定，不得征集正在被依法侦查、起诉、审判的或者被判处徒刑、拘役、管制，正在服刑的应征公民。

除了征集新兵，军队平时还采取其他一些方式从适龄公民中选拔人员。军事院校从应届高中毕业生中招收学员，部分普通高等学校招收国防生，军队招收普通高等学校毕业生入伍，从非军事部门具有专业技能的公民中招收士官。2008年夏季开始，在普通高校应届毕业生中也开始招收士官。符合服兵役条件的公民，可以通过以上途径参加中国人民解放军或武装警察部队服现役。

战时根据需要，国务院和中央军事委员会可以决定征召36~45周岁的男性公民服现役，可以决定延长公民服现役的期限。

第二，预备役。经过登记，预编到现役部队、编入预备役部队、编入民兵组织服预备役的或者以其他形式服预备役的，称预备役人员。

士兵预备役。《兵役法》规定，士兵退出现役时，符合预备役条件的，由部队确定服士兵预备役；经过考核，适合担任军官职务的，服军官预备役。

退出现役的士兵，由部队确定服预备役的，自退役之日起40日内，到安置地的县、自治县、市、市辖区的兵役机关办理预备役登记。经过兵役登记的应征公民，未被征集服现役的，办理士兵预备役登记。

士兵预备役的年龄，为18~35周岁，根据需要可以适当延长。

士兵预备役分为第一类和第二类。

第一类士兵预备役包括下列人员：预编到现役部队的预备役士兵；编入预备役部队的预备役士兵；经过预备役登记编入基干民兵组织的人员。

第二类士兵预备役包括下列人员：经过预备役登记编入普通民兵组织的人员；其他经过预备役登记确定服士兵预备役的人员。

军官预备役。《兵役法》规定，预备役军官包括下列人员：退出现役转入预备役的军官；确定服军官预备役的退出现役的士兵；确定服军官预备役的普通高等学校毕业学生；确定服军官预备役的专职人民武装干部和民兵干部；确定服军官预备役的非军事部门的干部和专业技术人员。

退出现役转入预备役的军官，退出现役确定服军官预备役的士兵，在到达安置地以后的30日内，到当地县、自治县、市、市辖区的兵役机关办理预备役军官登记。

选拔担任预备役军官职务的专职人民武装干部、民兵干部、普通高等学校毕业生、非军事部门的人员，由工作单位或者户口所在地的县、自治县、市、市辖区的兵役机关报请上级军事机关批准并进行登记，服军官预备役。

2. 接受国防教育的义务

国防教育是国家为增强公民的国防观念和国家安全意识，在全体公民中进行的以爱国主义为核心的与国防和军队有关的思想、知识、技能的普及性教育。我国将每年9月第三个星期六定为"全民国防教育日"。

对于学生来说，接受国防教育的义务主要指参加学生军事训练。

《兵役法》第45条规定："普通高等学校的学生在就学期间，必须接受基本军事训练。"第46条规定："普通高等学校设军事训练机构，配备军事教员，组织实施学生的军事训练。"第47条规定："普通高中和中等职业学校，配备军事教员，对学生实施军事训练。"这些规定表明，接受军事训练是学生必须履行的国防义务。学生军事训练依据教育部和中央军委国防动员部联合制定的《普通高等学校军事课教学大纲》组织实施。高等学校将军事课（含军事理论教学和军事技能训练）作为必修课，纳入教学计划。军事理论教学时间为36学时，军事技能训练时间为2～3周，实际训练时间不得少于14天。各项教学和训练都规定有明确的内容和目标，必须严格执行。课程考核成绩记入学生档案，考核不合格的，按高等学校学籍管理办法和有关规定处理。

3. 保护国防设施的义务

国防设施是指用于国防目的的工程建筑及设备的统称，包括各种军事设施，以及可用于军事行动的民用交通、通信、物资储备等设施。国防设施是国防建设的成果，是国防活动的依托，是抵抗侵略、保卫祖国的物质条件。在巩固国防、维护国家安全利益方面具有重要作用。

国家采取一切必要措施保护国防设施。

《中华人民共和国军事设施保护法》规定，国家对军事设施实行"分类保护、确保重点"的方针，根据军事设施性质、作用、安全保密和使用效能的要求，将军事设施的保护分为三类。一是划定军事禁区予以保护；二是划定军事管理区予以保护；三是没有划入军事禁区、军事管理区的军事设施，如通信线路、铁路和公路线、导航和助航标志等，采取有效措施予以保护。

公民在从事经济、文化和其他社会活动时，应当遵守法律规定，自觉保护国防设施。公民对于破坏、危害国防设施的行为，应当检举、控告或制止。破坏、危害国防设施的，要承担相应的法律责任。

4. 保守国防秘密的义务

国防秘密是指关系国家安全利益，在一定时间内只限一定范围人员知悉的军事或与军事有关的政治、经济、外交、科技和教育等方面的事项。国防秘密的主要表现形式是国防秘密信息和国防秘密载体。保守国防秘密事关国家的安危，公民应当遵守《中华人民共和国保守国家秘密法》，以及有关的保密规定，严格保守国防方面的国家秘密。发现国防方面的国家秘密已经泄露或者可能泄露时，立即采取补救措施并及时报告。

5. 支持国防建设、协助军事活动的义务

我国的国防是全民国防，公民应当积极参与和支持国防建设。支持国防建设的形式是多种多样的，公民所做的一切有利于国防建设的事都是支持国防建设。军事活动是国防活动的核心内容，公民和组织应当根据自己的能力和条件，自觉地提供便利和协助。

（三）国防义务与国防权利的关系

国防义务与国防权利是对立统一的关系。所谓对立，是指两者各有不同的含义，有质的不同。权利是主动的，义务是被动的；权利可以放弃，义务必须履行。所谓统一，是指两者同时产生、密切联系、互为条件、相辅相成，具有一致性。

国防义务与国防权利的一致性主要表现在以下三个方面。

1. 对等性

从权利和义务之间的关系来考察，公民所承担的国防义务和享有的国防权利相对应而存在，两者在总量上是相等的。《中华人民共和国国防法》第9章规定，公民的国防义务有五项，国防权利有三项，在数量和分量上不完全对应。但《中华人民共和国宪法》规定，国家武装力量的任务之一是"保卫人民的和平劳动"，表明公民还享有和平劳动被保护的权利，这是一项很重要的国防权利。公民履行各种国防义务，同时享受和平劳动以及正常的生活和学习被保护的权利，这是权利义务总量相等最突出的表现。

2. 平等性

从人与人之间的关系上来考察，公民在享受权利和承担义务方面是平等的。《中华人民共和国宪法》规定："中华人民共和国公民在法律面前人人平等。""任何公民都享有宪法和法律规定的权利，同时必须履行宪法和法律规定的义务。"依照宪法和法律，我国公民平等地享有法定的国防权利，也平等地承担国防义务。没有只享受权利而不履行义务的公民，也没有只履行义务而不享受权利的公民。

3. 同一性

有些国防权利和国防义务是同一的。如《国防教育法》第5条规定："中华人民共和国公民都有接受国防教育的权利和义务。"表明接受国防教育既是国防权利，又是国防义务。公民依法服兵役的权利和义务也是同一的。《兵役法》规定，依照法律被剥夺政治权利的人，不得服兵役，这是从权利角度规定的。被剥夺政治权利的人，同时也被剥夺了服兵役的权利。《兵役法》还规定，身体残疾不适合服兵役的人，免服兵役，这是从义务角度规定的。免除残疾人服兵役的义务，是国家对残疾人的照顾。

权利和义务的一致性在国防方面有特殊的表现。在其他社会活动中，权利和义务的一致性通常是直观的。但在国防活动中，权利和义务的一致性却并不直观，甚至在一定局部、一定层次上表现为不对等、不平等。

（1）和平时期公民的劳动、生活没有受到战争的现实威胁，享受不到国防活动所带来的直接利益，但也必须承担国防义务，战争临近再进行国防建设是来不及的。如果要求权利义务在任何时候都绝对一致，国防建设往往无法进行。

（2）不同地区的公民享受的国防权利和承担的国防义务是不平等的。平时，边海防地区的公民承担较多国防义务，却享受与内地同样的国防权利；在发生局部战争情况下，战区和邻近战区的公民就要承担较多的国防义务，而其他地区的公民承担的国防义务则较少。

（3）公民在参与国防活动时，所享受的权利和所承担的义务也往往是不对等的。如战争期间，国家可以根据军事需要征用公民的物资、车辆、船只等。服从征用，是公民应尽的国防义务，而履行这一义务必然要承受一定的经济损失。《中华人民共和国国防法》虽然规定对直接经济损失给予补偿，但不能适用民法中的等价补偿原则。在有些情况下，国防义务的付出是难以补偿的。公民为协助军事活动，可能会流血牺牲。抚恤有定额，而生命是无价的。

另外，由于国防的组织、领导权集中掌握在国家手中，一般公民在国防活动中往往更多的是履行义务，而非行使权利。

学习国防法规，应把理解国防义务作为重点。关于权利和义务，《中华人民共和国宪法》的表述是"公民的基本权利和义务",而《中华人民共和国国防法》的表述是"公民、组织的国防义务和权利"。由此可见,在国防领域更强调义务。同时要明确,国防义务与国防权利在根本上是一致的。公民履行国防义务,维护国家的安全,实质上是维护自身的安全。而且,国家的安全利益得到保障,公民的政治权利、经济权利、文化权利和其他权利才能得到实现。因此,应树立正确的权利与义务观,增强国防义务观念,自觉为国防事业贡献力量。

习 题

1. 简述我国的国防法律体系。
2. 简述公民的国防权利与义务。

第三节　国防建设

中华人民共和国成立后，经过几十年的艰苦努力，我国国防建设取得了举世瞩目的成就。今天的中国之所以巍然屹立于世界东方，并享有很高的声誉，主要原因是我国在政治上独立、经济上发展和国防上的不断强大。

一、国防体制

国防体制是国家的国防组织形式、机构设置、领导隶属关系和管理权限划分等方面制度的总称，是国家体制的重要组成部分。它通常受国家政治、经济、军事、外交等方面制度和政策的制约。

（一）国防领导体制

国防领导体制，是指国家领导国防活动的组织体系及相应制度，包括国防领导机构的设置、职能划分和相互关系等。国防领导体制对发挥综合国力、实现国防目的具有至关重要的作用。一般设有最高统帅、最高国防决策机构、国家行政机关中管理国防事务的部门和武装力量领导指挥系统等。我国根据《中华人民共和国宪法》（以下简称《宪法》）、《中华人民共和国国防法》（以下简称《国防法》）和有关法律规定，已建立并完善了国防领导体制，对国防活动实行高度集中统一的领导。

1. 中国国防领导体制的历史和现状

中华人民共和国成立以来，为使国防领导体制适应国家政治、经济和科技的发展，特别是适应军事发展和保障国家安全的需要，对国防领导体制进行了多次调整和改革，使之在实践中不断发展和完善。

中华人民共和国成立之初，设立中央人民政府革命军事委员会，作为国家最高军事领导机关，统一管辖并指挥中国人民解放军及其他武装力量。1954年，第一届全国人民代表大会通过并颁布的《宪法》规定，中华人民共和国主席统率全国武装力量，担任国防委员会主席，不再设立中央人民政府革命军事委员会。第一届全国人民代表大会一次会议决定，设立国防委员会和国防部，撤销中国人民解放军总司令的设置。同年9月28日，中共中央政治局通过决议，在中央政治局和书记处之下设立党的军事委员会，担负整个军事工作的领导。中央政治局、书记处和军事委员会有关军事工作的决定，对内以军事委员会（简称军委）的名义下达，对外以国务院或国防部的名义下达。1958年7月，中央军委扩大会议通过的决议规定，中央军委是中共中央的军事工作部门，是统一领导全军的统率机关，军委主席是全军统帅，下设总参谋部、总政治部、总后勤部；国防部是军委对外的机构。军委决定的事项，凡需经国务院批准，或需用行政名义下达的，由国防部长签署对外发布。

1982年，第五届全国人民代表大会第五次会议通过的第四部《宪法》规定，设立中华人民共和国中央军事委员会，领导全国的武装力量。中央军事委员会实行主席负责制，主席由全国人民代表大会选举或罢免。为加强我军武器装备建设，1998年，中央军委增设了总装备部。中华人民共和国中央军事委员会与中共中央军事委员会职能完全相同，即中央军委为一个机构、两个名称，一是中共中央军事委员会，二是中华人民共和国中央军事委员会。从而，确立了党和国家高度集中统一行使领导职权的国防领导体制。

2015年，按照《中央军委关于深化国防和军队改革的意见》，军委机关由总部制调整为部门制。

2. 中华人民共和国国防领导职权

根据我国《宪法》和《国防法》的规定，我国的国防领导职权由中共中央、全国人民代表大会及其常务委员会、国家主席、国务院、中央军委行使。

（1）中共中央的国防领导职权。中国共产党作为执政党，是领导中国社会主义事业的核心力量。中共中央在国家事务包括国防事务中发挥决定性的领导作用。有关国防、战争和军队建设的重大问题，都由中共中央政治局及其常务委员会做出决策并通过必要的法定程序，作为党和国家的统一决策贯彻执行。

（2）全国人民代表大会及其常务委员会的国防领导职权。中华人民共和国全国人民代表大会是国家最高权力机关。它在国防方面的职权主要有：选举国家中央军委主席；根据中央军委主席的提名，决定中央军委其他组成人员的人选；决定国家的战争与和平问题，并行使《宪法》规定的国防方面的其他职权。

全国人民代表大会常委会在全国人民代表大会闭会期间决定战争状态的宣布，决定全国总动员或者局部动员，并行使宪法规定的国防方面的其他职权。

（3）国家主席的国防领导职权。中华人民共和国主席的国防领导职权主要有：

根据全国人民代表大会的决定和全国人民代表大会常务委员会的决定，宣布战争状态；根据全国人民代表大会的决定和全国人民代表大会常务委员会的决定，发布动员令；公布全国人民代表大会及其常务委员会制定的有关国防方面的法律；根据全国人民代表大会常务委员会的决定，授予在国防方面国家的勋章和荣誉称号；根据全国人民代表大会常务委员会的决定，批准和废除同外国缔结的有关国防方面的条约和重要协定。

（4）国务院的国防领导职权。中华人民共和国国务院是国家最高权力机关的执行机关，是国家最高行政机关。它的国防领导职权包括：编制国防建设发展规划和计划；制定国防建设方面的方针、政策和行政法规；领导和管理国防科研生产；管理国防经费和国防资产；领导和管理国民经济动员工作和人民武装动员、人民防空动员、交通战备动员等方面的工作；领导和管理拥军优属工作和退出现役军人的安置工作；领导国防教育工作；与中央军事委员会共同领导民兵工作，以及征兵、预备役、边防、海防和空防工作；法律规定的与国防建设事业有关的其他职权。

（5）中央军事委员会的国防领导职权。中华人民共和国中央军事委员会是国家最高军事机关，负责领导全国武装力量。职权主要包括：统一指挥全国武装力量；决定军事战略和武装力量的作战方针；领导和管理中国人民解放军的建设，制定规划、计划并组织实施；向全国人民代表大会或者全国人民代表大会常务委员会提出议案，制定军事法规，发布决定和命令；决定中国人民解放军的体制编制，规定军委各部门以及战区、军兵种和其他军委直属单位的任务和职责；任免、培训、考核和奖惩武装力量成员；批准武装力量的武器装备体制和武器装备发展规划、计划，协同国务院领导和管理国防科研生产；会同国务院管理国防经费和国防资产；法律规定的其他职权。

中央军委实行主席负责制。中央军委主席为全国武装力量最高统帅。中央军委组成人员为：主席1人，副主席若干人，委员若干人。各战区、各军兵种和各直属单位在中央军委集中统一领导下开展工作。

（二）国防动员体制

国防动员体制是国家进行战争动员准备与实施组织的准备。建立和完善国防动员体制，对于加强民兵和预备役部队建设，发展高技术条件下人民战争的战略战术具有十分重大的意义。

二、国防战略

国防战略是国家发展战略的组成部分,是运用综合国力维护国家安全,实现国防目标的总体构想。它受国家战略和国家政策的制约和指导,由国防最高决策机构制定,并最终体现国家利益。

国防战略的基本内容包括:国防战略格局的判断及对其发展趋势的预测,以及国防力量总体建设的目标、重点、途径、步骤及其政策体系。它是一个庞大的系统,包括国防体制、常备军、国防科技、武器装备、后备力量动员、国防教育、国防工程设施、国防立法,以及国防理论研究等诸多系统。常备军建设是它的主体部分。

制定国防战略时,要对其他相关系统进行科学的分析和论证,并不断平衡和优化形成。它不仅重视短期、中期的发展问题,更重视长期的发展和总体发展问题。研究和制定一个时期的国防建设规划,是国防发展战略的重要任务。

三、国防政策

国防政策,是指国家制定的一定时期内指导国家防务的基本行动准则,是国家政策的重要组成部分。我国的国防政策,是党中央、国务院、中央军委从维护国家安全和发展利益的需要出发,依据宪法和法律,着眼国际安全形势的特点和变化,立足于我国的政治、经济、军事、科技、文化和地理等方面的客观实际,在科学总结中国革命战争和国防建设历史经验的基础上制定的,对国防建设和国防斗争具有全面的指导作用。

(一)维护国家主权、安全、领土完整,保障国家和平发展

我国国防的基本目标是:维护国家主权、安全和领土完整,保障国家和平发展,建立符合中国国情和适应世界军事发展趋势的现代化国防。坚持科学统筹发展与安全,运用多元化手段应对传统和非传统安全威胁,防范和打击一切形式的恐怖主义、分裂主义和极端主义,谋求国家政治、经济、军事和社会的综合安全。

巩固国防,防备和抵抗侵略。建立强大巩固的国防是我国现代化建设的战略任务,是维护国家安全统一和保证实现全面建成小康社会目标的重要前提。在霸权主义、强权政治和多种威胁依然存在并有新的发展的情况下,我国保持与国家安全需求相适应的国防力量,增强运用军事手段捍卫国家主权的能力,确保领海、领空和边境不受侵犯,为维护国家发展的重要战略机遇期提供可靠的安全保障,为维护国

家利益提供有力的战略支撑。

制止分裂，维护国家统一。我国始终如一地坚持一个中国原则，积极推进祖国和平统一，坚决反对"台独"分裂活动，反对任何形式的外来干涉，绝不允许任何人以任何方式把台湾从中国分割出去。

制止武装颠覆，维护社会稳定。我国《宪法》和法律禁止任何组织或个人策划、实施武装叛乱或武装暴乱，颠覆国家政权，推翻社会主义制度。我国武装力量把依法维护社会秩序作为重要职责，严厉打击敌对势力的渗透和破坏活动，打击危害社会稳定的各种犯罪活动，保障人民群众的政治、经济和文化权益，促进社会的安定团结。

（二）坚持全民自卫，独立自主地建设和巩固国防

我国在国防活动中实行全民自卫原则，依靠全体人民进行国防现代化建设，一旦发生战争，动员全体人民进行防卫作战。信息技术的发展和广泛运用，为人民群众参与和支持国防活动提供了更有效的手段和途径。我国坚持以人民战争思想为指导，动员和依靠人民群众加强以综合国力为基础的国防建设；搞好全民国防教育，增强人民群众的国防观念；重视民兵和预备役建设，实行精干的常备军与强大的后备力量相结合的武装力量体制；完善国防动员体制机制，形成集中统一、结构合理、反应迅速和权威高效的现代国防动员体系。

我国坚持依靠自己的力量保障国家安全，不与任何国家或国家集团结盟，不参加任何国际军事集团。坚持从本国利益出发，根据本国的安全需求，独立自主地进行国防决策和制定国防发展战略，独立自主地处理对外军事关系，开展国际军事交流与合作，保持国防事务的自主权。坚持以自力更生为主，建设相对完整的国防工业体系，加强国防科学技术研究，努力提高自主技术创新的能力，改善武器装备，推进国防现代化建设。在国防活动中，坚持独立自主并不意味着闭关自守，自力更生也不意味着排斥外援。我国在坚持"以我为主"的前提下，有选择、有重点地引进武器装备，开展国防科技和军工领域的国际交流与合作，吸收利用国外的先进技术，提高武器装备研制水平，加速国防现代化建设的进程。

（三）坚持积极防御军事战略方针和自卫防御的核战略

我国在战略上实行防御、自卫和后发制人的原则，贯彻积极防御的军事战略方针。和平时期，采取积极的措施预防危机、遏制战争，灵活运用政治、经济、军事和外交等手段，改善国家的战略环境，减少不安全、不稳定因素，尽量使国家建设免遭战争的冲击。战争爆发之后，实行战略上的防御、战役战斗上的进攻，以积极

的攻势作战行动来达成战略防御的目的。

在新形势下，海洋、太空、网络空间等领域的安全问题，对国家生存和发展的影响日益突出。国家的利益空间正在逐步扩展。针对我国在各个领域所面临的新威胁，我们要努力建设与我国国际地位和国家利益相称的军事力量，立足于打赢信息化局部战争，加紧做好军事斗争准备；创新发展人民战争的战略思想，坚持军事斗争与政治、经济、外交、文化、法律等各领域的斗争密切配合，综合运用各种手段和策略，主动预防和化解危机，遏制冲突和战争的爆发。

我国的核战略贯彻国家的核政策和军事战略，根本目标是遏制他国对我国使用或威胁使用核武器。我国始终奉行在任何时候、任何情况下都不首先使用核武器的政策，无条件地承诺不对无核武器国家和无核武器地区使用或威胁使用核武器，主张全面禁止和彻底销毁核武器。我国的核力量由中央军事委员会直接指挥，坚持自卫反击和有限发展的原则，建设一支精干有效的核力量，增强核武器的安全性和可靠性，保持核力量的战略威慑作用。我国对发展核武器采取极为克制的态度，过去没有、将来也不会与任何国家进行核军备竞赛。

（四）统筹经济建设和国防建设，全面协调可持续发展

我们要认真贯彻习近平主席强军目标的重要思想，实现国防建设与经济建设全面协调可持续发展。在相对稳定的和平时期，经济建设是国家的中心任务，国防建设服从和服务于国家经济建设大局；同时国家在集中精力进行经济建设时，也要高度重视国防建设，使国防和军队现代化进程与国家现代化进程保持一致。

坚持以中国特色社会主义军事理论为指导，全面加强中国特色军事变革与军事斗争准备、机械化建设与信息化建设、诸军兵种作战力量建设、当前建设与长远发展、主要战略方向建设与其他战略方向建设。

坚持平战结合、军民融合、寓军于民的方针，在经济基础设施建设中贯彻国防要求，积极开发军民两用技术和产品，实行军地设施共用、人才通用，以一项投入同时获得经济效益、社会效益和国防效益，形成国防建设和经济建设协调发展的机制，使国防建设融入经济社会发展体系之中，在发展经济的同时增强国防实力。

（五）维护世界和地区和平稳定，反对侵略扩张

我国奉行独立自主的和平外交政策，反对霸权主义和强权政治，反对一切侵略和扩张行为，反对任何国家以任何形式把自己的政治制度和意识形态强加于别国，反对以任何借口干涉别国内政，支持国际社会为维护世界和地区和平、安全和稳定所作的努力。积极倡导以"互信、互利、平等、协作"为核心内容的新安全观，强

调以对话增进相互信任，以合作谋求共同安全，建立适应时代要求的国际政治和经济新秩序，努力构建和谐世界，营造有利于国家和平发展的安全环境。

我国高度重视并积极参与国际安全合作，坚持在和平共处五项原则的基础上发展与世界各国的友好合作关系，开展各种形式的国际安全对话，加强与主要大国和周边国家的战略协作和磋商，推动建立公平、有效的集体安全机制和军事互信机制，共同防止冲突和战争。

我国反对军备竞赛，积极推进国际军备控制和裁军谈判，主张按照公平、合理、全面、均衡的原则，实行有效的裁军和军备控制。坚决反对大规模杀伤性武器的扩散，奉行不支持、不鼓励和不帮助别国发展大规模杀伤性武器的政策。我国主张和平利用太空，反对太空武器化。

中国军队贯彻国家对外政策，坚持共同安全、综合安全、合作安全、可持续安全的新型安全观，开展多种形式的军事交往，发展不结盟、不对抗、不针对第三方的军事合作关系，努力为维护世界和平与促进共同发展发挥重要作用。履行国际责任和义务，参与联合国维和行动、国际反恐合作和救灾行动；建立军事安全对话机制，营造互信互利的军事安全环境；推进务实性军事合作，参加非传统安全领域的双边或多边联合军事演习，提高共同应对非传统安全威胁的能力。

四、中华人民共和国国防建设的主要成就

中华人民共和国成立后，国防建设取得了举世瞩目的巨大成就。

（一）中国人民解放军的革命化、现代化和正规化建设取得突破性的进展

中华人民共和国成立后，中国人民解放军不断向革命化、现代化和正规化迈进。特别是改革开放以来，我国国防实力进一步加强，国防现代化建设，尤其是军队建设，有了突破性进展，取得了一系列重大成就。1949年10月1日，当毛泽东主席在天安门向全世界庄严宣告中华人民共和国成立时，中国人民解放军也迈开了建设诸军兵种合成军队的坚实步伐。当时的中国人民解放军基本上是一支单一的以步兵为主的陆军，海军、空军仅仅刚具雏形，陆军中的炮兵、装甲兵、通信兵、工程兵等技术兵种所占比例非常小。经过几十年的努力，中国人民解放军实现了由单一陆军向陆军、海军、空军、火箭军和战略支援部队诸军兵种合成军队发展，不仅拥有以航空母舰为代表的技术先进、种类齐全的常规武器，而且拥有具有战略威慑力的原子弹、氢弹等核武器。军队建设逐步实现由数量规模型向质量效能型，由人力密集型向科技密集型的根本转变。

1984年、1999年、2009年、2015年四次阅兵方阵统计如表1-8所示。

表1-8　1984年、1999年、2009年、2015年四次阅兵方阵统计

时间	陆军	海军	空军	二炮	武警	支援
1984年阅兵	20	1	2	1	0	0
1999年阅兵	16	3	2	4	0	0
2009年阅兵	13	4	4	5	1	3
2015年阅兵	7	4	4	6	1	5

（二）形成了门类齐全、综合配套的国防科技工业体系

国防科技是衡量一个国家综合国力的重要标志之一，也是国防现代化建设的重要方面。中华人民共和国成立以来，我国国防科技工业从无到有，从小到大，从落后到先进，建立起了包括电子、船舶、兵器、航空、航天和核能等门类齐全、综合配套的科研实验生产体系。取得了一大批具有国内、国际先进水平的科研成果，为我军现代化建设和切实增强我国综合国力做出了重要贡献。

科研成果如表1-9所示。

表1-9　科研成果

军事电子方面	逐步发展成为具有相当规模、门类齐全的新兴工业部门，特别是在情报侦察、预警探测、指挥控制、信息通信和电子对抗等方面，为我军提供了各种新式装备和产品，进一步增强了部队的信息化作战能力
船舶工业方面	先后自行研制建造了核动力潜艇、常规动力潜艇、导弹驱逐舰、导弹护卫舰（艇）、导弹快艇等，以及各种辅助船舶和新型鱼雷、水雷、反水雷武器等新装备
兵器工业方面	研制生产了一大批具有先进性能的装甲车辆、火炮、弹药、轻武器、军用光电器材和综合火控、指挥系统等新型武器装备
航空工业方面	能够生产先进的歼击机、歼击轰炸机、轰炸机、直升机、运输机、教练机等，基本满足了海空军作战和飞行训练的需要
航天科技工业方面	能够制造地地、地空、海空和空空导弹武器系统，具备运载火箭、各种应用卫星的研制和实验能力，以及各种应用卫星的发射能力
核工业方面	原子弹、氢弹、核潜艇

(三) 国防后备力量建设取得了长足的发展

党和国家十分重视国防后备力量建设。特别是党的十一届三中全会以来，党中央、国务院、中央军委明确提出了"精干的常备军和强大的后备力量相结合，是建设现代化国防的必由之路"基本指导方针，使我国国防后备力量建设进入新阶段。

实现了指导思想的战略性转变，走上了相对和平稳定的发展轨道。当前，更加明确地提出民兵工作要以更好地适应新形势下军事战略方针和适应社会主义市场经济的发展为指针。

确立并实行了民兵与预备役相结合的制度，初步形成具有中国特色的国防后备力量体系。重点加强基干民兵队伍建设和预备役部队建设，保障训练，改进武器装备，使我国后备兵员的整体素质较之过去有了明显的提高。

注重宏观指导，合理布局，边海防、大中城市和重点地区的民兵工作得到加强。

民兵、预备役部队在参战支前、保卫边疆、发展生产、扶贫帮困、抢险救灾、维护社会治安等方面发挥了重要作用，为国家的改革、发展和稳定做出了巨大贡献。

健全了国防动员机构。为了保证国家在一旦发生战争的情况下，能很快由平时状态转入战时状态，调动足够的人力、财力和物力应对战争，1994年11月成立了"国家国防动员委员会"，下设人民武装动员、国民经济动员、人民防空动员、交通战备动员等办公室，负责指导、协调全国的后备力量建设和国防动员工作。

加强了国防教育，全民国防教育和学生军训工作全面展开，发展形势良好。1984年《中华人民共和国兵役法》颁布以后，我国学生军训工作有了法律依据。1997年颁布的《中华人民共和国国防法》和2001年颁布的《中华人民共和国国防教育法》，使学生军训的有关法律规定日臻完善。2001年6月29日，国务院办公厅、中央军委办公厅转发了《教育部、总参谋部、总政治部关于在普通高等学校和高级中学开展学生军事训练工作意见的通知》（国办发〔2001〕48号文件），对新时期的学生军训工作提出了一系列方针、原则和要求。这些都为学生军训工作的开展提供了可靠的法律和政策保障，使我国的学生军训工作逐步走上法制化、制度化的轨道。

五、军民融合

军民融合就是把国防和军队现代化建设深深融入经济社会发展体系之中，全面推进经济、科技、教育、人才等各个领域的军民融合，在更广范围、更高层次、更深程度上把国防和军队现代化建设与经济社会发展结合起来，为实现国防和军队现代化提供丰厚的资源和可持续发展的后劲。

（一）军民融合成为国家战略

2015年，习近平主席首次提出把军民融合发展上升为我国国家战略。

2017年1月22日，中共中央政治局召开会议，决定设立中央军民融合发展委员会，由习近平任主任。中央军民融合发展委员会是中央层面军民融合发展重大问题的决策和议事协调机构，统一领导军民融合深度发展，并向中央政治局、中央政治局常务委员会负责。

2017年10月18日，习近平主席在中国共产党第十九次全国代表大会上的报告中指出："坚持富国和强军相统一，强化统一领导、顶层设计、改革创新和重大项目落实，深化国防科技工业改革，形成军民融合深度发展格局，构建一体化的国家战略体系和能力。"

2018年6月20日，习近平主席在主持召开中央军民融合发展委员会第一次全体会议时指出："推进军民融合深度发展，必须立足国情军情，走出一条中国特色军民融合路子，把军民融合发展理念和决策部署贯彻落实到经济建设和国防建设全领域全过程。强化贯彻落实和改革创新，坚持法治思维，向重点领域聚焦用力。各地区各部门坚持党中央领导，强化使命担当。各省（区、市）要加快设置军民融合发展领导机构，完善职能配置和工作机制。"

2018年11月15日上午，中央军民融合办举办军民融合发展总体情况第三方评估成果报告会，深入学习贯彻习近平主席关于军民融合发展的重要论述，传达学习中央军民融合发展委员会第二次会议精神和全国军民融合发展工作座谈会精神，研讨交流军民融合发展总体情况第三方评估成果。

（二）军民融合的意义

1. 战略意义

以习近平同志为核心的中共中央，把走中国特色军民融合式发展与实现中华民族伟大复兴紧密联系在一起，推动中国国防建设和经济建设良性互动，确保在中国全面建成小康社会进程中实现富国和强军的统一，是实现强国梦强军梦的必由之路，对于提高中国人民解放军能打仗、打胜仗，有效维护国家主权、安全、发展利益，具有极其重要的现实意义。

2. 现实意义

通过军民深度融合，盘活存量资产，吸引各种渠道资源进入安全领域，促进创新，加快武器装备升级换代；解决原有军工资产的效率问题，构建国家主导、需求牵引、市场运作、军民深度融合的运行体系，由原来的"输血"转为"造血"，促进军工产业升级；把中国国防科技工业与民用科技工业相结合，共同形成一个统一的国家科技工业基础，实现军民两部门合作共赢的目标。

（三）军民融合的内涵

1. 我党长期探索经济建设和国防建设协调发展规律的重大成果

军民融合发展战略是中国共产党人在领导中国革命、建设和改革过程中不懈探索的理论创新成果，是党领导打赢革命战争和取得社会主义现代化建设伟大成就的基本经验，是对经济建设和国防建设协调发展规律认识的重大升华。

2. 从国家发展和安全全局出发作出的重大决策

军民融合发展战略兼顾发展和安全，实现富国与强军相统一。军民融合发展战略之所以能够对发展和安全构成支撑，是因为国防建设与经济社会发展具有双向支撑拉动作用。

3. 应对复杂安全威胁、赢得国家战略优势的重大举措

军民融合发展战略是国家战略体系的重要组成部分。推动军民融合深度发展有助于提升国家战略能力。军民融合发展战略与创新驱动发展战略的结合有助于提升国家创新能力，赢得国家战略优势。

习 题

1. 我国的国防战略是什么？
2. 我国的国防政策有哪些？
3. 简述什么是军民融合？

第四节　武装力量

武装力量，是指国家或政治集团所拥有的各种武装组织的统称。一般以军队为主体，由军队和其他正规与非正规的武装组织构成，是国防力量的主体。目前，世界各国武装力量大体分为三种类型：一是由三种或三种以上武装组织构成；二是由两种，即军队和武装警察构成；三是由军队或武装警察或民兵一种构成。

《中华人民共和国宪法》规定："中华人民共和国的武装力量属于人民。"这个规定揭示了我军同一切剥削阶级军队和旧式军队的本质区别，阐明了中国人民解放军是人民军队的根本性质，体现了我军全心全意为人民服务的唯一宗旨和同人民群众血肉相连的关系。其任务是：巩固国防，抵抗侵略，保卫祖国，保卫人民的和平劳动，参加国家建设事业，努力为人民服务。我国的武装力量由多种类型构成。

一、中国武装力量的构成

《国防法》规定："中华人民共和国的武装力量，由中国人民解放军现役部队和预备役部队、中国人民武装警察部队、民兵组成。"它的基本体制是"三结合"。中国武装力量，是以全国人民为基础，在中国共产党领导下，经过长期的战争和社会建设实践，逐步形成并发展起来的。中华人民共和国成立后，随着大规模武装斗争的停止，国家进入到和平建设的新时期。为了适应新的时代环境，根据国际国内形势的发展变化，在继承和发扬革命战争传统的基础上，逐步形成由中国人民解放军、中国人民武装警察部队和民兵构成的三结合武装力量体制。

（一）中国人民解放军

中国人民解放军（以下简称解放军）是中国武装力量的主体。

解放军武装力量由现役部队和预备役部队组成。解放军武装力量如表1-10所示。

表1-10　解放军武装力量

解放军武装力量	现役部队	是国家的常备军，主要担负防卫作战任务，必要时可以依照法律规定协助维护社会秩序。由陆军、海军、空军、火箭军和战略支援部队组成
解放军武装力量	预备役部队	是以现役军人为骨干、预备役人员为基础组成的部队。平时按照规定进行军事训练，必要时可以依照法律规定协助维护社会秩序，战时根据国家发布的动员令转为现役部队

中国人民解放军的性质：中国共产党缔造和领导的，用中国特色社会主义理论体系武装起来的人民军队；是中华人民共和国的武装力量和人民民主专政的坚强柱石。

中国人民解放军的宗旨：全心全意为人民服务。

（二）中国人民武装警察部队

根据中共中央印发的《深化党和国家机构改革方案》，以及中央军委印发的《关于深化国防和军队改革的意见》，国防和军队改革进入实施阶段。按照"军是军、警是警、民是民"原则，将列武警部队序列、国务院部门领导管理的现役力量全部退出武警，将国家海洋局领导管理的海警队伍转为隶属于武警部队，将武警部队担负民事属性任务的黄金、森林、水电部队，整体移交国家相关职能部门并改编为非现役专业队伍，同时撤收武警部队海关执勤兵力，彻底理顺武警部队领导管理和指挥使用关系。

公安边防部队不再列武警部队序列，全部退出现役。公安边防部队转到地方后，成建制划归公安机关，并结合新组建国家移民管理局进行适当调整整合。现役编制全部转为人民警察编制。

公安消防部队不再列武警部队序列，全部退出现役。公安消防部队转到地方后，现役编制全部转为行政编制，成建制划归应急管理部，承担灭火救援和其他应急救援工作，充分发挥应急救援主力军和国家队的作用。

公安警卫部队不再列武警部队序列，全部退出现役。公安警卫部队转到地方后，警卫局（处）由同级公安机关管理的体制不变，承担规定的警卫任务，现役编制全部转为人民警察编制。

按照先移交、后整编的方式，将国家海洋局（中国海警局）领导管理的海警队伍及相关职能全部划归武警部队。

按照先移交、后整编的方式，将武警黄金、森林、水电部队整体移交国家有关职能部门，官兵集体转业改编为非现役专业队伍。

武警黄金部队转为非现役专业队伍后，并入自然资源部，承担国家基础性公益性地质工作任务和多金属矿产资源勘查任务，现役编制转为财政补助事业编制。原有的部分企业职能划转中国黄金总公司。

武警森林部队转为非现役专业队伍后，现役编制转为行政编制，并入应急管理部，承担森林灭火等应急救援任务，发挥国家应急救援专业队作用。

武警水电部队转为非现役专业队伍后，充分利用原有的专业技术力量，承担水利水电工程建设任务，组建为国有企业，可继续使用中国安能建设总公司名称，由国务院国有资产监督管理委员会管理。

参与海关执勤的兵力一次性整体撤收，归建武警部队。为补充武警部队撤勤后海关一线监管力量缺口，海关系统要结合检验检疫系统整合，加大内部挖潜力度，同时通过核定军转编制接收一部分转业官兵，并通过实行购买服务、聘用安保人员等方式加以解决。

（三）中国民兵

中国民兵是不脱离生产的群众武装组织，是中华人民共和国武装力量的组成部分，是中国人民解放军的助手和后备力量。

民兵组织初建于第一次国内革命战争时期。革命战争年代，民兵为民族的解放、国家的独立和中华人民共和国的建立作出了巨大贡献。中华人民共和国成立后，民兵在建设祖国、保卫祖国中发挥了重大作用。

民兵使命：积极参加社会主义现代化建设；担负战备勤务，保卫边疆，维护社会治安；随时准备参军作战，抵抗侵略，保卫祖国。

民兵组织领导体制：全国民兵工作在国务院、中央军委领导下，由中央军委联合参谋部主管；各大战区按照上级赋予的任务，负责本区域的民兵工作；省军区、军分区和县（市）人民武装部是本地区的民兵领导指挥机关；乡、镇、部分街道和企事业单位设有人民武装部，负责民兵和兵役工作。地方各级人民政府，对民兵工作实施原则领导，对民兵工作实施组织和监督。

民兵类型：分为基干民兵和普通民兵。基干民兵：由28岁以下退出现役的士兵和经过选拔的军事素质过硬的男女青年组成，其中，女民兵人数控制在适当比例。普通民兵：由18~35岁符合服兵役条件的男性公民组成。边疆、海防、少数民族地区和特殊情况下，基干民兵的年龄可适当放宽。

民兵编组：一般以乡（镇）、行政村和厂矿企业为单位，编为民兵营、连、排。

二、人民军队的发展历程

1927年8月1日，在中国共产党的领导下，周恩来、贺龙、叶挺、朱德、刘伯承等人率领革命军在南昌起义。南昌起义打响了武装反抗国民党反动派的第一枪。1933年，中共中央将南昌起义的日子作为中国工农红军成立纪念日，中华人民共和国成立后改为中国人民解放军建军日。

1928年4月，由朱德、陈毅率领的部分南昌起义部队和湘南起义农民武装到达井冈山，与毛泽东领导的部队胜利会师。两军会师后，将部队改编为中国工农红军第四军，朱德任军长，毛泽东任党代表，全军1万余人。红军在井冈山开展武装斗争，井冈山的根据地不断巩固扩大。

1937年7月7日，卢沟桥事变引发了全国性的抗日战争。根据抗日形势的需要，经国共两党谈判，将西北地区的中国工农红军主力改编为国民革命军第八路军，开赴山西抗日前线，参加会战。朱德担任八路军总指挥，彭德怀担任八路军副总指挥，下设三个师，总兵力约4.5万人。在湘、豫、闽、浙等8个省边界13个地区的红军游击队，集中改编为国民革命军陆军新编第四军，简称"新四军"，军长叶挺，副军长项英。1938年1月6日，新四军军部在南昌成立，下设四个支队和一个特务营。1938年年底，抗日根据地遍及华北、华中、华南的广大地区。八路军和新四军发展到近20万人。经过14年抗日战争，日本帝国主义在中国人民和世界反法西斯力量的沉重打击下，于1945年8月15日被迫宣布无条件投降。这期间，人民军队发展到130多万人，拥有19个抗日根据地。抗日战争胜利后，全国人民渴望和平、民主、自由。但是，以蒋介石为首的国民党又把中国推向内战的苦难深渊。1946年6月，国民党军队对全国各个解放区发动全面进攻，以人民解放军为主体的广大军民对国民党军的大举进攻进行了英勇顽强的抵抗。全国内战爆发，解放战争开始。通过二年多的解放战争，人民解放军打败了蒋介石领导的国民党反动军队。

1949年10月1日，中华人民共和国成立。全国解放时期和中华人民共和国建立后，我们的部队称为中国人民解放军。中华人民共和国成立后，中国人民解放军不断发展壮大，现已形成由陆军、空军、海军、火箭军和战略支援部队诸军兵种合成的军队。

习　题

1. 我国武装力量的性质是什么？
2. 我国武装力量的构成都有哪些？
3. 简述人民军队的发展历程。

第五节 国防动员

国防动员，是指国家为应对战争或其他安全威胁，使社会诸领域的全部或部分由平时状态转入战时状态或紧急状态的活动。根据国防动员的规模，一般分为总动员和局部动员。总动员是指在全国范围内实施的国防动员，局部动员是指国家在局部地区实施的国防动员。国防动员通常包括武装力量动员、国民经济动员、政治动员、民防动员、科技动员、装备动员等。国防动员工作全过程包括动员的准备、实施和复员。

一、国防动员内涵

国防动员是国防活动的重要内容之一，是准备和实施战争的重要措施。无论是古代战争还是现代战争，全面战争还是局部战争，常规战争还是非常规战争，都离不开动员。因此，国防动员在保障赢得战争胜利等诸多方面，都具有十分重要的地位与作用。

（一）国防动员是遏制战争、打赢战争的基础环节

为遏制战争爆发和夺取战争胜利集聚强大的战争力量，是国防动员的基本功能与主要任务。战争是实力的较量，任何不具备强大实力的国家，要赢得战争的胜利是不可想象的。国防动员不仅能够通过平时的准备，为遏制战争和打赢战争集聚强大的战争潜力，而且可以通过建立一套科学高效的平战转换机制，使这种潜力在战争爆发后迅速转化为实力，从而为保障战争的胜利奠定必要而坚实的人力、物质基础。同时，现代战争的巨大破坏性，使人们不得不把国防动员作为降服战争这个恶魔的重大步骤予以重视。因此，国防动员已被世界各国作为维护国家安全与发展的重大战略问题加以研究和应用。

（二）国防动员是应对紧急突发事件的有效措施

国防动员的最初功能是应对战争的需要，但现代条件下，随着各种灾难事故和突发事件的频繁发生，人们已把国防动员的功能予以拓展，让它同样可以在应对和

处置各类突发事件中发挥应有作用。因此，当国家遇到各类突发事件时，国防动员活动可以凭借自身的准备和特有的机制，使国家或地区在需要时进入一定的应急状态，动员国家、军队和社会的一定力量，抗御自然灾害、处置各种自然和人为的事故与灾难，使国家和社会处于正常运转状态，维护人民群众的生命财产安全。

（三）国防动员是支援经济和社会发展的重要力量

国防动员实行"平战结合、军民结合、寓军于民"的原则，在和平时期国防动员建设的成果可以直接为经济建设服务。于军于民均可节约国防开支，有利于国家集中力量发展经济。和平时期，国家的中心任务是提高社会生产力，改善人民生活，对国防建设不可能有很多的投入，必须提高国防建设的效益。要用有限的国防经费，获得尽可能强的国防力量，其有效办法是建设精干的常备军，大力加强后备力量建设，健全和完善动员体制，做到"平时少养兵，战时多出兵"。这样，不仅可以经常保持较强的国防整体威力，为国家提供可靠的安全保障，而且可以减轻国家负担，促进经济和社会发展。

二、国防动员的内容

国防动员的主要内容包括：武装力量动员、国民经济动员、人民防空动员、交通战备动员和政治动员。

（一）武装力量动员

武装力量动员，亦称人民武装动员，是指为了应对战争、突发事件或紧急状态的需要，国家有计划、有组织地将军队和其他武装组织由平时状态转入战时（应急）状态所进行的一系列活动。战争是武装力量的直接对抗，各个领域的动员活动都要围绕武装力量的作战行动展开，而人民武装动员与武装力量的作战行动关系最直接。因此，人民武装动员是国防动员的核心。人民武装动员通常包括现役部队动员、后备兵员动员、预备役部队动员和民兵动员。

现役部队动员，是指将中国人民解放军各军兵种部队和武装警察部队从平时编制转为战时编制，按动员计划进行扩编，达到齐装满员。现役部队动员的主要活动包括：一是进入临战状态，接到动员命令后立即召回外出人员，停止转业、复员、退伍、探亲和休假等，启封库存的武器装备，作好战斗准备；二是实行战时编制，不满编的部队迅速按战时编制补充兵员和装备，达到齐装满员；三是扩建现役部队，以现役部队为基础，扩建时的兵员空缺，由预备役官兵补充；四是组建新的部队，按照动员计划和部队编制方案，从现役部队或军事院校抽调官兵，搭建部队的架子，同时征召预备役官兵，组成新的部队。

预备役部队动员，是指预备役部队成建制转服现役的活动，是战时快速动员的一种重要方式。《中华人民共和国国防法》规定，预备役部队"战时根据国家发布的动员令转为现役部队"。

后备兵员动员，是征召适龄公民到军队服现役的活动，主要是征召预备役军官和士兵补充现役部队。后备兵员动员是直接为现役部队动员服务的，是与现役部队动员的同步活动。主要有三种用途：一是补充不满编的现役部队；二是补充扩建和新组建的部队；三是补充战斗减员的部队。

民兵动员，主要是指组织发动民兵担负参战支前任务。民兵是保卫祖国的一支重要力量，战时可以配合军队作战和担负支援保障任务，也可以独立担负后方防卫作战和维稳任务。

（二）国民经济动员

国民经济动员，是指国家根据国防需要，将有关经济部门、经济活动及其经济关系由平时状态转入战时状态或紧急状态的活动。国民经济动员是国防动员的基础和重要内容，对于充分发挥国家的经济潜力，提高军品生产能力，及时满足战争和紧急状态对各种物资和勤务保障的需求，具有重要的作用。

国民经济动员主要包括工业、农业、财政、金融、医疗卫生等方面的动员。如表1-11所示。

表1-11　国民经济动员

国民经济动员	工业动员	指国家根据国防需要，将有关工业部门、生产活动及其经济关系由平时状态转入战时状态或紧急状态的活动。局部战争中，工业动员一般首先对国防工业进行动员，民用工业作为后续动员的对象。主要内容包括：统筹安排军需民用，调整工业布局，改组生产与产品结构，实行快速转产，扩大军品生产；组织工厂企业进行必要的搬迁、复产及作战物资的生产和储备等，最大限度地把工业潜力转化为实力
	农业动员	指国家根据国防需要，将有关农业部门、生产活动及其经济关系由平时状态转入战时状态或紧急状态的活动。主要内容包括：实行战时农产品管理体制，调整农业生产结构，实施战时农业经济政策
	财政动员	指国家根据国防需要，将有关财政部门、财政活动及其经济关系由平时状态转入战时状态或紧急状态的活动。包括动用财政储备，加大战争拨款，举借战争公债，增加财政税收等

续表

国民经济动员	金融动员	指国家根据国防需要，将有关金融部门、金融活动及其经济关系由平时状态转入战时状态或紧急状态的活动。主要是通过金融机构为战争融资，包括动员金融机构自有资金、利用金融机构贷款、动员社会存款、实行外汇管制，以及限制或停止兑现存款、证券交易等
	医疗卫生动员	指国家为应对战争或其他安全威胁，将有关医疗卫生部门由平时状态转入战时状态或紧急状态，统一组织调动医疗卫生方面的人力、药品、器材、设备和设施的活动

（三）人民防空动员

人民防空动员，是指国家根据国防需要，动员和组织人民群众采取防护措施，以防范和减轻空袭危害的活动。现代战争中，远距离精确打击成为重要的作战样式，大、中城市和经济基础设施面临的空袭威胁日益严重。人民防空动员对于减轻空袭危害，减少人民群众生命财产损失，保持后方稳定，保存战争潜力，具有重要的作用。

人民防空动员，主要包括人民防空预警动员、群众防护动员、重要经济目标防护动员、人民防空专业队伍动员等。

人民防空预警动员，是为了及时获取防空斗争所必需的情报，为组织民众防护和进行抢救抢修提供信息保障。主要任务包括：建立和完善人民防空警报网，确保战时按规定适时发放防空警报；组织群众开展对空侦察，协助有关部门掌握和传递空中情况。

群众防护动员，是为了保护人民生命安全，保存后备兵员和劳动力资源，保证人心安定和社会稳定，维持战时生产和生活秩序。主要任务包括：开展人民防空教育，组织城市人口疏散，构筑人民防空工程和组织掩蔽，组织城市防空管制。

重要经济目标防护动员，是为了减轻战争破坏程度，保护关键的生产能力。高技术局部战争表明，空袭经济目标、摧毁国防潜力对战争的进程和结局具有决定性影响，搞好重要经济目标防护动员十分重要。相对于政治、军事目标，重要经济目标数量多、面积大，情况千差万别，抗打击能力弱，敌空袭这类目标成功率最高。平时，国家经济部门在安排大型项目建设和调整产业结构时，就应充分考虑重要经济目标的防护要求；战时，应积极动员有关部门、企业和社会力量，采取综合防护措施，如搬迁疏散、转入地下，伪装欺骗、示假隐真，空中设障、多方拦截等，提高整体防护能力。

人民防空专业队伍动员,是根据战时消除空袭后果的需要,按照专业系统组成的担负抢救抢修等防空勤务的群众性组织需要进行的活动。主要任务包括:平时,组建各种人民防空专业队伍,进行必要的训练和演练,有针对性地落实抢救抢修器材、装备和物资;战时,适当扩充人民防空专业队伍,组织开展抢救、抢修行动,消除空袭后果,维护社会治安。

(四)交通运输和信息通信动员

交通运输动员,简称交通动员,是指国家为应对战争或其他安全威胁,将有关交通部门由平时状态转入战时状态或紧急状态,统一组织调动交通运输资源的活动。主要包括铁路、公路、水路和航空等运输方式的动员。铁路运输具有运载量大、速度快、效率高的特点,可担负远距离、大重量的运输任务,是在战略、战役后方实施大规模运输的主要手段。搞好铁路运输动员,要求在平时必须搞好通往主要作战方向的铁路网络的规划建设,修筑必要的铁路运输保障设施和防护工程,重要线段应修建支线、多线、迂回线等。公路运输具有灵活机动、周转速度快、适应性强等特点,既可独立完成运输任务,又可与其他运输方式相衔接进行运输。搞好公路运输动员,主要是采取一切组织和技术管理措施,加强战场公路网建设,组织各种运输力量参加军事运输,提高战时公路运输的保障能力。水路运输具有运量大、成本低、隐蔽安全、航线不易被破坏等特点,是海上作战和江河水网地区部队机动和物资输送的主要手段。为提高水路运输动员能力,应充分开发水路运输潜力,发展造船工业,尽可能多地修建港口、码头等,以适应战时军事运输的需要。航空运输具有快速、灵活、一般不受地形条件限制等特点,适用于紧急情况下输送人员、物资。为提高航空运输的动员能力,应根据战时动员需要,按照平战结合的原则,规划建设各种飞机跑道和机场,开辟空中航线,储备航空运输需要的各种飞机及其各类专业技术人员等。战时交通运输动员行动主要包括实行交通管制、动员民用运力、组织交通线的防护等。

信息通信动员,是指国家为应对战争或其他安全威胁,将有关信息通信部门由平时状态转入战时状态或紧急状态,统一组织调动信息通信资源的活动。信息化局部战争中,指挥协同的通信量大大增加,信息通信动员的任务十分繁重。信息通信动员涉及面广,动员对象既有通信技术人员,也有通信装备和器材;既有有线通信系统,也有无线、移动、卫星通信系统和互联网;参与动员的人员,既有政府部门的业务管理人员,也有军队系统的相关管理人员,甚至还有通信网络营销商和通信装备生产商。要做到各类人员有机协调、统一行动,实现各类通信网络兼容互通、系统集成，确保通信畅通、保密安全，必须加强对信息通信动员的集中统一领导和指挥。信息通信动员由军队信息通信部门、地方信息通信部门和信息通信动员部门共同组织实施。主要任务包括：对国家信息通信网络实行统一管制，征集和调用民用信息通信资源和力量，组织信息通信防卫，抢修抢建信息通信线路和设施，确保军队指挥顺畅、军地联络通畅。

（五）政治动员

政治动员，是国家为应对战争威胁和其他威胁，开展的宣传、教育、组织工作和外交活动。政治动员是国防动员的一项重要内容，并为其他领域的动员活动提供思想和组织保证。政治动员对于充分调动和发挥本国军民的精神力量，尽可能地争取国际社会的同情和支持，瓦解敌方的战斗意志，具有重要作用。

平时政治动员主要表现为国防教育。其内容主要包括国防观念、国防知识、军事技能和国防法规等方面的教育，目的是增强国防观念和维护国家安全意识，提高履行国防义务的自觉性。国防教育以全民为对象，重点是国家机关工作人员、武装力量编成人员和青年学生。《中华人民共和国国防教育法》和国家国防动员委员会2006年颁发的《全民国防教育大纲》，是进行国防教育活动的法律依据。

战时政治动员主要包括国内政治动员和外交舆论宣传。国内政治动员，是政府、军队和社会团体等，运用各种宣传舆论工具，对全国军民进行以爱国主义和革命英雄主义为核心的国防教育，使之增强国防观念，坚定打败敌人、夺取胜利的信心。在国内政治动员中，对军人及其家属实行优待和抚恤政策是十分重要的，可以起到激励将士奋勇杀敌、勇立战功，引导全社会拥军优属、为争取战争胜利作贡献的作用。外交舆论宣传，是国家通过各种外交活动和对外宣传，揭露敌人的战争阴谋，控诉敌人的战争暴行，瓦解敌方的战斗意志，争取各国的声援和支持，建立国际统一战线，或建立战略协作关系。

三、国防动员的意义

（一）国防动员是增强国防实力的一项重要措施

国防实力是指国家防御外来侵略的力量，是国家军事、政治、经济、科学技术等力量的总和。在和平时期，国家把国防动员纳入经济建设和社会发展的总体规划，贯彻"军民结合、平战结合"的方针，以增强战争潜力。同时通过动员准备，激发全国人民的强烈的爱国热情和牢固的国防观念，从而确保国家政局稳定、经济发达、科技进步，综合国力迅速增强。

再者，如果平时注重动员，牢固树立国防观念，一旦战争爆发，通过战时动员，就能迅速地把战争潜力转变为战争实力。例如，就武装力量建设而言，为了对付敌人的突然袭击和入侵，保持一定数量的常备军是必要的。然而，要在平时保持一支满足战争需要的庞大军队，任何国家，即使是经济发达国家也无法做到，这是因为巨额的军费开支必然加重国家的经济负担，影响国民经济的发展，同时也影响部队武器装备的研制和更新。因此，要解决"平时养兵少、战时用兵多"的矛盾。采用常备军和后备力量相结合的原则，平时保持精干的常备军作为战时动员扩建部队的骨干力量，同时积极训练、储备后备力量，以便战时根据需要组编参战。这样既可以加速国民经济的发展，又可以从根本上增强国防实力。

（二）国防动员是增强国防威慑力的一种有效手段

一个国家的国防威慑力，不仅取决于常备军的数量和质量，而且还取决于军队后备力量和其他动员潜力，取决于常备军与后备力量动员准备的有机结合，以及动员机制的完善程度和运行效率。平时充分做好战时动员的准备工作，建立强大的后备力量和健全的动员体制，可以使敌人望而生畏，不敢轻举妄动，贸然发动进攻，以达到"不战而屈人之兵"的战略目的。特别是处于防御地位、反对侵略的国家，应该采取积极的对策，以充分有效的动员，显示应付战争的能力和拼死抵抗的决心，迫使敌人延缓或放弃侵略战争。

（三）国防动员是夺取战争主动权的一个可靠保障

决定战争胜负的因素是多方面的，其中后备力量的强弱、兵员质量的优劣，以及战时动员准备和实施的好坏，是一个重要的因素。

随着现代科学技术的飞速发展及其在军事领域的广泛应用，现代战争的突发性和速决性更加突出明显，发动战争的一方往往先发制人，迫使对方在无戒备或准备不充分的情况下仓促应战，从而取得速战速决的效果。第二次世界大战以来，突然袭击、不宣而战，已成为首先发动战争一方的惯用手法。处于防御地位的国家，如果战时动员工作的准备和实施得不好，在战争初期往往处于被动地位，甚至来不及实施动员和完成战略展开，其武装力量和经济命脉就可能已陷于瘫痪。

历史表明，在现代战争中，谁能保持强大的后备力量，并能以最快的速度动员起来投入战争，谁就能取得战争的主动权。

习 题

1. 国防动员的内涵是什么?
2. 简述国防动员的主要内容及意义。

第二章　国家安全

【教学目标】

1. 正确把握和认识国家安全的内涵，理解我国总体国家安全观，提升学生防间保密意识
2. 深刻认识当前我国面临的安全形势
3. 了解世界主要国家军事力量及战略动向，增强学生忧患意识

什么是国家安全？

国家安全是指国家政权、主权、统一和领土完整、人民福祉、经济社会可持续发展和国家其他重大利益相对处于没有危险和不受内外威胁的状态，以及保障持续安全状态的能力。

第一节　国家安全概述

国家安全是国家的基本利益，是一个国家处于没有危险的客观状态，即国家没有外部的威胁和侵害，也没有内部的混乱和疾患的客观状态。当代国家安全包括10个方面的基本内容：国民安全、领土安全、主权安全、政治安全、军事安全、经济安全、文化安全、科技安全、生态安全、信息安全。其中最基本也是最核心的是国民安全。

《中华人民共和国国家安全法》（2015）第2条："国家安全是指国家政权、主权、统一和领土完整、人民福祉、经济社会可持续发展和国家其他重大利益相对处于没有危险和不受内外威胁的状态，以及保障持续安全状态的能力。"

一、国家安全的内涵

（一）国家安全是国家没有外部的威胁与侵害的客观状态

所谓外部的威胁与侵害，大致可分为外部自然界的威胁和侵害和外部社会的威胁和侵害两大类。由于国家安全是一种社会现象，国家的外部威胁和侵害主要是指某国之外的其他社会存在对本国造成的威胁和侵害。从威胁和侵害者看，这种外部威胁和侵害包括以下内容。

第一，其他国家的威胁。

第二，非国家的其他外部社会组织和个人的威胁，如某些国际组织或地区组织对某国的威胁和侵害。

第三，国内力量在外部所形成的威胁和侵害，如国内反叛组织在国外从事的威胁和侵害本国的活动。

（二）国家安全是国家没有内部的混乱与疾患的客观状态

危及国家生存的力量不仅来源于一个国家的外部，而且还时常来源于一个国家的内部。国内的混乱、动乱、骚乱、暴乱，以及其他各种形式的疾患，都会直接危害到国家生存，造成国家的不安全。因此国家安全必然包括没有内部混乱和疾患的要求。仅仅是没有外部的威胁和侵害，国家并不一定就会安全。只有在同时没有内外两方面的危害的条件下，国家才安全，因此，只有这两个方面的统一，才是国家安全的特有属性。

无论是"没有外部威胁"，还是"没有内部混乱"，都不是国家安全的特有属性。单独从这两方面的任何一方面来定义国家安全，都是片面的、无效的。只有把这两个方面结合起来，才能抓住国家安全的特有属性，从而就形成一个真实有效的定义："国家安全是国家既没有外部威胁和侵害，也没有内部混乱与疾患的客观状态"。

二、国家安全的原则

确立国家与民族崛起的基本目标。

采取综合一体化的手段。

新安全观的核心内容为共同、综合、合作、可持续。经济安全是国家综合安全的核心。军事安全是国家安全的支柱。

解决经济发展与国家安全脱节的问题。

树立独立发展理念，为"全球化"条件下的民族国家定位。

三、国家安全的总体安全观

要准确把握国家安全形势变化新特点、新趋势，坚持总体国家安全观，走出一条具有中国特色的国家安全道路。增强忧患意识，做到居安思危，是我们治党、治国必须始终坚持的一个重大原则。我们党要巩固执政地位，要团结带领人民坚持和发展中国特色社会主义，保证国家安全是头等大事。当前，我国国家安全的内涵和外延比历史上任何时候都要丰富，时空领域比历史上任何时候都要宽广，内外因素比历史上任何时候都要复杂，因此必须坚持总体国家安全观。

贯彻落实总体国家安全观，必须既重视外部安全，又重视内部安全。对内求发展、求变革、求稳定，建设平安中国；对外求和平、求合作、求共赢，建设和谐世界。既重视国土安全，又重视国民安全，坚持以民为本、以人为本，坚持国家安全一切为了人民、一切依靠人民，真正夯实国家安全的群众基础；既重视传统安全，又重视非传统安全，构建集政治安全、国土安全、军事安全、经济安全、文化安全、社会安全、科技安全、信息安全、生态安全、资源安全、核安全等于一体的国家安全体系；既重视发展问题，又重视安全问题，发展是安全的基础，安全是发展的条件,富国才能强兵,强兵才能卫国;既重视自身安全,又重视共同安全,打造命运共同体,推动各方朝着互利互惠、共同安全的目标相向而行。

2015年4月20日,十二届全国人民代表大会常委会第十四次会议审议了《国家安全法草案》,明确了总体国家安全观的内涵。规定:国家制定并不断完善国家安全战略,全面评估国际、国内安全形势,明确国家安全战略的指导方针、中长期目标、重点领域的国家安全政策、工作任务和措施。

在公民和组织维护国家安全的义务规定中,增加了"遵守国家法律法规关于国家安全的有关规定""任何个人和组织不得有危害国家安全的行为"的内容。

习 题

1. 简述国家安全的内涵。
2. 简述总体国家安全观。

第二节　国家安全形势

国家周边安全环境，是指一个国家周边安全的状况和态势，包括与相邻国家的矛盾冲突、边界纠纷，以及军事渗透、颠覆甚至入侵等情况。它关系着国家和民族的兴衰存亡，是制定国家安全战略的主要依据。

一、中国地缘环境的基本概况

（一）陆上、海上邻国的数量多

我国陆上邻国有14个，海上邻国有8个。周边人口密集的国家多、军队规模大的国家多、涉及国际和地区热点的国家多。在这些邻国中，有些国家之间存有积怨，甚至对立，一旦发生局部战争，就会危害我国边境安全；有些国家政府军与地方武装摩擦不断，一旦发生大规模冲突，也会损害我国边境安全；有的国家曾经对我国发动过侵略战争，或与我国发生过边界冲突；还有一些国家，与我国存在着历史遗留下来的边界领土争端和海洋划界争议。

（二）边界、海上权益的争议多

我国陆地面积约960万平方千米，海洋面积约300万平方千米。陆地边界线长2.2万千米，大陆海岸线长1.8万千米。在陆上，与印度存在边界争议，与不丹尚未划分边界。在海上，300多万平方千米的海洋国土中有150多万平方千米存在争议。其中，我国与朝鲜、韩国之间存在黄海、东海大陆架划分争议，与日本之间存在东海大陆架划分、钓鱼岛归属争议。我国南海，处于"岛屿被侵占、海域被分割、资源被掠夺"的严重局面。

（三）受大国战略博弈的影响多

我国地处美、俄、日、印等国的战略利益的交汇区，周边安全环境受战略角逐的影响甚大。美国强硬推行"重返亚洲"战略，计划2020年前将其驻海外70%以上的海、空力量部署到亚太地区，以保持其军力在这一地区的领先优势，维护其在这一地区不可动摇的领导地位。俄罗斯的战略重心在欧洲，但其大部分国土位于亚洲，在太平洋有着漫长的海岸线和大片海洋国土,决定了其在该地区具有重要战略利益。日本是位于大陆边缘的岛国,面积不大,纵深短浅,资源贫乏,战略资源和产品市场主要依赖国外,亚太地区是其主要贸易对象所在地。同时,日本作为世界经济强国,正在追求从经济大国走向政治大国和军事大国,希望在亚太地区和国际事务中发挥更大的作用,以确保日本在亚太地区的安全利益。印度位于亚欧大陆外缘弧形地带的中心部位,靠近石油宝库中东,是东南亚和西亚陆上交通要冲。印度半岛扼守着西方称之为"海上生命线"的印度洋战略通道。

二、中国地缘环境的现状

当前,中国周边安全环境在总体改善的情况下,仍存在着各种现实挑战和潜在危机。

(一)美国视中国为主要潜在竞争对手

虽然出于应对全球经济、金融及联合反恐等方面的需要,中美关系在政治、经济、军事等领域均得到了重大改善,但这并不能掩盖双方存在的诸多矛盾。美国是当今世界唯一的超级大国,它的战略目标就是努力维持和强化自己的"一超"地位,防止出现一个或多个挑战美国超级大国和"领导地位"的世界强国或地区强国。中国作为一个正在迅速崛起、有着大发展潜力的大国,不可避免地成为美国遏制、敌视的对象。一方面,美国尽可能地维持与加强同中国在经济、政治、文化、军事领域的交流,并努力把中国纳入自己主导的各种国际机制之中。另一方面,美国又采取各种手段抑制中国的崛起,使中国不能成为美国的"战略竞争对手"。美国在不放松对中国经济、政治、文化等方面遏制的同时,还在军事方面调整了其在亚太地区的军事战略部署,强化了与日本、韩国、澳大利亚等盟国的军事同盟关系;提升关岛美军的军备水平和战略威慑能力,形成日本和关岛两大地区兵力投送中心;增强了其在东亚、东南亚、中亚、南亚地区的军事存在,特别是实现了在中亚的军事存在。

(二)中印边界争端

中印边界可分为东段、中段、西段,边界长1 700余千米,历史上从未划定过正式边界,只有一条按双方管辖所形成的传统习惯线。应该说中印边界曾经是一条长期和平友好的边界,不存在边界争端。但是,自从印度成为英国殖民地后,英国以印度为基地向北扩展,特别是在1913年10月至1914年7月在印度北部西姆拉举行的"西姆拉会议"上,人为地捏造出一条所谓的"麦克马洪线",为中印边界争端埋下了病根。印度独立后，以此为由对中印传统习惯线中国一侧的领土采取"蚕食"政策。中国政府曾指出，中印边界未正式确定，均存在争议。目前双方正积极寻求有效途径，努力解决相关领土争议问题。

（三）中日之间存在一系列的矛盾和斗争

长期以来，中日之间存在一系列矛盾和争端。一是日本当局歪曲历史，美化侵略战争，拒绝承担战争责任。二是中日之间在钓鱼岛、东海大陆架，以及东海油气资源等方面存在严重争端。三是日本在台湾问题上挑战中国的国家核心利益。近年来，日本右翼势力支持"台独"分裂势力更加明目张胆，需要我们高度关注。

此外，日本通过一系列条约将自己的安全与美国利益捆绑到一起。美日同盟在冷战结束后，其基本战略价值并未消除，并通过新的《日美安全保障条约》与《日美防卫合作指针》得以强化和充实。新《日美安全保障条约》的功能是保障美国在东北亚的政治、经济与安全利益及日本的政治安全，同时借以遏制"来自东北亚的潜在竞争对手的战略性挑战"。

（四）朝鲜半岛形势

冷战结束后，随着国际形势的发展，朝鲜半岛形势总体上趋缓，美韩同盟面临来自外部和内部的压力。美国出于自身利益的需要，仍在东北亚地区继续维护带有明显冷战特征的同盟体系，这将成为朝鲜半岛问题和平解决的最大障碍。

美韩同盟是冷战期间美国对以苏联为首的社会主义阵营实施遏制战略的产物。1950年朝鲜战争的爆发使朝鲜半岛成为美苏进行冷战争夺的前沿阵地。为了限止共产主义在这一地区的"扩张"，美国决心在这里打造一条坚固的防线。《美韩共同防御条约》是美韩同盟的基础和核心。该条约是在《朝鲜停战协定》签订后不久，美国为保持其在朝鲜半岛的军事存在而与韩国缔结的。根据条约精神，双方于1954年11月和1955年5月又先后签署了《美韩关于军事和经济援助的协议记录》和《美韩关于建立兵工厂及重行生产军火最低限度设备的换文》。美国将大批武器运进韩国，其中包括战术核武器等，并在仁川等地建立军事基地。

（五）台海局势

在对中国安全构成影响的诸多因素中，台湾问题无疑是主要因素之一。台湾问题属中国内政问题，他国无权干涉。但是美国从其战略考虑，左右台湾的防卫事务，并将台湾视为"不沉的航母"，阻挠中国的统一。这不仅可以使美国从政治、经济、安全等方面牵制中国，有效地遏制中国的国际发展空间，还可以加强其与日本的盟友关系。此外，美国还可以将干预台湾问题作为使中国与之合作或支持其外交政策的筹码。

台湾问题事关祖国的统一，是国家的核心利益。2008年以来，两岸之间的经贸往来和人员交流十分频繁，经过多轮制度化谈判和事务性协商，取得了一系列重大成果。但"台独"势力并未因此而有所收敛，继续以各种形式破坏两岸的和平与发展，阻挠祖国的和平统一。2016年1月16日，民进党候选人蔡英文当选为台湾地区新领导人。在她5月20日的6 000多字的就职讲话中，涉及两岸关系的内容不到400字，只字不提"九二共识"，只强调保持台湾所谓的"主体性"，严重破坏了台海两岸的关系。

同时，以美国为代表的国际反华势力经常利用台湾问题大做文章，干涉中国内政，使台海局势错综复杂。2010年1月29日，美国政府宣布向台湾地区出售"黑鹰"直升机、"爱国者-3"反导系统、扫雷艇等总额近64亿美元的武器装备。2014年4月8日美国众议院通过"2014年确认台湾关系法与军舰移转法案"。在美国许多看似相互矛盾冲突的政策、表态背后，都隐藏着美国利用台湾问题制造麻烦和障碍，阻挠中国崛起的战略实质。

（六）我国海洋权益遭遇的挑战

我国有着辽阔的海洋国土和丰富的海洋资源。我国的大陆海岸线长18 000多千米，领海自北向南有渤海、黄海、东海和南海等，我国的领海面积约22.8万平方千米，管辖的专属经济区和大陆架海域约有300多万平方千米。我国与8个海上邻国均有海洋争端，争议海域面积达到150万平方千米，约占我国海域辖区的1/2。辽阔的疆域既为我们提供了广阔的生存空间，又使我们维护国家主权的任务异常艰巨和繁重。

南沙群岛位于南中国海南部，是南海诸岛中分布最广、岛礁最多的一个群岛，其周围海域的自然资源十分丰富。南海油气资源总储量估计可达1 000亿吨，其中在我国海疆线内约有420亿吨，是我国巨大的资源宝库之一。南沙群岛及其海域的战略地位也十分重要。它地处太平洋和印度洋的咽喉，是扼守两洋海运的要冲。东北方向通过台湾海峡与东海相通，通过巴士海峡与太平洋相连；西南接马六甲海峡，西出安达曼海，沟通印度洋。南海是我国同东南亚各国交往的重要纽带，南沙群岛是拱卫我国南大门的第一道海上战略屏障，也是保卫海上通道安全的前沿阵地。

南海诸岛，特别是西沙群岛和南沙群岛自古以来就是中国的领土。从历史角度和国际法角度来看，中国对西沙群岛和南沙群岛都拥有无可置疑的领土主权。然而，自20世纪70年代以后，南海周边国家陆续侵占、瓜分南沙群岛各主要岛礁，分割海域，掠夺油气资源，严重侵犯了我国的领土主权和海洋权益。

（七）恐怖主义活动猖獗，对我国的威胁增大

中国与国际恐怖势力的主要盘踞地和高威胁区相邻，国际恐怖势力在中国周边频繁滋事，恶化了中国周边环境，直接危害着中国国家安全。

近年来，我国境内的恐怖势力与境外恐怖势力遥相呼应，不断对我国进行干扰破坏活动，暴力化趋势日益增强。2008年拉萨"3·14"打砸抢烧事件，2009年乌鲁木齐"7·5"严重暴力犯罪事件，2014年3月昆明火车站的暴力恐怖案件，给我国人民群众的生命财产造成了重大损失，正常的社会秩序和社会稳定遭到严重破坏。

三、新形势下的国家安全

新形势下，国家安全是指国家政权、主权统一和领土完整，人民福祉、经济社会可持续发展，国家其他重大利益相对处于没有危险和不受内外威胁的状态，以及保障持续安全状态的能力。国家安全工作应当坚持总体国家安全观，以人民安全为宗旨，以政治安全为根本，以经济安全为基础，以军事、文化、社会安全为保障，以促进国际安全为依托，维护各领域国家安全，构建国家安全体系，走中国特色的国家安全道路。

随着国际形势的变幻，以及现在的国家安全所涉及的领域的广泛，对国家安全工作提出了很多新的课题。国家安全工作归根结底是保障人民利益，要坚持一切为了人民、一切依靠人民，为人民群众安居乐业提供坚强保障。

中国正处于飞速发展的阶段，社会矛盾众多，各种可以预见和难以预见的安全风险前所未有。因此，我们要充分认识到国家安全的重要性，增强忧患意识。要切实加强国家安全工作，为国家发展的重要战略机遇期提供保障。要坚持原则性和策略性相统一，把维护国家安全的战略主动权牢牢掌握在自己手中。

在新形势下，我国国家安全的内涵和外延比历史上任何时期都要丰富，时空领域比历史上任何时期都要宽广，内外因素比历史上任何时期都要复杂，这就要求我们必须重视国家安全，既要重视外部安全，又要重视内部安全；既要重视国土安全，又要重视国民安全；既要重视传统安全，又要重视非传统安全；既要重视发展问题，又要重视安全问题；既要重视自身安全，又要重视共同安全。只有这样，才能打造命运共同体，推动各方朝着互利互惠、共同安全的目标前进。

我们在维护本国利益的同时，也在积极促进世界各国共同繁荣，努力与各国建立友好关系，维护周边安全环境，加强同发展中国家的合作，积极参与地区及全球

治理，为世界和平与发展作出应有贡献。

四、新兴领域的国家安全

2015年7月1日，十二届全国人民代表大会常委会第十五次会议表决通过了新的《国家安全法》。这是党的十八大以来，为适应国家安全所面临的新形势、新任务，我国以法律形式确立总体国家安全观的重要举措。

与传统的安全观不同，新的国家安全观不仅包括了传统意义上的安全领域，还包括非传统领域的安全。其目标是构建集政治安全、国土安全、军事安全、经济安全、文化安全、社会安全、科技安全、信息安全、生态安全、资源安全、核安全等于一体的国家安全体系。

新的《国家安全法》明确提出了一些新领域的国家安全问题。

（一）国家经济安全

即维护国家基本经济制度和社会主义市场经济秩序，保障关乎国民经济命脉的重要行业和关键领域、重点产业、重大基础设施和重大建设项目，以及其他重大经济利益安全。同时，国家健全金融宏观审慎管理和金融风险防范，以及处置机制，加强金融基础设施和基础能力建设，防范和化解系统性、区域性金融风险，防范和抵御外部金融风险的冲击。

（二）文化安全

国家坚持社会主义先进文化的前进方向，继承和弘扬中华民族优秀传统文化，培育和践行社会主义核心价值观，防范和抵制不良文化的影响，掌握意识形态领域主导权，增强文化整体实力和竞争力。加强自主创新能力建设，加快发展自主可控的战略高新技术和重要领域核心关键技术，加强知识产权的运用、保护和科技保密能力建设，保障重大技术和工程的安全。

（三）网络空间安全

网络信息技术广泛运用于国家政治、经济、社会、军事等各方面的管理中，各国都在加速构建各自的网络与信息安全保护体系。一些国家为维护网络空间主权，很早就制定了法律法规，并将维护网络安全纳入国家安全战略。我国正在逐步建设和完善网络与信息安全保障体系，加强网络管理，防范、制止和依法惩治网络攻击、网络入侵、网络窃密、散布违法有害信息等网络违法犯罪行为，维护国家网络空间主权、安全和发展利益。

（四）太空、深海及极地等新领域安全

太空、深海和极地，这些领域不属于任何一个国家，是全人类的财富，需要全人类共同开发和利用。

这些资源现对于每个国家来说，既潜在着重大的国家利益，也面临着国家安全威胁和挑战。我国坚持和平探索和利用外层空间、国际海底区域和极地，加强国际合作，同时增强自身安全进出、科学考察、开发利用的能力，以维护我国在外层空间、国际海底区域和极地的活动、资产和其他利益的安全。

习 题

1. 简述我国地理环境的基本概况。
2. 简述新兴领域的国家安全。

第三节　国际战略形势

国际战略形势，是指世界各主要国家和政治集团在一定时期内，通过战略上相互联系、相互作用和相互斗争所形成的国际战略格局和国际战略形势。它是国际政治、经济和军事形势的综合体现。它是国家（集团）制定战略时必须首先考虑和关注的外部环境和条件。研究国际战略形势，对正确判明本国战略利益具有十分重要的意义。

一、历史演变

随着世界贸易的发展和资本在全球的迅速扩张，国际分工日益明显。为维护本国利益，国际政治开始登上历史舞台，并由此产生了国际战略环境。

19世纪初，拿破仑战败后，在维也纳会议上，俄国、英国、奥地利成为当时国际政治中的主导力量。由于各国之间的内在矛盾难以解决，到19世纪50年代，这个格局开始走向崩溃。此后，普鲁士经过三次王朝战争，于1871年完成了德意志民族的统一。德国的崛起打破了已有的格局，并使世界战略格局发生了重大变化。

19世纪后期，在瓜分世界的狂潮中，欧洲各国之间的矛盾日趋加剧。以英、法、俄为一方的协约国集团和以德、奥、意为一方的同盟国集团，相互抗争，并最终引爆了第一次世界大战。战后，"凡尔赛—华盛顿体系"形成，成立了以战胜国为主导的国际联盟，并形成多极格局。第一次世界大战导致了苏联的诞生，并成为世界战略格局中的一支重要力量。此后，英国和法国逐渐衰落，德国被削弱，美国则乘机崛起。

由于对"凡尔赛—华盛顿体系"的不满，以及世界经济危机的爆发，法西斯势力在欧洲开始兴起和发展。1922年，意大利法西斯夺取了政权。1933年，希特勒掌握了德国的政权。此时的日本法西斯军国主义也十分猖獗。德、日、意三国形成轴心国同盟，妄图称霸世界。1939年，第二次世界大战爆发。以美、英、苏、中等国组成的反法西斯同盟最终战胜了德、日、意法西斯同盟，赢得了战争的胜利。

第二次世界大战后，美苏两国的战时同盟关系迅速破裂，形成长期对峙的局面。20世纪60年代末，在美苏两极之外，出现了西欧、中国和日本等新的政治力量。1991年，苏联解体，两极格局彻底崩溃。世界各种战略力量开始重新整合。美国变成世界上唯一的超级大国，俄罗斯在世界事务中仍然发挥着重要作用，欧盟成为国际政治中的重要力量，中国、日本及东盟在国际事务中的作用愈来愈明显，世界向多极化发展的趋势更加清晰。

二、国际战略形势的现状

当前，国际战略形势的主要态势，是美国构筑单极世界的战略继续推进，但它没有也不可能阻断世界多极化的发展趋势，世界上各种政治力量在不断进行分化组合。多极化趋势的发展，有利于世界的和平、稳定和繁荣，有利于推动建立公正合理的国际政治经济新秩序。

美国谋求建立单极世界。冷战结束以后，美国经济连续高速增长，国力增强，军事实力强大，政治影响广泛，综合实力处于绝对领先地位。这为其称霸世界提供了雄厚的基础。为了实现建立单极世界的目标，美国制定并实行了一整套战略措施。在政治上，极力推行以美国为模式的所谓"全球民主化"；在经济上，倚仗其强大的经济实力，以经济制裁为手段，迫使别国无限度地开放市场，利用高科技和不等价交换等手段剥削发展中国家；在军事上，保持庞大的"防务"开支，努力发展高精尖武器，在世界各地部署军事力量并建立军事联盟，插手干涉别国内部事务。美国的全球战略是：既联合又试图控制欧洲；既利用又要制约日本；以北约东扩为手段，进一步挤压、削弱俄罗斯；将中国视为主要竞争对手，继续向台湾出售武器。2017年1月，特朗普政府上台后，反复强调"使美国再次强大"，极力主张"美国优先"。其战略意图就是千方百计地保持美国综合国力的领先优势，想方设法地保住美国的世界领导地位。

欧盟势力日益扩大。2004年以来，欧盟在内统外扩与壮大实力方面都取得重大突破。其一，正式接纳中东欧的11个国家和地中海的2个国家入盟。欧盟现在拥有28个成员国、430多万平方千米土地面积和5亿人口，实际上已将绝大多数欧洲国家统合在自己麾下。其二，欧盟首脑会议一致通过的《欧洲宪法》草案，为欧洲第一部宪法的"出世"作好了铺垫，昭示欧盟将通过实质性的机构和体制改革，有效推行共同外交和防务政策，为在国际舞台上扮演分量更重的角色做好准备。其三，欧盟的经济形势比较稳定，经济实力大幅提升，欧元在国际金融体系中的地位大幅攀升。可见，欧盟在提升实力地位和统合欧洲的道路上实现了一次历史性跨越，朝着建设"欧洲人的欧洲"和世界独立一极目标迈出了实质性步伐。它不再甘当美国的伙计，要求在北大西洋联盟中进行权利再分配和角色重新定位，力争与美国建立新的平等伙伴关系。欧盟向着世界独立一极的目标迈进，对美国的单极战略形成有力挑战。

俄罗斯重振大国地位。20世纪90年代以后，俄罗斯国内形势不稳，金融危机严重，大国地位受到严重削弱。但是，俄罗斯拥有良好的工业和科技基础，拥有丰富的资源和巨大的发展潜力。在军事上，它仍然是唯一能够和美国相抗衡的核大国。近年来，俄罗斯社会趋向稳定，经济迅速发展，宏观经济指标有较大的改善。俄罗斯在财力有限的情况下，利用高科技提升防务能力，保持了世界第二大军事强国地位。随着经济的复苏，俄罗斯加快了军队建设和武器装备更新换代的步伐，重振大国地位的意图更加明显。尤其是2007年恢复战略轰炸机战备值班和2008年对格鲁吉亚军事挑衅的反击，更彰显了俄罗斯重振大国地位的雄心。

日本迈向政治军事大国。日本是世界第三经济大国，人均国民生产总值超过美国。但由于历史原因，日本在国际社会的政治、军事影响远未达到其经济对世界的影响。它在外交上一直依附于美国。然而，近年来，日本通过调整内外政策，努力扩大国际影响力。日本正在由经济大国向世界政治大国甚至军事大国转变。

中国综合国力稳步上升。中国是世界第二经济大国，对世界经济增长的贡献尤为突出。改革开放以来，中国保持了持续、高速发展的强劲势头。在综合实力显著提升的基础上，中国在外交上不断开拓进取，国际地位和作用明显提高，在世界和地区事务中日益发挥重要的影响。中国坚持走和平发展的道路，努力与世界各国平等地互利合作，并积极加强区域合作，推动共同发展，不断为促进全球发展和繁荣做出贡献。中国高举和平、发展、合作的旗帜，积极参与国际事务，在力所能及的范围内支持和援助其他国家，充分发挥了一个负责任大国的作用，国际影响日益增大。随着综合国力的发展，"一带一路"倡议的推进，中国在全球和地区事务中将发挥举足轻重的引领作用。

地区性大国不断壮大。印度、巴西、南非等地区大国幅员辽阔，近年来经济持续强劲发展，外交空前活跃。它们的快速崛起不但加强了其在当地的龙头地位，而且促进世界战略力量的调整和重组，成为推进世界多极化进程的重要因素。

区域一体化组织蓬勃发展。经济是基础，发展水平的不同决定了不同国家在国内政治及国际事务中采取的立场不同。因此，一些经济发展水平比较接近的国家和地区组成的地区性组织活动积极，联合自强趋势增强。这些国家在有效地维护自己的独立和主权、提升本国的国际地位、致力于自身发展的同时，强化了联合自强、走区域一体化道路的势头。随着区域组织的不断发展，大区域一体化组织也在形成和加强。除欧盟、东盟外，近年还涌现出非洲联盟和南美洲联盟。

三、发展趋势

（一）和平与发展面临挑战

当前，和平与发展是世界人民共同追求的目标和不可逆转的世界潮流。广大发展中国家坚决反对霸权主义和强权政治，希望在一个相对和平稳定的环境中尽快发展本国的经济，主张对话、避免对抗。因此，国际形势继续趋向缓和，维护和平与稳定的力量继续增长，和平与发展已成为世界人民的共同要求。但是，和平与发展两大主题却仍面临重大挑战。霸权主义和强权政治依然存在，一些地区固有的民族矛盾、宗教对立、领土争端、资源纠纷等依然存在，有些矛盾甚至更加复杂化。另外，因南北贫富差距拉大引发的恐怖活动、社会动乱、难民危机、毒品泛滥等日趋严重，也成为当今世界不稳定的重要因素。

（二）国际战略关系随着经济全球化发生深刻变化

经济全球化使各国在经济领域相互联系、相互渗透、相互影响、相互制约，既促进了共同发展，同时也带来了极大的不稳定因素。经济全球化要求在全球范围内实现产品、资源、资金、科学技术等生产要素的流动和优化配置，国与国之间不同程度地形成"一荣俱荣，一损俱损"的利益格局。但各国在经济全球化中的相互依存关系又是不均衡、不对称和不平等的，由此导致全球范围内的各种矛盾凸显，如霸权与反霸权之间的矛盾、南北矛盾、民族矛盾、全球性问题等。

（三）世界力量分化组合加剧，使单极与多极之争更趋激烈

单极与多极矛盾的实质，是美国霸权主义同世界各国人民反对霸权主义的斗争。美国凭借其政治、经济、军事上的强大优势，利用反恐这个前所未有的机遇，抓紧打造美国主导的世界新秩序。世界主要国家尽管原则上认同并支持美国反恐，但对美国诉诸武力、"先发制人"等单边主义行径和谋霸企图也不无戒备和抵制。制衡美国"一超"的力量将越来越强大，并且趋于自发联合，欧盟和其他大国将不可避免地成为其主要竞争对手。"一超"与"多极化"的斗争日趋激烈，多极化的发展进程不可避免。

四、世界主要国家军事力量及战略动向

冷战结束后，世界军事力量的总体规模呈下降趋势，但多数国家军队的质量水平却在不断提高。美国、俄罗斯、日本、印度等主要大国，紧紧抓住这一难得的战略机遇，积极推进军队转型，展开了面向未来的军事战略调整。因此，加强军事力量仍被作为维护和扩展各国利益的重要手段，是争夺多极化格局中重要地位的战略筹码。

（一）美国

美国拥有一支全球进攻性军事力量。近年来，美军人数虽然有所减少，但军费开支逐年增加，2019年预算达7 160亿美元。其现役部队约140万人，文职人员约80万人，此外还有一支素质较高、装备齐全的约86万人的预备役部队（包括国民警卫队和军种后备队）。美国将全球划为太平洋战区、欧洲战区、中央战区、北方战区、南方战区和非洲战区六大战区，实行"前沿存在"战略，在海外部署了1/4的现役作战部队。太平洋战区部署了约10万兵力，欧洲战区部署了约10万兵力，在中央战区部署了约12万兵力。美国有数百个军事基地分散在世界各地，以控制战略要点，扼守全球海域的16个咽喉要道。

美国认为，冷战虽然结束了，全球性的核战争的威胁也减小了，但是世界仍然存在着危险和不稳定的因素，美国面临着各种威胁和挑战，应着手对未来可能出现的不确定威胁做出准备。美国通过调整武装力量的结构，加速发展装备等措施，以适应未来的需要。

近年来，美国调整全球军事部署的一个重点，是将反恐和遏制本地区出现"拥有丰富资源的军事竞争对手"作为其亚太战略的主要目标，将防范的重点放在从东北亚到中东的所谓"不稳定弧形地带"。为此，美国将关岛作为西太平洋战略基地，强化其对东亚地区的快速反应和打击能力；将位于本土的陆军第一军司令部迁至日本，强化驻日美军指挥与控制能力；增强朝鲜半岛、日本等前沿地区的自主防卫能力；加强美军在东南亚的军事存在。

美国将国家利益区分为三类：一是"生死攸关的利益"，即关系美国生存、安全和活力的具有压倒一切的重要性的利益；二是"重要利益"，即这些利益一旦受到威胁，虽不会直接影响美国的国家生存，但会间接影响到美国的安全和强盛，以及美国所处的国际环境；三是"人道主义利益"，这些利益与美国所倡导的民主、自由和人权等价值观密切相关。美国针对不同类型的威胁有选择地使用军事力量：当第一类利益受到威胁时，美国将不惜一切代价，包括动用武力；当第二类利益

受到威胁时，如果只有使用武力才可以促进美国利益达成预定目标，且其他手段已无法实现这些目标时，才有选择地和有限地使用武力；而当第三类利益受到威胁时，一般不把使用武力作为优先考虑的手段，但美军可参与部分行动。总之，一旦决定动用军队，必须考虑所付出的代价和所承担的风险与受到威胁的美国利益是否相称。

为此，美国提出了美军新的四项战略任务：一是保卫美国；二是在关键地区前沿慑止侵略和胁迫行为；三是在发生的大规模冲突中迅速取胜；四是实施数量有限的小规模应急作战。在美军新的战略任务中，已经重新把保卫美国作为美国武装力量的首要任务，其重点是保卫陆地、空中和太空通道，并提出美军要提高保卫基础设施的能力。例如：石油和天然气的运输与储藏，信息和通信，银行和金融，以及电力、运输、供水、应急部门及政府服务等方面的设施。同时，美军还可以随时对发生在美国领土或盟国领土的国际恐怖主义行动做出果断反应。

（二）俄罗斯

俄罗斯军队于1992年重新组建，现有兵力约100万人，文职人员约75万人。另有内卫军、边防军等其他部队约100万人。俄罗斯2019年国防预算430亿美元。俄军拥有强大的战略核威慑力量，具有较强的作战能力。目前，俄军主要兵力部署在欧洲地区，其战略意图是以强大的战略核力量和保持较高戒备程度的常规力量作为威慑手段，遏止北约继续压缩其战略空间，同时随时准备应付国内和独联体各国出现的突发事件或武装冲突。俄罗斯在亚洲地区也部署了较多兵力，目的是对付某些国家的扩张性军事力量和应付东北亚可能发生的武装冲突。

为了确立"遏制与机动"的军事战略，俄罗斯先后推出了新的《俄罗斯联邦国家安全构想》《俄罗斯联邦军事学说》等一系列重要文件，其要点是：在威胁判断上，明确了以美国为首的北约是俄罗斯主要外部威胁和未来可能的作战对象；在战争准备上，强调在立足打大规模地区战争的基础上，重点遏制地区性武装冲突；在武装力量建设方面，要求加速军事改革，力争建成一支精干、高效，具有充分遏制能力的职业化军队；在战略部署方面，完善指挥体制，调整兵力部署，在重点区域组建由各军兵种组成的"军队集团"，等等。

为了适应"遏制与机动"的新战略，俄罗斯加快了军队建设转型的步伐。

裁减军队人员，调整军队的结构与编制。2012年，俄军总员额从113万减至100万，中高级军官从30万减至15万。同时，调整军兵种结构，扩建常备力量，并通过改善装备和加强训练，提高其应急作战能力。

优化战略指挥机构。一是调整国防部职能。国防部主要职能是参与拟定关于俄罗斯军事政策和军事学说的建议，制定武装力量建设构想，制定武器装备发展的国家计划等，但不直接指挥部队的作战行动。二是扩大总参谋部的战略指挥权，授予其对军队的战略指挥权。三是确立军区的战役—战略司令部地位。

调整战区部署，收缩海外基地。一是国内部署调整。俄罗斯领土按军事行政区域划分为四大军区。鉴于俄罗斯国土辽阔，而兵力规模又在不断减少，俄军不再沿边界全面布防，而实行"前轻后重，重点设防"的方针。根据威胁程度的不同，俄军陆上部署以西部战略方向即欧洲方向为重点，以西南方向和中亚方向为次重点；海上部署以大西洋海区为重点构成"北方的战略堡垒"，以远东方向为次重点，以增强对美、日的威慑力。二是国外部署调整，即进一步压缩境外驻军。俄军已主动撤出在古巴、越南的基地，还将维和部队撤出了巴尔干。但俄罗斯保留和加强了在独联体国家的驻军和军事基地。

发展战略核力量。核武器是俄罗斯目前唯一有效的全球性战略威慑力量，也是俄罗斯支撑大国地位、与美国保持低水平的战略平衡的王牌。俄罗斯为遏制北约的强劲攻势，只有依靠核力量来发挥有效的威慑作用。从地区安全角度看，核武器是俄罗斯维护势力范围的"杀手锏"。俄罗斯放弃不首先使用核武器的承诺，既可吸引一些国家与俄罗斯结盟，也可慑止邻国向俄罗斯提出领土要求，遏制境外武装冲突向俄罗斯蔓延，确保俄罗斯国土的安全和完整。一旦外来侵略由地区性冲突扩大为大规模战争，俄罗斯可以首先使用核武器打击敌人的军事目标，使侵略者放弃侵略野心和阴谋。另外，核武器的存在亦可有效地阻止周边国家向其他势力靠拢，遏制境外武装冲突蔓延到俄罗斯国内，从而确保国家安全。

（三）日本

日军现役部队约25万人，文职人员约2万人，预备役部队约6万人。日本2019年军费预算达460亿美元。日军现有直升机航空母舰4艘，第三代作战飞机300多架，编有4个"八八舰队"，是一支装备精良、体制灵活、便于扩充的军事力量。

1997年，日美修改《日美防卫合作指针》，规定了日美三大合作机制，即平时合作、日本有事时的合作和周边事态时的合作，并明确了40项联合作战措施。1998年4月，日本内阁批准了《周边事态安全保障法草案》《自卫队法修正案》《日美相互提供物品及劳务协定修正案》，为参与美国军事干预行动完成了立法程序。2015年，日美发布新版《日美防卫合作指针》。双方决定把日军同美军的合作扩大到全球范围，提出了从平时到发生冲突时的"无缝"合作。这一重大突破，标志着美国允许日本武装力量在全球扮演更具进攻性的角色。

近年来,日本开始全面调整军事战略,虽然在名称上仍保留"专守防卫"的提法,但其内容却有了实质性的大变化,强调了军事战略的"主动性""先发制人"等原则,并将军队建设目标定位为建立一支"合理、精干、高效"的防卫力量,即建立规模小、装备精、高速机动、整体作战能力强的军队。为了实现这一建设目标,日本采取了一系列措施:一是彻底摆脱旧的编制体制,建立一个符合日本实际的新结构。二是发展和装备高技术武器,加快武器装备更新换代的速度。三是大力加强针对各种威胁的军事训练,提高部队的快速反应能力和与美军联合作战的能力。

经过调整,日本的军事战略已从"行使武力于遭敌入侵之后",转变为强调"遏制敌人入侵企图";从"不对对方实施先发制人的攻击,只在受到武力攻击时才进行有限的武装自卫",转变为日军能够在未来作战时采取"洋上防空""海上歼敌""前方处置"等将敌拦截在领土以外;从防止侵略,转变到预防发生周边事态;从保卫日本的"内向型",转变为干预别国内政的"外向型";从对美国的依赖转变为同美国的联合。日本的所谓"专守防卫"军事战略,实际上已经演变为"主动先制"的进攻战略。

2011年,日本政府通过了新的《防卫计划大纲》,明确将日军兵力部署重心由北向西、向南调整,其战略意图主要是应付朝鲜半岛及其他方向上可能发生的"周边事态",并将中国视为现实中的主要威胁和战略对手。2018年,日本政府再次修改《防卫计划大纲》,将太空和网络等新领域划为"极其重要"领域。

(四)印度

印军现役部队约133万人,印度2019年国防预算约446亿美元。印度政府在邻国边界部署了重兵,并经常举行军事演习,声称要谋求"对等的核威慑",打低、中、高三种强度的战争和全方位战争。

进入21世纪,印度将过去重在防御的"反制威慑"战略或称"拒止威慑"战略,调整为重在进攻的"惩戒威慑"战略。其主要内容是,以积极进攻、主动出击为作战指导思想,以打有限战争为主要作战样式,以主要邻国为作战对象,全面加强军事力量建设,获取强大的军事优势地位,做好现代高技术战争准备,对敌产生威慑作用。一旦需要,即对敌实施先发制人的有限战争,给敌以必要的教训和惩罚。

伊拉克战争后,印度军方认为"对威胁唯一有效的反击就是实力和警惕",强调"军备必须威慑侵略""必须足以打败侵略者",以战略威慑力量遏阻区外大国。他们还认为,21世纪的印度洋将是众多新崛起的地区强国角逐之地,印度必须及早做好准备。对区外大国的威慑仅靠常规力量是远远不够的,必须使用战略威慑力量,拥有与进入印度洋地区的核国家相匹敌的能力。为此,印度加紧研制、购买航空母舰和核潜艇、潜射弹道导弹,提高海上机动作战能力,尤其是远洋作战能力,借助核威慑手段维持与区外大国的力量平衡。印度把强大的军事力量和战略威慑能力对周边邻国(包括印度洋沿岸地区各国)和区外国家所产生的威慑效应,作为谋求地区性大国地位,进而成为世界性大国的现实基础。同时,认为仅靠威慑是不够的,还必须对周边各国进行实际的武力"干预",解决与印度利益攸关地区的政治动荡,实现特定的国家目标。

习 题

1. 简述国际战略形势现状与发展趋势。
2. 根据你了解的周边国家军事情况,任选一家进行论述。

第三章　军事思想

【教学目标】

1. 了解军事思想的内涵、形成与发展历程
2. 了解外国代表性军事思想
3. 熟悉我国军事思想的主要内容、地位、作用和现实意义
4. 理解习近平强军思想的科学含义和主要内容，使学生树立科学的战争观和方法论

什么是军事思想？

军事思想是一种社会意识形态，它产生于一定物质生产与战争实践的基础上，同时受其他社会意识形态的制约和影响。不同的时代、阶级、国家和人物，有不同的军事思想。

第一节 军事思想概述

军事思想是一种社会意识形态,它产生于一定物质生产与战争实践的基础上,同时受其他社会意识形态的制约和影响。不同的时代、阶级、国家和人物,有不同的军事思想。

军事思想,作为马克思主义军事科学的重要组成部分,它揭示战争的本质和基本规律,研究武装力量建设及其使用的一般原则,反映从总体上研究军事问题的理论成果。军事思想来源于军事实践,又给军事实践以理论指导,并随着战争和军事实践的发展而发展。

一、军事思想的内涵

军事思想是关于战争、军队和国防的基本问题的理性认识,是人们长期从事军事实践的经验总结和理论概括。军事思想来源于人类的军事实践,同时又给人类的军事实践以理论指导,并在军事实践中接受检验。

军事思想的内容如表3-1所示。

表3-1 军事思想的内容

军事思想的内容	军事哲学	主要包括战争观、军事问题的认识论和方法论
	军事实践	主要包括战争指导的基本方针和原则、军队建设的基本方针和原则、国防建设的基本方针和原则等

军事思想所揭示的军事规律越丰富、越深刻,对军事实践的指导作用就越强,科学价值就越大。

二、军事思想的基本特征

军事思想的基本特征如表3-2所示。

表3-2 军事思想的基本特征

军事思想的基本特征	鲜明的阶级性	不同阶级所奉行或推崇的军事思想，反映各个阶级对战争的不同认识和立场
	强烈的时代性	不同历史时期的军事思想各有自己的特征，这种特征往往最能反映当时的物质生产水平
	明显的继承性	历史上所形成的许多军事原则、概念和范畴，有些因其反映了军事斗争的共同规律而流传下来，并为后人所继续使用，且不断地得到丰富和发展
	广泛的通用性	军事思想和军事领域所揭示的一些事物的普遍规律，所形成的原则、概念和范畴，常常被用于政治、经济、外交及商业竞争和体育比赛等方面
	内容博大精深	从理论上讲，通常包括战争观，战争问题的方法论，战争指导思想，建军指导思想等基本内容；从实践上讲，通常包括各时期的军事思想，以及中国古代、近代军事思想，西方国家军事思想等内容

三、军事思想的发展历程

按照不同的社会历史发展阶段、阶级和国家进行区分，军事思想的不同分类如表3-3所示。

表3-3 军事思想的不同分类

军事思想的不同分类	按社会历史发展阶段分类	古代军事思想
		近代军事思想
		现代军事思想
	按阶级分类	奴隶主阶级军事思想
		封建地主阶级军事思想
		资产阶级军事思想
		无产阶级军事思想
	按国家分类	外国军事思想
		中国军事思想

四、军事思想的地位及作用

军事思想指导着一个国家的军备和战斗力量的发展,决定了一个国家在未来战争中,从战略到战术的全方位的考量。其作用有:为军事问题提供基本观点,为军事预测提供思想方法,为军事活动提供全局性的指导。

习 题

1. 军事思想的内涵是什么?
2. 军事思想的历史地位及作用是什么?

第二节　外国军事思想

一、外国古代军事思想

公元前8世纪至公元5世纪，是西方古代的奴隶制社会时期。这个时期的古希腊、古罗马等奴隶制国家，为了扩张领土、建立霸权、掠夺奴隶和财物，频繁发动战争。在长期的战争实践中，涌现出许多著名的将领和统帅，以及丰富的军事思想。

古希腊的军事思想奠定了欧洲古代军事思想的基础。古希腊的军事思想体现在希罗多德的《希腊波斯战争史》、修昔底德的《伯罗奔尼撒战争史》、色诺芬的《远征记》、艾涅的《战术》等军事历史和军事理论著作，以及亚历山大的军事实践中。其思想概括起来主要有：战争是由根本利害矛盾引起的；战争的目的是为了征服，谋求城邦、国家利益和霸主地位；战争的胜败取决于政治、军事、经济、精神等条件；作战前必须对双方的军力、财力、人力等方面的长处和短处进行认真的分析对比；注意激励军队的士气，立足以优势力量建立己方胜利的信心；采取出乎敌人意料的行动使之惊慌失措等。

古罗马的军事思想源于古希腊，且有所发展，体现在凯撒的《高卢战记》、阿里安的《亚历山大远征记》、弗龙蒂努斯的《谋略》、奥尼山得的《军事长官指南》、韦格蒂乌斯的《论军事》等著作。主要内容为：战争有正义与非正义之分；把军事作为实现政治目的的工具，而政治又是配合军事行动达成军事目的的手段；通过外交广泛联盟，孤立对手，恩威并举，实现自己的目的；主张以进攻为主防御为辅；在被迫处于防御地位时，要想方设法向敌后等薄弱处进攻，力求改变攻防态势，变防御为进攻；主张建立一支忠于自己的部队，以金钱和土地等物质利益保证部队的忠诚，以精神鼓励、严格的纪律保持部队的战斗力。

从476年西罗马帝国灭亡，到1640年英国资产阶级革命，为欧洲的中世纪。在这长达1 100多年的"黑暗"时代，由于割据的庄园经济、宗教思想和经院哲学的禁锢，极大地限制了军事思想的发展。"整个中世纪在战术发展方面，也像其他科学方面一样，是一个毫无收获的时代。"（恩格斯）随着中国火药、火器的传入，以及意大利文艺复兴的影响，外国古代军事思想才有了缓慢发展。中世纪的欧洲，军事论著屈指可数，只有拜占庭帝国佚名作者的《将略》、利奥六世的《战术学》等几部著作传世。文艺复兴之后，主要军事著作有马基雅维利的《战争艺术》、弗里德里希二世的《战争原理》《军事典范》等。此时军事思想可概括为以下几个方面：战争被披上宗教外衣，掩盖统治集团间的利益争夺；宣扬战争是人类天性中的一部分，是原始罪恶之果，也是教会权力的支柱；在战争中丧失生命的人，可以进入天国，赎免一切罪恶。这其实是对战争认识的倒退。重视军队建设，把军队看成国家的重要工具；对雇佣兵制的弊端有了初步认识，主张实行义务兵制；初步涉及战略学、战术学概念；另外还认识到制海权的重要，认为控制了海洋，可以赢得和守住巨大的海外领土。

二、外国近代军事思想

从1640年英国资产阶级革命至俄国十月革命，为世界近代史。此时西方走向资本主义，并向帝国主义发展。这一时期，封建与反封建的战争、资本主义与反资本主义之间的战争、帝国主义国家之间的战争、殖民与反殖民的战争，各种不同性质战争交织在一起，频繁发生，为人们研究军事思想提供了实践依据。工业文明和科学技术的进步，使军队装备发生了较大变化，热兵器被广泛使用（火药为主），从而产生了与之相适应的军事思想。

外国近代军事思想可划分为两大体系，即资产阶级军事思想和无产阶级军事思想。

（一）资产阶级军事思想

资产阶级军事思想形成于17世纪中叶至19世纪中叶，代表人物及其著作很多。主要有：俄国苏沃洛夫的《制胜的科学》，瑞士若米尼的《战争艺术概论》《战略学原理》，普鲁士克劳塞维茨的《战争论》，比洛的《新战术》《最新战法要旨》，法国吉贝特的《战术通论》，美国马汉的《海权对历史的影响》《海军战略》等。其中，克劳塞维茨的《战争论》是外国近代军事思想的杰出代表。著名军事家如拿破仑、库图佐夫等，虽然没有给后人留下著作，但其丰富的军事实践也蕴藏着崭新的军事思想。这一时期的军事思想主要表现为：反对战争认识问题上的不可知论，提出军事科学的概念；军事科学包括战略与战术两个重要组成部分；主张探讨战争的本质、规律，研究军队、装备、地理、政治和士气等因素在战争中的作用；重视对战争历史的研究，认为战争无非是政治的继续，是迫使敌人服从己方意志的一种暴力行为，是政治的工具；认识到民众武装在战争中的重要作用，但民众武装不是万能的，使用要有条件；重视建立一支反映资产阶级利益的部队；重视和平时期军队建设和战争准备，以随时应对战争；认识到新发明对于军队的组织、武器装备和战术的影响，装备的变化必然引起战术的变化；认识到作战中士气的作用，因而把思想教育放在重要位置；认为海权是推动国家以至历史发展的决定因素，控制了海洋就控制了整个世界；树立歼灭战思想，军事行动的主要目的是在战争中消灭敌人的军队，而不是占领敌人的领土和要塞；与歼灭战相适应，大多数军事家都强调进攻，认为只有进攻才能消灭敌人；防御不能是单纯的防御，而是由巧妙的打击组成盾牌；要在主要方向和重要时刻集中兵力，快速机动是集中兵力的重要途径；认为作战应确立打击重心，保持预备队等。

（二）无产阶级军事思想

无产阶级军事思想的主要代表人物是马克思、恩格斯和列宁。马克思主义军事思想正确揭示了战争的本质和基本规律，是认识战争现象和指导军事活动的科学指南，是人类历史上最优秀的军事成果。

马克思、恩格斯是马克思主义军事思想的奠基人。其军事理论集中反映在马克思、恩格斯的《共产党宣言》《皮蒙特军队的失败》《德国的革命和反革命》《中国革命和欧洲革命》《革命的西班牙》《山地战的今昔》《法兰西内战》《反杜林论》《家庭、私有制和国家的起源》等一系列著作中，也反映在马克思和恩格斯为《美国新百科全书》撰写军事条目及关于军事问题的书信中。在战争基本原理方面，马克思、恩格斯运用辩证唯物主义和历史唯物主义考察战争，揭示了军事对物质资料生产的依赖关系，阐明了战争的起源、性质和类型，创立了无产阶级的战争观和方法论；在军队基本理论方面，马克思、恩格斯论述了军队编制、武器装备、教育训练、兵役制度等问题，阐明了无产阶级军队的性质和历史使命，创立了无产阶级的军队学说；在人民战争理论方面，马克思、恩格斯把人民群众是历史的创造者的观点运用于军事领域，指出人民群众是决定战争胜负的根本力量，创立了人民战争的光辉思想；在战略战术方面，马克思、恩格斯揭示了作战方法与物质条件的关系，指出生产方式的变革、科学技术的进步、武器装备的发展必然引起战略战术的变化，提出了一系列具有普遍意义的战略战术原则；在战争史、战术史、军队发展史、军事技术史、军事地理等领域，马克思、恩格斯也进行了广泛深入的研究，为无产阶级军事理论的全面发展奠定了坚实的基础。

列宁在领导俄国工人阶级和苏联人民抵御帝国主义侵略的斗争中，创造性地运用和丰富了马克思主义关于战争和军队的学说，把马克思主义军事思想推向了一个新阶段。列宁代表性的军事著作有：《旅顺口的陷落》《革命军队和革命政府》《无产阶级革命和叛徒考茨基》《大家都去同邓尼金做斗争》和《为战胜高尔察克告工农书》等。在战争理论方面，揭示了帝国主义是现代战争的根源，指出了帝国主义战争引起无产阶级革命的必然性，为无产阶级政党领导革命斗争指明了方向；在军队理论方面，进一步论证了建立无产阶级军队的必要性，阐述了无产阶级的基本建军原则及提高军队战斗力的一系列措施，创建了第一支无产阶级军队，从理论和实践上发展了马克思主义的军队学说；在人民战争理论方面，明确指出人民群众对待战争的态度决定战争的胜负，无产阶级代表人民利益，有能力、有条件把人民武装起来，军队要与人民群众相结合，并注重发挥高质量军事人才的作用，进一步发展了人民战争思想；在战略战术方面，论述了军事科学和军事学术的基本原理，阐明了战略、战术与经济、技术的关系，丰富了马克思主义的战略战术思想。

三、外国现代军事思想

俄国十月革命及第一次世界大战以后，世界进入现代史。这个时期，科学技术迅猛发展，武器装备发生巨大变化，巨炮、雷达、坦克、飞机、航空母舰、远程导弹、精确制导武器层出不穷，热兵器能量的运用从火药转为炸药，进而是原子释放，武器破坏力大大增加，作战效能成倍增长，对战争的进程乃至结局影响越来越大。因此，社会、政治、经济等各种因素对军事理论的研究都有倾向性的影响，而军事理论往往侧重对先进主战武器的探讨。现代军事作战理论如表3-4所示。

表3-4　现代军事作战理论

分类		代表人物	主要观点
现代军事作战理论	"空中战争"理论，又称空军制胜论	意大利的杜黑、美国的米切尔、英国的特伦查德被认为是这一理论的先驱，特别是杜黑在其著作《制空权》中对这一理论叙述得较为细致	由于飞机的广泛应用，出现了空中战争。空中战争的胜负决定战争结局，为此要建立与海军、陆军并列的独立空军；夺得制空权是赢得战争的必要条件，空军的首要任务是夺取制空权；空中战争是进攻性的，空军的核心是轰炸机部队，要对敌国纵深的政治、经济、军事目标实施战略轰炸，迫使其屈服

续表

分类	代表人物	主要观点
"机械化战争"理论，又称坦克制胜论	英国的富勒、奥地利的艾曼斯贝格尔、法国的戴高乐、德国的古德里安、英国的利德尔·哈特是这一理论的倡导者	装甲坦克是战争的决定性力量，是陆军的主体；大量集中使用坦克和航空兵，实施突然有力的突击，可以迅速突破对方主要集团的防线，深入敌方纵深，摧毁一个战备不足的国家；主张军队改革，建立少而精的机械化部队，机械化部队包括补给部队和战斗机械化部队
"总体战"理论	德国的鲁登道夫在其著作《总体战》中提出的理论	现代战争是总体战，它既针对军队，也针对平民，战争具有全民性，强调民族的团结在战争中的重要性；主张实行国民经济军事化；要建设好一支平时就准备好的军队；重视统帅在总体战中的作用；战争的突然性意义重大，力求闪击对方
"核武器制胜"理论		第二次世界大战后至1991年苏联解体的冷战时期，霸权主义成为局部战争的根源，高技术在作战中逐步运用，世界处在核武器阴影之中，美苏两霸动辄进行核武器恫吓。此时军事理论研究往往围绕核武器及高技术展开，从美苏两国军事思想可以清楚看到这一点。如美国，就以核武器实力确定军事战略。在杜鲁门时期，美国核武器力量处于绝对优势，提出遏制战略，对苏联及其他社会主义国家实施核武器讹诈。朝鲜战争后，为以最小的军事代价取得最大的威慑力量，采取大规模报复战略。在苏联打破核武器垄断及越南战争后，又分别推行灵活反应、现实威慑、新灵活反应等战略。在处于核武器优势时期，美国认为自己能打赢全面核武器战争，则主张削减常规力量，重点发展核武器和战略空军。而在苏联打破其核武器优势、局部战争不断发生时，美国在确保核武器威慑的前提下，不断发展常规力量。认为核武器战争会造成灾难性后果，核武器时代的战争必然是有限战争

(现代军事作战理论)

与各自的国家战略相适应，西方各国军事思想呈现不同的特点。美军军事思想的特点是：以遏制、预防潜在"全球性竞争对手"为目的，加大常规武器、核武器、太空优势，建立导弹防御系统，确保自身绝对安全；重视非对称作战、确保自身绝对安全；重视质量建军，加强数字化、信息化建设；重视非接触作战，实施远距离精确打击，力求零伤亡；进一步发展空地一体战理论，提出"空地一体运筹作战"的思想（又称"空地海天联合作战"）。9·11事件后，美国总统乔治·沃克·布什认为陆军的作用越来越低，强调海空作战趋势。

英、法、日、德等国家军事思想的共同点是：采取以维护自身利益为出发点的战略方针；增强军事实力，逐步摆脱对美军事依赖（英国除外），或以其他联盟的方式挑战美国的军事地位；重视发展高技术以带动军事技术的进步；依据各自国情、军队现状走质量建军的道路，确立与国家和军事战略相适应的军队规模。

俄罗斯认为，核战争的可能性大大降低，主要威胁是局部战争和武装冲突；在经济、军事力量弱于美国的情况下，提出了"纯防御""积极防御"和"现实遏制"战略；走质量建军之路，明确建军原则、目标，发展太空技术，确保合理够用的核攻击力量等。

习　题

1. 简述外国近代军事思想。
2. 简述外国现代军事思想。

第三节 中国古代军事思想

中国古代军事思想,是指我国在奴隶社会、封建社会时期,各阶级、集团及其军事家和军事论著者对于战争与军队问题的理性认识。它随着社会的进步、战争的发展而不断深化。

一、中国古代军事思想的形成与发展

(一)中国古代军事思想的初步形成

公元前21世纪至公元前8世纪,我国先后建立了夏、商、西周三个奴隶制王朝,这是我国古代军事思想的初步形成时期,军队的治理以"礼"和"刑"为基础。这个阶段已产生一些萌芽形态的兵书。西周时期已出现《军志》和《军政》等军事著作,这是我国古代军事思想形成的重要标志。

(二)中国古代军事思想趋向成熟

公元前8世纪初到公元前3世纪末(春秋战国时期)是我国古代军事思想的大发展时期。许多代表新兴地主阶级利益的军事家和兵书著作不断涌现,从战争论、治兵论、用兵论及研究战争的方法论等方面,全面奠定了我国古代军事思想的基础,标志着我国古代军事思想已基本成熟。现存最早、影响最大的军事著作就是《孙子兵法》,它标志着封建地主阶级军事思想的成熟。

(三)中国古代军事思想的进一步丰富和发展

公元前3世纪初至公元10世纪中叶是中国封建社会发展的上升阶段。这期间主要经历了秦、汉、晋、隋、唐等几个大的王朝,军事思想也进一步得到丰富和发展。这个时期的战争中,政治斗争与军事斗争的结合、谋略与决策的运用以及作战指挥艺术都达到相当高的水平。战争的发展使得战略战术的运用和指挥艺术都得到高度发展,战略思想也日臻成熟。这个时期出现了许多总结军事斗争经验的兵书。汉初出现的《三略》和后来的《李卫公问对》等是传世的重要著作。

(四)中国古代军事思想形成体系

960年到1840年历经了宋、元、明、清四个朝代,是中国封建社会后期阶段。火

器逐渐开始使用，战争进入了冷、热兵器并用的时代。这个时期，是中国古代军事思想历经漫长的丰富和发展之后走上体系化的时期。其主要表现是兵书数量繁多，门类齐全；兵书概括性强，自成体系。成为我国古代兵书编撰数量最多的一个时期。据《中国兵书总目》统计，宋、元、明、清（不含近代）时期编撰的兵书总共有1 185种，占我国古代兵书总数的3/4以上。而且内容丰富，分门别类地概括了军事思想的各个方面，形成逻辑性较强的比较完整的体系。

二、中国古代军事思想的主要内容及特点

中国古代军事思想博大精深，内容繁多，可以从战争论、战备论、治军论、用兵论、将帅论等方面概括。

（一）战争论

古人认识战争现象，以当时战争本质暴露的程度为基础，从各自的立场出发，对战争的起源、起因、性质、作用，对待战争的态度，战争与政治、经济等条件因素的关系中，从总体上提出和形成初步的看法，这就是古代朴素的战争观。可以大致分为以下四个方面。

1. 战争本质观

战争本质观是古人对战争究竟是何物、起源于什么时候、引起战争的动因是什么等问题的总体性的认识。古人关于战争本质的观点主要有：夫兵者，凶器也，战者，危事也；兵者，国之大事也；兵者，诡道也；兵者，文武也；兵者，权也；兵者，刑也；兵者，拨乱之神物也；兵者，礼义忠信也。关于战争起源的观点主要有：与民皆生论，这种观点认为战争是人类社会与生俱来的现象，有了人类就有了战争，战争的根源在于人的本性，起源于"生存竞争"，起源于人类的本能；太古无兵论，这种观点认为，战争并不是自有人类以来就有的，而是人类发展到一定历史阶段的产物。关于战争起因的观点主要有"天命论""本性论""人口论"。"天命论"认为战争是"皇天降灾""天讨有罪"，发动战争是为了"奉行天之罚"。"本性论"认为"人生而有欲"，如果欲望不能满足，则必然引起战争。"人口论"认为，当人少、财富多时，没有争斗和战争；当人口不断增多，社会财富相对减少时，人们为了争夺生存资源就会发生战争。

2. 战争和平观

战争和平观即古人关于战争与和平、战争性质的认识，以及对待战争的态度。古人关于战争与和平的认识主要有：安不忘战，忘战必危；兵凶战危，好战必亡。

关于战争性质，古人很早就已经认识到战争有"义"与"不义"之分。明太祖在《谕将帅》里明确提出："发兵为诛暴，诛暴为保民。""诛暴保民"论是将民众的大多数利益作为出发点，坚持以民众多数利益作为判断正义与非正义的标准，具有普遍性的意义。关于对待战争的态度主要有偃兵废武论、穷兵黩武论、义兵慎战论。"偃兵废武"论是一种"忘战"的理论，这种观点认为兵是凶器，争是逆德，因而主张"去武行文""偃武修文"；"穷兵黩武"论是一种"好战"的理论，这种理论的信奉者将战争带来的好处推向极端，他们只见战争的"利"而不见战争的"害"；"义兵慎战"论认为，战争并不是绝对的坏事，对战争要具体分析，明确表明要支持正义战争，反对非正义战争。

3. 战争经济观

战争经济观即关于战争与经济关系的认识。首先，认为战争依赖经济。战争没有不受经济条件制约的，孙子以形象、直观的语言表达为"带甲十万""日费千金"。其次，认为经济是进行战争的基础，《孙膑兵法》明确指出"富国"是"强兵之急"，认为富国才是强兵之根本。最后，重视经济斗争。古人揭示了经济对军事的基础作用和战争对经济的依赖关系，因此在战争指导上不仅重视军事实力的较量，而且重视经济斗争，以经济实力的消长转换敌我态势，并最终战胜敌人，这就是古人所谓的"以战养战，战胜而益强"。

4. 战争政治观

战争政治观即关于战争与政治关系的认识。古人提出了军事从属于政治、文事武备不能偏废、重士爱民是胜利的基础等一些基本观点。如《淮南子》继承了先秦诸子的思想，精辟地指出"兵之胜败，本在于政"。以"政"表述政治，概念更加明确，而且高度概括了中国古代军事思想中关于政治是战争胜负的决定性因素这一根本观点。中国古代把文、武称为左辅右弼，作为治国的两大支柱。如孔子认为"有文事者，必有武备；有武事者，必有文备"，强调搞政治斗争必须有军事作为后盾，搞军事斗争必须以政治为基础。

（二）战备论

中国古代军事思想中关于战备论的观点，既唯物又辩证，其主要内容如下。

1. 战备的内容

一是政治上备战。古人认为一个国家的战守存亡，政治状况具有决定性意义，因此古人主张战备工作首先要从政治开始。

二是经济上备战。国富才能强兵，国贫必然兵弱，因此兵家都把"富国"提到战略地位上来考虑，强调国家要大力发展生产，做到国富民殷。

三是思想上备战。《吴子兵法》指出"夫安国家之道，先戒为宝"，反映中国古代兵家历来重视思想上的战备工作。

四是军事上备战。一个国家要在战争中取胜，非建立一支强大的军队，有一个巩固的国防不可，因此军事上搞好战备就成了战备的核心。

五是外交上备战。外交活动可以说是战争爆发前的政治前哨战，在战争过程中，外交活动也是一种重要的斗争形式和手段。故孙武强调"上兵伐谋，其次伐交"。

2. 战备的基本原则

一是超前性原则。强调立足现实，见微知著，能未雨绸缪，防患于未然，超前做好准备。

二是超盖性原则。我国古代的军事家、政治家认为战备的最高标准和目标，就是在政治、经济、军事、技术等各有关决定战争胜负的诸方面，相对于敌人来说都要占有绝对优势，全面地超过敌人，盖过敌人。

三是相称性原则。强调战备规模与水平必须同国力相适应。

四是求己性原则。即要取得战争胜利，不能靠别人，只能依靠自己加强战争准备。

五是隐蔽性原则。强调要注意备战的隐蔽性，主要形式有"寓兵于政""寓兵于农""寓兵于刑""寓兵于乐"等。

六是平战结合原则。把战争行动同平时的生产活动相结合，军队一边生产，一边保卫边界安全，既是战斗队又是生产队，"耕战并重"，平战结合。

七是整体性原则。强调战备必须从各个方面同时进行，全面地进行备战。

（三）治军论

治军论是中国古代军事家和军事论著者对军队建设问题的理性认识，是我国古代军事思想的重要组成部分。

1. 国以军为辅

古人很早就认识到军队是国家政权的主要组成部分，是维护国家统治的工具。因此，古代军事思想中形成国以军为辅、辅强则国安的重要军事思想。

2. 军以民为本

军队来自人民群众，人民群众是军队的力量源泉和靠山。这种认识无论古代还是当代，都是一脉相承、完全相同的。如明代沈炼提出："有民则有兵，无民而兵不可为也。"

3. 凡兵，制必先定

古人从战争实践和军队建设实践中认识到，健全军制是治军的一个重要问题。早在春秋末期，孙子就指出"治众如治寡，分数是也"，认为治理军队靠的是组织编制。

4. 凡胜，备必先具

古人从战争实践中认识到，武器是战争的重要物质力量，特别是一些新兵器的出现，对战争往往产生重大的影响，因此古人治军非常强调武器的生产及改进。明代戚继光在《纪效新书》中明确指出："有精器而无精兵以用之，是谓徒费；有精兵而无精器以助之，是谓徒强。"这是古人对人和武器关系最古朴的认识，反映出"精兵"与"利器"不可偏废的思想。

5. 兵不在众，以治为胜

力量强弱不完全取决于军队数量多少，还取决于质量。古人强调通过加强教育训练、加强道德教育、严明法令等手段来达到治军目的。

（四）用兵论

用兵论是中国古代军事思想的重要组成部分，古人通称为"用兵之法""兵道"等。

1. 用兵之道，先谋为本

几千年来，中国历代兵家将这个原则作为自己的优良思想传统，如《孙子兵法》开篇就强调"庙算"，《鹖冠子》中强调"备必豫具，虑必蚤定"，诸葛亮强调"夫用兵之道，先定其谋"，岳飞讲"勇不足恃，用兵在先定谋"，等等。这些都反映出古人用兵注重先定谋略的特点。

2. 先胜而后求战

古人非常强调在了解双方情况的基础之上，做好充分准备工作，有胜利的把握才去和敌人交战，从而把胜利的可能变成现实。"先胜而后求战"的用兵思想包含了先为不可胜、胸有成算、预揣必然测知胜负、谋势造势创造先胜态势四个方面的内涵。

3. 兵之情主速

进攻速胜是古今中外兵家用兵的共同法则，也是中国古代兵家用兵的一个鲜明特点。《兵垒》强调："时不再来，机不可失，则速攻之，速围之，速逐之，速捣之，靡有不胜。"

4. 致人而不致于人

在战争指导上,古代兵家认识到战争主动权的重要性,强调要能调动和左右敌人,而不被敌人调动和左右。孙子提出"致人而不致于人"的重要原则,李靖甚至说"千章万句,不出乎'致人而不致于人'而已",把战争主动权看成是最重要最核心的内容。

5. 因机立胜

所谓因机立胜是指要根据战争多变的客观实际,制定和运用主观指导原则,要按照不断变化的情况适时地捕捉战机,正确使用兵力和灵活地变换战法。孙子强调:"兵形象水……水因地而制流,兵因敌而制胜。"岳飞也讲:"运用之妙,存乎一心。"

6. 攻是守之机,守是攻之策

用兵打仗不外乎进攻和防御两种基本类型。古代兵家非常重视进攻,如《尉缭子》中认为"权先加人者,敌不力交;武先加人者,敌无威接",认为进攻是兵家之上策。但是古代兵家也不轻视防御。如《草庐经略》中强调:"既以守以待攻,复以战而乘敝。"

7. 激人之心,励士之气

战争胜负,取决于物质因素,同时也取决于精神因素。《太白阴经》中"激人之心,励士之气",即所谓的治心治气。《淮南子》提出"良将之用卒也,同其心,一其力",强调在战争中要激发军心士气,充分发扬战斗意志、牺牲精神和必胜之信念的作用。

(五)将帅论

战争的胜负从根本上说取决于民心的向背。将帅在战争中处于什么地位、起到什么作用,将帅又应当具备哪些条件……这些也是古代军事思想中研究的问题。

1. 将帅的地位和作用

首先,古人认为将帅是"国家安危之主",充分肯定了将帅在战争中的重要作用。如古人认为"将者,心也",在军队这一有机系统中,将帅好比一个人的"心",士兵好比人的"四肢身体"。"心""体"相连,不能分割,但又相互区别、相互制约。但将帅处于"心"的地位,是军队的大脑和指挥中心,所以在战争中起着关键作用。其次,古人认为"将者,成败之所系也",高度强调了将帅的地位。如《孙子兵法》中指出:"知兵之将,生民之司命,国家安危之主也。"《吴子兵法》的《论将》中也指出:"夫总文武者,军之将也。兼刚柔者,兵之事也……得之国强，去之国亡，是谓良将。"

2. 将帅应具备的条件

由于战争本身的特殊性，将帅在战争中所处的关键位置，战争的胜负直接关系到国家的生存，因此，历代兵家都十分重视研究将帅应具备的条件，从各个角度提出了要求和标准。如《孙子兵法》开篇就提出将帅必须具备的五个条件"将者，智、信、仁、勇、严也"，后人把它称为"五德"。《吴子兵法》将将帅的条件概括成"总文武""兼刚柔"。要求将帅应文武全才，智勇足备，并具体地提出将帅必须具备"五慎"，即理、备、果、戒、约；"四德"，即威、德、仁、勇。

3. 将帅的选拔任用原则

将帅的选拔任用主要有以下原则。

一是全面性原则。司马光主张"才者，德之资也；德者，才之帅也"。强调在选将时要德才兼备，以德为先。

二是实践性原则。历代兵家在任用将帅上都强调要坚持实践性原则，一定要选拔有实践经验、有实际指挥能力的人担任将帅。

三是优化性原则。坚持人才使用上用其所长，不用其短，量才而用，优化组合。《鬼谷子·权篇》指出："智者不用其所短，而用愚人之所长；不用其所拙，而用愚人之所工。"

四是专任性原则。强调对经过考验，确信其忠诚和具备统兵作战能力的人才要大胆使用，并赋予机断指挥的全权，不能过多地干预。《孙子兵法》强调："将能而君不御者胜。"

五是开放性原则。政治家和兵家都提出"不论贵贱，唯才是举""不论亲疏，唯能是用"，甚至打破国家界限，"不拘一格，唯才是用"。

六是辩证性原则。《吕氏春秋》指出："以人之小恶，亡人之大美，此人主之所以失天下之士也已。"《汉书·陈汤传》中也强调："论大功者不录小过，举大善者不疵细瑕。"

习 题

1. 简述中国古代军事思想的主要内容。
2. 选取一个古代战役，并用古代军事思想加以分析。

第四节　当代中国军事思想

当代中国军事思想是以中国共产党的军事思想为核心和主体的。中国共产党的军事思想又是以毛泽东军事思想为基础的。中华人民共和国成立以后，以毛泽东为核心的第一代领导集体，在领导中国国防建设、抵御外来侵略、维护国家的独立和安全的实践中，对于如何建设强大的国防进行了认真的探讨，诸如确定积极防御的战略方针，强调对付强敌入侵要实行全民皆兵，提出正确处理国防建设与经济建设的关系，确立建设现代化国防的战略目标，发展现代国防科学技术尤其是以原子弹、氢弹、导弹和人造卫星等为代表的尖端技术，建立完整的国防工业和国防科研体系，加强三线战略后方建设等思想，形成国防建设思想，这是对毛泽东军事思想在中华人民共和国成立以后的重要发展。在改革开放的历史新时期，我党不断总结新的历史条件下中国国防和军队建设的新经验，形成的邓小平新时期军队建设思想、江泽民国防和军队建设思想和胡锦涛国防和军队建设思想、习近平强军思想都是对毛泽东军事思想在新的历史条件下的继承和发展，是当代中国军事思想的重要组成部分。毛泽东军事思想、邓小平新时期军队建设思想、江泽民国防和军队建设思想、胡锦涛国防和军队建设思想、习近平强军思想是一脉相承的，是继承和发展的关系，是当今中国军队建设、国防建设、和平时期军事斗争和未来反侵略战争的理论基础和指南。

一、毛泽东军事思想

毛泽东是伟大的马克思主义者，是伟大的无产阶级革命家、战略家、军事家和著名的军事理论家，是中国共产党、中国人民解放军和中华人民共和国的主要缔造者和领导者。在长期的革命战争和国防建设的实践中，毛泽东运用他的聪明才智，凝聚全党全军的集体智慧，创造性地形成了毛泽东军事思想。

（一）毛泽东军事思想的科学含义

毛泽东军事思想是毛泽东关于中国革命战争、人民军队和国防建设，以及军事领域一般规律问题的科学理论体系；是毛泽东思想的重要组成部分；是马列主义的基本原理同中国革命战争和国防建设具体实践相结合的产物；是中国共产党领导中国人民及其军队长期军事实践经验的科学总结和集体智慧的结晶。同时，毛泽东军事思想还多方面吸取了古今中外军事思想的精华，是中国共产党领导中国革命战争、军队建设、国防建设和反侵略战争的指导思想。

（二）毛泽东军事思想的主要内容

毛泽东军事思想主要包括：无产阶级的战争观和方法论、人民军队建设理论、人民战争思想、人民战争的战略战术和国防建设理论五个部分。无产阶级的战争观和方法论，是毛泽东研究和指导战争的基本立场、观点和方法，揭示了中国革命战争的指导规律，是毛泽东军事思想的理论基础；人民战争思想是我党从事革命战争的根本指导思想，是毛泽东军事思想的核心；人民军队思想是建设人民军队的指南，人民军队生存、发展于人民战争之中，是实行人民战争的骨干力量；人民战争的战略战术是适应人民战争需要的战略原则和作战方法，是人民战争取得胜利的保证；国防建设理论是毛泽东军事思想在中华人民共和国成立后新的历史条件下的开拓性发展，阐明了和平时期国防建设的重要性，提出了国防建设的指导思想、方针、原则，是实现国防现代化的指南。

1. 无产阶级的战争观和方法论

以毛泽东为代表的中国共产党人，在指导中国革命战争的实践中，创造性地运用马列主义的辩证唯物论和历史唯物论，观察和分析战争的基本问题，认识和运用军事领域的辩证规律，阐明了无产阶级的战争观和方法论。

（1）必须认识和把握战争规律。战争规律，是战争在发生和发展过程中，战争双方在政治、经济、军事、自然、地理诸方面因素的本质联系及其发展趋势。毛泽东在总结土地革命战争的经验时指出："战争规律，这是任何指导战争的人不能不研究和不能不解决的问题。"同样，"不知道战争的规律，就不知道如何指导战争，就不能打胜仗。"战争规律分为一般战争规律和特殊战争规律。战争的一般规律与特殊规律之间是辩证统一的关系。在研究战争的一般规律时，要注意战争的特殊性，避免犯教条主义的错误；在研究战争的特殊规律时，要注意不凭个人臆断的任意普遍化，避免犯经验主义的错误。

（2）主观指导必须符合客观实际。认识和研究战争规律的目的在于确立指导战争的方法。毛泽东把这种合乎战争客观规律的战争指导方法，比作"战争大海中的游泳术"，称之为"战争指导规律"。毛泽东指出："一切战争指导规律，依照历史的发展而发展，一成不变的东西是没有的。"正确解决主观符合客观的问题，是战胜敌人的关键，是人的因素在战争指导者身上的主要体现。要解决指导上的主客观一致，需要着重解决好三个问题：一是要熟识敌我双方的客观情况；二是要善于学习，勇于实践；三是要在客观物质的基础上，充分发挥主观能动性。

（3）着眼特点，着眼发展。毛泽东指出："战争情况的不同，决定着不同的战争指导规律。""我们研究在各个不同历史阶段、各个不同性质、不同地域和民族的战争的指导规律，应该着眼其特点和着眼其发展，反对战争问题上的机械论。"由于各次战争的情况不同，有时间、地域、性质和对象的差别，因此，就各有其不同的特点和规律。

（4）关照全局，把握关节。全局是事物的整体和发展的全过程，局部是组成事物整体的各个部分和发展全过程的各个阶段。全局统帅局部，局部从属全局，构成全局与局部之间的正确关系。人们通常说，要从大局出发，就是指要特别关照全局、服从全局。对全局关照得好，能推动全局的发展；对全局关照得不好，就会阻碍和破坏全局的发展。

战争总体上有全局，各个阶段各个战役本身也有全局，称为战争某阶段或某战役的全局。有时局部的失利，并不给全局以严重影响，而有的局部的失利，却对全局带来重大影响，甚至导致全局的失利。比如下棋，有时下一着错棋，尚可挽回，但有时一着不慎，全盘皆输。这个对胜负起关键作用的一着，就是关节。因此，关节就是对全局有重大影响的关键性环节。所以说，关照全局是战争指导的首要准则，把握关节是推动全面发展的重要方法。

2. 人民军队建设理论

以毛泽东为代表的老一辈无产阶级革命家、军事家，把创建人民军队作为进行武装斗争的首要问题和实现革命理想的最主要手段，强调没有一个人民的军队，便没有人民的一切。在革命战争年代，主要的斗争形式是战争，而主要的组织形式是军队。为了把以农民为主要成分的军队建设成为一支无产阶级性质的新型人民军队，毛泽东在长期的战争实践中，总结和提出了一整套建军的理论和原则。

（1）人民军队的性质。毛泽东从"军队是国家政权的主要成分""是阶级压迫的工具"的原理出发，提出了"枪杆子里面出政权"和"党指挥枪"的思想，指明我军是中国共产党领导下的执行无产阶级革命政治任务的武装集团。坚持中国共产党对军队的绝对领导，是确保人民军队无产阶级性质的根本原则。

（2）人民军队的宗旨。人民军队是为无产阶级利益服务的工具，由此决定了这支军队的无产阶级性和人民性的统一。毛泽东指出："紧紧地和中国人民站在一起，全心全意地为中国人民服务，就是这个军队的唯一宗旨。"全心全意为人民服务的宗旨，是我军建军原则的核心，是我军区别于其他任何军队的本质特征。我军在战争年代、和平年代和捍卫国家利益的长期实践中，始终遵循这一宗旨，从而赢得了人民群众的拥护和爱戴。

（3）人民军队政治工作的三大原则。进行强有力的政治工作，是毛泽东建军思想的一个突出特点，是保持我军无产阶级性质，提高战斗力，促进军队建设的可靠保证。我军的政治工作，随着革命战争的发展而逐步完善，形成官兵一致、军民一致、瓦解敌军的三大原则。官兵一致的原则，体现了我军内部上下级之间政治上平等的关系，这是与旧式军队的根本区别之一；军民一致的原则，是人民军队本色的体现；瓦解敌军的原则，是从精神上征服敌人，是促进敌人从内部瓦解的有效武器，是加速敌人崩溃的战略性原则。

除以上三项重要内容以外，还有实行政治、经济、军事三大民主；实行三大纪律、八项注意；人民军队要不断提高革命化、现代化、正规化建设水平；发扬勇敢战斗、不怕牺牲和艰苦奋斗的优良传统和作风等。

3. 人民战争思想

人民战争是我党历来坚持的指导战争的根本路线，是我党唯一正确的战争指导思想，是毛泽东军事思想的核心内容。

（1）人民战争思想的含义。人民战争是指广大人民群众为反抗阶级压迫或抵御外敌入侵而组织和武装起来进行的战争。

人民战争具有两个基本特征：一是战争的正义性。毛泽东认为，战争的性质既取决于它的政治目的，又取决于它的社会效果，就是能否促进历史的进步，其根本标志在于是否符合广大人民群众的根本利益。战争的正义性是实行人民战争的首要条件和政治基础。二是战争的群众性。战争的群众性是指战争必须有广大人民群众支持和参加，这是人民战争的重要标志。历史上凡是具备这两个特征的战争都可称作人民战争。但是我党领导的人民战争，较之一般意义上的人民战争，群众性更广泛，革命性更彻底，组织性更严密。

人民战争思想的基本精神是：在中国共产党的领导下，以人民军队为骨干，依靠广大人民群众，实行主力兵团与地方兵团相结合，正规军、地方武装、民兵与游击队相结合，武装斗争与非武装斗争相结合的人民战争。总之，它是中国历史上最完全、最彻底的人民战争，是"真正的人民战争"。

（2）人民战争思想的理论基础。以毛泽东为代表的中国共产党人，在领导中国革命战争的实践中，创造性地发展了马列主义关于人民战争的理论，对实行人民战争的必要性和可能性，以及如何实行人民战争问题，做了系统的论述，阐明了人民战争的理论基础和政治基础，以及实行人民战争的指导原则，创立了具有中国特色的人民战争思想。

人民群众是战争胜负的决定力量。战争是力量的抗争，人民战争的主体是人民群众，人民群众是社会发展变革的决定力量，也是战争胜负的决定力量。要准确地理解和把握人民战争思想，就必须首先认识人民群众在战争中的作用。毛泽东曾说："人民，只有人民，才是创造世界历史的动力。"这就是毛泽东人民战争思想的根本出发点和理论基础。

战争的正义性是实行人民战争的政治基础。正义战争是进步的，符合人民群众的根本利益，人民群众不但真心拥护、积极支持，而且踊跃参加。相反，非正义战争是退步的，必然要遭到人民群众的坚决抵制和反对。战争的正义性是实行人民战争的政治基础，只有正义的革命战争，才能实行最广泛的人民战争。

战争胜负的决定因素是人不是武器。人和武器是构成战斗力的两个基本要素，正确处理人与武器的关系，是人民战争思想的一个重要理论问题。人是战争胜负的决定因素，在一定的物质基础上，谁充分发挥了人的能动作用，谁就能赢得战争的胜利。

马克思主义政党的正确领导是实行人民战争的必要条件。人民战争作为战争的指导思想，不是群众起来就可以自发形成的，它必须有战争的领导条件。人民战争领导者必须具备两个条件：一是真正代表人民群众的利益，反映人民群众的根本愿望，全心全意为人民群众谋取利益；二是懂得和掌握群众路线的指导方法，善于制定有利于调动群众积极性的方针和政策。这两个条件，唯有马克思主义的政党才能具备。毛泽东的人民战争与一般意义上的人民战争有着本质的区别。中国共产党的正确领导是实行人民战争的必要条件。

（3）毛泽东人民战争思想的主要内容。毛泽东人民战争思想的内容主要有：坚持中国共产党对人民战争的统一领导；结成最广泛的革命统一战线；实行以人民军队为骨干的三结合的武装力量体制；以武装斗争为主与其他斗争形式密切结合；建立巩固的革命根据地；实行灵活机动的战略战术。

4. 人民战争的战略战术

人民战争的战略战术，体现了毛泽东人民战争思想的战略指导原则和作战方法，是毛泽东高超的战争指导艺术的总结。它揭示了中国革命战争的指导规律，是毛泽东军事思想中十分精彩的部分。

（1）战略上藐视敌人，战术上重视敌人。毛泽东指出："从战略上看，必须如实地把帝国主义和一切反动派，都看成纸老虎。从这点上，建立我们的战略思想。另一方面，它们又是活的铁的真的老虎，它们会吃人的。从这点上，建立我们的策略思想和战术思想。"毛泽东关于帝国主义和一切反动派既是"纸老虎"，又是"真老虎"的论断，奠定了人民战争战略战术的基本原则。在战略上，敌人是纸老虎，我们要藐视它，树立敢打必胜的信心。在战术上，敌人又是真老虎，我们要重视它，讲究斗争策略和斗争艺术。

（2）保存自己，消灭敌人。保存自己，消灭敌人，是战争的目的。毛泽东指出："保存自己，消灭敌人这个战争的目的，就是战争的本质，就是一切战争行动的根据。"进攻，是直接为了消灭敌人，同时也是为了保存自己。防御，是直接为了保存自己，同时也是辅助进攻或准备转入反攻的一种手段。保存自己，消灭敌人是兵家公认的原则，然而真正加以辩证地认识和运用，并不多见。毛泽东运用辩证唯物主义的方法，指明两者之间的关系是相辅相成的，是对立统一的。

（3）实行积极防御，反对消极防御。毛泽东在讲到攻防辩证统一的积极防御战略思想基本精神时说："积极防御，又叫攻势防御，又叫决战防御。消极防御，又叫专守防御，又叫单纯防御。消极防御实际上是假防御，只有积极防御才是真防御，才是为了反攻和进攻的防御。"这一论述深刻揭示了积极防御的实质和消极防御的要害，指明了积极防御的目的和必然进程。

积极防御的战略思想，是把积极防御的一般原理、原则，作为战略指导思想，用于指导战争全过程的一种战略理论。它要求在敌强我弱和敌优我劣的情况下，首先经过战略防御，采取各种不同形式的作战，不断削弱和消耗敌人，逐步改变力量对比，摆脱战略上的被动局面，争取战争的主动权。之后适时地转入战略反攻或进攻，在有利情况下实施决战，稳步地实现整个战争的目标。

战略战术的内容除以上三项外，还包括游击战、运动战、阵地战三种作战形式密切配合，适时进行以改变主要作战形式为基本内容的战略转变；做好战争准备，不打无准备、无把握之仗；战略上持久，战术上速决；集中优势兵力，各个歼灭敌人；以歼灭战为主，辅之以消耗战；慎重初战，执行有利决战，避免不利决战；作战指导上的主动性、灵活性和计划性。

5. 国防建设理论

中华人民共和国成立前,在毛泽东军事思想的形成过程中,就有关于国防建设的论述。中华人民共和国成立后,毛泽东从实际情况出发,适应新形势新任务的需要,总结国防建设和军事斗争的实践经验,创立了国防建设理论。

(1)建设现代化、正规化的国防军,抵御外敌入侵。毛泽东指出,我们将不但有一个强大的陆军,而且有一个强大的空军和一个强大的海军,他亲自领导了我军现代化、正规化建设。在他的亲自主持下,颁布了各种条令、条例,开办了各类正规的军事院校,加强了部队训练,颁布了中华人民共和国第一部兵役法,使我军实现了由步兵为主的单一陆军向诸军兵种合成军队的转变。

(2)确立了发展"两弹一星"的国防科技战略。毛泽东指出,我们"不但要有更多的飞机大炮,而且还要有原子弹。在今天这个世界上,我们要不受人家欺负,就不能没有这个东西"。在这个战略思想指导下,在自力更生的基础上,实行了常规武器与尖端武器相结合发展,并优先发展尖端战略武器的方针,研制、生产出了原子弹、氢弹、卫星和导弹等一系列的新式武器和装备。

(3)积极防御战略思想有了新的发展。中华人民共和国成立后,毛泽东根据国家安全利益的需要,从国际形势、我国周边安全环境和具体情况出发,确立了我国国防战略、国防建设的目标和方针。1956年,毛泽东批准了中央军委提出的阵地战结合运动战为未来反侵略战争主要作战形式的积极防御的战略方针。之后,他又反复强调这一思想。20世纪50年代以后,毛泽东又相继提出"大办民兵师","全民皆兵"和"深挖洞、广积粮、不称霸"的战略思想。

(三)毛泽东军事思想的历史地位

毛泽东军事思想是马列主义军事思想宝库中一颗璀璨的明珠,在中国军事思想发展史上具有划时代的意义,在世界军事思想发展史上独树一帜,具有重要的历史地位。

1. 毛泽东军事思想对马列主义军事理论做出了重大而独特的贡献

毛泽东创造性地运用和发展了马列主义的军事理论,并将其发展到一个新高度,极大地丰富了马列主义军事科学的理论宝库。毛泽东的主要贡献在于开创了一条农村包围城市、武装夺取政权的革命道路,创建了一支新型的人民军队,丰富和发展了马列主义的人民战争思想,创造了适合中国特点的人民战争的战略战术,科学地阐明了关于研究和指导战争的战争观和方法论。

2. 毛泽东军事思想在世界上具有广泛而深刻的影响

在中国革命战争取得胜利后，毛泽东军事思想受到世界各国的普遍重视，特别是20世纪50年代后期，在世界范围内逐渐形成一股研究和学习毛泽东军事思想的热潮，许多国家还成立了毛泽东军事思想的研究会和学习会。

在美国、英国、法国、德国和日本，出版了不少毛泽东军事著作。在越南、莫桑比克、津巴布韦、安哥拉等第三世界国家的民族解放斗争中，毛泽东军事思想发挥了重要作用。毛泽东军事思想的理论和实用价值举世公认，作为人类优秀文化的灿烂结晶，在世界军事理论殿堂中享有显赫的地位。

3. 毛泽东军事思想是我军克敌制胜的法宝

毛泽东军事思想运用辩证唯物主义和历史唯物主义的原理，批判地吸取了古今中外优秀的军事思想遗产，是最科学、最先进、最完整的军事理论。它揭示了中国革命战争的特殊规律，又反映了现代战争和国防建设的一般规律，是经过实践检验的科学真理。当今国际国内形势发生了巨大变化，科学技术发展日新月异，但它对我军打赢信息化条件下局部战争，仍具有普遍的指导意义。无论过去、现在和将来，毛泽东军事思想都是我军克敌制胜的法宝。

二、邓小平新时期军队建设思想

邓小平在领导新时期我军建设的伟大实践中，运用马列主义军事理论、毛泽东军事思想的基本原理，创造性地回答了新形势下军队建设、国防建设亟待解决的一系列重大理论和现实问题，提出了一整套具有中国特色、符合新时期军队建设和国防建设需要的科学理论，形成系统的邓小平军队建设思想。

（一）邓小平军队建设思想的科学含义

邓小平军队建设思想，是邓小平在中国社会主义建设新的历史时期，关于军队建设及有关军事问题的科学理论体系。

1. 邓小平军队建设思想，是马列主义军事理论、毛泽东军事思想与新时期军队和国防建设实践相结合的产物

邓小平在领导军队和国防建设的伟大实践中，以马列主义的巨大勇气和求真务实的态度，运用马列主义军事理论、毛泽东军事思想的立场、观点和方法，研究新情况，解决新问题，创造性地提出了一系列理论、原则、方针和政策，形成了一个完整的科学体系，是在新的历史条件下对毛泽东军事思想的继承和发展。

2. 邓小平军队建设思想，是邓小平理论的重要组成部分

邓小平理论是邓小平军队建设思想的理论指导，是邓小平理论与中国军队建设实际相结合的产物。解放思想，实事求是，是邓小平理论的精髓，也是邓小平军队建设思想的理论基础。

3. 邓小平军队建设思想，是新时期中国军队和国防建设实践的科学总结

邓小平作为党的第二代领导集体的核心，亲自领导了新时期军队和国防建设的伟大实践，具体研究和解决了军队和国防建设实践中遇到的一系列重大现实问题。

4. 邓小平军队建设思想，是以邓小平为杰出代表的全党全军集体智慧的结晶

邓小平军队建设思想，不仅是邓小平个人，而且是以邓小平为代表、为核心的党的第二代领导集体的军队建设思想。邓小平许多重要思想都是在实践中集中了党中央、中央军委和广大指战员的集体智慧提出的，这就使邓小平军队建设思想具备了坚实的实践基础和群众基础。

（二）邓小平军队建设思想的主要内容

1. 军队和国防建设指导思想要实行战略性转变

（1）世界大战可以避免。世界大战在一定条件下可以避免，但霸权主义仍然是世界和平的最大威胁，局部战争已成为主要战争形态。邓小平做出这一判断的根据是：第一，20世纪80年代以前，有资格打世界大战的只有美苏两个超级大国；第二，世界和平力量的增长超过了战争力量的增长；第三，经济、科技日益成为世界各国竞争的重点。邓小平认为世界大战是可以避免的，但局部战争不可避免。

（2）我国周边安全环境发生了根本性好转，但仍然存在着各种现实和潜在的威胁。在我国安全环境改善的同时，也存在着一些不容忽视的问题。首先，西方超级大国推行霸权主义和强权政治，干涉我国内政，对我国实行"和平演变"战略和"西化"、"分化"政策；其次，我国与一些邻国的边界问题还未彻底解决，特别是我国海洋国土和海洋权益遭到一些国家的侵犯；最后，祖国统一大业尚未完成，反"台独"、反"分裂"的斗争任务仍十分艰巨。

（3）和平与发展是时代主题。1985年3月，邓小平指出："现在世界上真正最大的问题，带有全球性的战略问题，一个是和平问题，另一个是经济问题或者说发展问题。"

2. 军队建设要服从国家建设大局

（1）军队建设以经济建设为基础。邓小平根据马克思主义关于经济建设是军队建设基础的观点，明确提出了"军队要服从国家建设的大局"的重要思想：一是经

济建设是我们的大局;二是经济建设为军队建设奠定物质基础;三是军队在大局下积极行动。

(2)军队和国防建设要与国家经济建设协调发展。邓小平指出:"我们的四个现代化,其中就有一个国防现代化。如果不搞国防现代化,那岂不是三个现代化?"国防现代化必须与其他"三化"协调发展。因此,只有在以经济建设为中心,大力发展国民经济的同时,不断加强军队和国防建设,才能保证富国强兵,才能保证我国"四化"建设的顺利发展。

3. 实行积极防御的军事战略

(1)贯彻积极防御的战略方针。邓小平强调,我们的战略方针是积极防御,以国家利益为最高准则来处理问题。他指出:"我们未来反侵略战争,究竟采取什么样的战略方针?我赞成的就是'积极防御'四个字。"我国对战争问题的基本原则是:人不犯我,我不犯人,人若犯我,我必犯人。贯彻积极防御的战略方针,有利于维护国家主权和安全,为改革开放和经济建设提供坚强有力的安全保证。

(2)坚持现代化条件下的人民战争。邓小平强调,我们的战略是毛主席制定的,毛主席的战略就是人民战争,现在我们还是坚持人民战争。

4. 建设一支强大的现代化正规化革命军队

(1)要始终不渝地坚持人民军队的性质。邓小平明确指出:"我确信,我们的军队能够始终不渝地坚持自己的性质。这个性质是党的军队,人民的军队,社会主义国家的军队。这与世界各国的军队不同,就是与别的社会主义国家的军队也不同,因为他们的军队与我们的军队经历不同。我们的军队始终忠于党,忠于人民,忠于国家,忠于社会主义。我确信,我们的军队能够做到这一点,几十年的考验证明军队能够履行自己的责任。"

(2)现代化是我军"三化"建设的中心。邓小平提出军队现代化的主要内容包括军事人才现代化、武器装备现代化、体制编制现代化和军事理论现代化。

(3)提高军队正规化建设水平。正规化建设的主要内容:坚持依法治军,加强组织纪律,加强管理;全面建立战备、工作、生活等正常秩序;建立适应现代战争要求的科学体制编制,使部队适应未来作战任务、武器装备发展、部队训练和管理的需要;强化体制编制的科学性和权威性等。正规化建设是军队发展的客观要求,也是军队建设向高级阶段发展的重要标志。

5. 走有中国特色的精兵之路

(1)走精兵之路是我军建设的根本方针。邓小平强调:"质量问题是影响战争胜败的问题。"只讲数量，不讲质量，会耽误大事，要正确处理数量和质量的关系，要把质量建设作为军队建设的根本方针，长期坚持下去。

（2）实现精兵之路的途径。邓小平指出，在没有战争的条件下，提高部队的素质，提高军队战斗力，主要靠教育训练。第一，教育训练是牢固树立战斗队的思想、落实战备工作的实践基础；第二，教育训练是实现人与武器最佳结合的基本途径；第三，教育训练是提高诸军兵种联合作战能力的主要渠道和方式；第四，教育训练是加强作风纪律培养，增强部队凝聚力的重要手段。

三、江泽民国防和军队建设思想

江泽民国防和军队建设思想，是以江泽民同志为核心的中国共产党第三代领导集体，在领导国防和军队现代化建设的实践中，按照"三个代表"重要思想所体现的时代性和先进性要求，围绕解决"打得赢、不变质"两个历史性课题，创立的军事指导理论。

1997年，江泽民指出："对于新时期军队建设，有两个最重要的问题是我始终加以关注的：一个是在复杂的国际环境中，我军能不能跟上世界军事发展的趋势，打赢未来可能发生的高技术局部战争；一个是在社会主义市场经济和对外开放条件下，我军能不能保持人民军队的性质、本色和作风，始终成为党绝对领导下的革命军队。"两个历史性课题的提出，是对新时期我军建设主要矛盾和任务的深刻洞察和准确把握，抓住了军队建设中根本性和全局性的问题，确立了新时期军队建设的大思路。

根据军队革命化、现代化和正规化建设新的实践，江泽民提出了"政治合格、军事过硬、作风优良、纪律严明、保障有力"的"五句话"总要求。"五句话"总要求，涵盖了新形势下军队建设的基本内容，是检验军队"打得赢""不变质"这两个历史性课题落实程度的重要尺度。

（一）加强国防现代化建设，打赢高技术条件下局部战争

从国际关系全局和国家发展大局，谋划"打得赢"；国防建设要贯彻积极防御的战略方针；坚持和发展人民战争思想，发挥人民战争整体威力；确立科技强军的思想，实现"两个转变"；培养和造就大批高素质新型军事人才；加快发展"杀手锏"，实现武器装备现代化。

（二）坚持人民军队的性质、本色和作风，保证"不变质"

党对军队的绝对领导是我军永远不变的军魂；把思想政治建设摆在全军各项建

设的首位；在继承优良传统的基础上大胆改革创新。

四、胡锦涛国防和军队建设思想

21世纪，中国的发展进入了一个重要的战略机遇期。胡锦涛以政治家和战略家的远见卓识与战略智慧，着眼时代特点，立足维护国家安全和发展利益的大局，依据国际国内环境的发展变化，新世纪新阶段国防与军队建设的客观实际，提出了关于加强国防和军队建设的一系列重要论述。

（一）军队要把思想政治建设摆在各项建设的首位

要增强思想政治工作的针对性和时效性，改进思想政治教育的内容、形式和手段，加强军队各级党组织的能力建设。

（二）坚持党对军队的绝对领导是我军建设的首要问题

这是我军的立军之本，是我军永远不变的军魂。要保证枪杆子永远掌握在忠于党的可靠的人手里。

（三）军队要强化战斗精神，树立敢打必胜的信心

要强化战斗精神是对我军优良传统的继承和发扬，强化战斗精神是以劣胜优的必然要求，强化战斗精神是谋求战斗力优势的重要途径。

（四）军队要认真履行新世纪新阶段的历史使命

军队为党巩固执政地位提供重要的力量保证，为维护国家发展的重要战略机遇期提供坚强的安全保障，为维护国家利益的拓展提供有力的战略支撑，为维护世界和平与促进共同发展发挥重要作用。

（五）统筹国防和军队建设，打赢信息化战争

胡锦涛同志指出，坚持在国防和军队建设中贯彻落实科学发展观，首要问题是坚持国防建设和军队建设全面协调可持续发展的方针，要坚持"五个统筹"，即"统筹中国特色军事变革与军事斗争准备，统筹机械化建设与信息化建设，统筹诸军兵种作战能力建设，统筹当前建设与长远发展，统筹主要战略方向与其他战略方向"。

（六）加强军队全面建设，提高信息化作战能力

随着信息时代的到来，世界各国都在加快信息化军队建设的步伐。我军要加强全面建设，提高信息化作战能力，打赢信息化战争。

（七）加强军事训练，提高部队应对危机和处置突发事件的能力

军事训练是重要的治军方式和管理方式，提高部队应对危机和处置突发事件的

能力。

（八）推进中国特色军事变革，加快军事创新

军事创新是军队实现持续发展的动力之源和必要条件，加快军事创新是加速推进中国特色军事变革的内在要求，也是我军履行新的历史使命的客观要求。军事创新包括创新军事理论、创新军事组织体制、创新军事技术和创新军事管理。

胡锦涛同志指出，我们要努力适应军队现代化建设的新形势，更新管理观念，加强现代管理知识的学习，大力提高科学管理的能力。要深化管理体制改革，促进资源的有效配置和综合集成，努力实现人力、物力、财力的最佳组合，产生最大效益。要着眼于新的时代特征、履行新的历史使命，加强军事管理思维、军事管理模式和军事管理理论的创新。只有搞好这些重点领域的改革创新，军队的战斗力才能够得到大幅度的提升，才能使军队的全面建设跃上一个新的台阶。

（九）坚持依法从严治军

依法从严治军是提高军队建设质量和效益的重要保证；把作风纪律建设作为核心内容；不断提高依法管理的水平。

（十）坚持国防建设与经济建设协调发展

正确处理经济建设与国防建设的关系；把国防建设融入现代化建设全局之中；建设一支同我国安全和发展利益相适应的军事力量。

胡锦涛同志提出，要在国家经济发展的基础上，努力建设一支同我国安全和发展利益相适应的军事力量，确保全面建设小康社会目标的顺利实现。如果把20世纪视为"战争和对抗的世纪"，那么21世纪则是"竞争和淘汰的世纪"。为了防止被"边缘化"，世界各国特别是一些大国，无不把抓住战略机遇期，发展和壮大自己作为首要的战略选择。"机之不至，不可以先；机之已至，不可以后。"战略机遇期具有很强的时效性和挑战性，抓住了就是契机，抓不住就是危机。在人类社会的发展史上，一个国家或民族，因抓住机遇而走向强盛、因丧失机遇而逐渐衰落的事例屡见不鲜。战略机遇期的形成是多种因素相互影响、相互作用的结果，但必须具备安全和发展两个方面的条件。一个巩固的国防，一支强大的军队，始终是国家安全与经济发展的基本保障。

五、习近平强军思想

改革开放以来，党的军事指导理论几经发展。面对当前瞬息万变的国际形势及我国的实际情况，2013年3月11日，习近平主席在十二届全国人大一次会议解放军代

表团全体会议上明确提出：建设一支听党指挥、能打胜仗、作风优良的人民军队，是党在新形势下的强军目标。党在新形势下的强军目标，集中概括了我军建设的根本原则、根本职能、根本宗旨，体现了军队革命化、现代化、正规化相统一的全面建设思想，深刻反映了我们党建设强大人民军队的不懈追求，丰富发展了党的军事指导理论，为新形势下加强国防和军队建设指明了方向。

（一）确立强军目标重要思想的重大意义

1. 建设强大的人民军队是我们党的不懈追求

我军是中国共产党缔造和领导的人民军队，也是在党的绝对领导下发展壮大起来的。人民军队的发展史，就是一部在中国共产党领导下的强军史。在革命、建设和改革的不同历史时期，我们党都根据形势任务发展变化，及时提出明确的目标要求，引领和推动人民军队建设不断向前发展。我们党在创建和领导人民军队的长期实践中，坚持把马克思主义军事思想同中国革命战争和人民军队建设实践相结合，创造了具有中国特色的马克思主义军事理论成果，形成了毛泽东军事思想、邓小平新时期军队建设思想、江泽民国防和军队建设思想、胡锦涛国防和军队建设思想。

党的十八大以来，习近平主席对加强国防和军队建设作出一系列重要论述，丰富发展了党的军事指导理论。这些理论成果，既一脉相承又与时俱进，是各个历史时期我们党建军治军经验的凝练升华，集中体现了我们党建设强大人民军队的一贯意志主张，是指引我军战胜一切艰难险阻、不断发展壮大的强大思想武器。

2. 强军目标指明了军队建设的聚焦点和着力点

国家利益始终是军人目光的聚焦点，维护国家利益永远是军人的神圣职责。只有军队强大了，才能有效应对来自各方面的风险挑战，为国家发展、人民幸福创造和平安宁的内外环境。军队建设任务艰巨繁重、工作千头万绪，只有明确聚焦点，才能加快发展。实现强军目标，要求必须把听党指挥作为军队建设的首要，充分体现了党坚持从思想上、政治上、组织上建设和掌握部队，确保部队绝对忠诚、绝对纯洁、绝对可靠的一贯追求；要求必须坚持一切建设和工作向能打胜仗聚焦，充分反映了我军的职能使命，反映了按照战斗力这个唯一的根本的标准搞建设、抓准备、谋发展的工作思路；要求必须坚持把作风建设作为一项基础性、长期性工作抓紧抓实，充分反映了贯彻依法治军、从严治军重要方针，保持我军作风优良的鲜明特色和政治优势的建设方略。强军目标深刻把握军队建设的历史方位和阶段性特点，立足中国国情军情，着眼世界发展大势，以宏远的战略视野科学回答了我军建设的方向性、根本性、全局性的重大问题，抓住了我军建设的主要矛盾和问题；明确了军队建设的主要任务和努力方向，对全面深化国防和军队建设改革，加强军事斗争准备的指导更具前瞻性和针对性。

3. 强军目标引领军队发展方向

目标昭示方向，目标引领发展。党在新形势下的强军目标重要思想，总结我们党建军治军成功经验，适应国际战略形势和国家安全环境发展变化，着眼于解决军队建设所面临的突出矛盾和问题，集中体现了我军的性质、宗旨、根本职能和作风，体现了新形势新任务对军队建设的新要求，为在新的起点上加快推进国防和军队现代化进一步指明了方向。这些年来，虽然我军建设有了很大的发展进步，但我军现代化水平与国家安全需求相比差距还很大，与世界先进军事水平相比差距还很大；我军现代化水平与打赢信息化局部战争的要求不相适应、军事能力与履行新世纪新阶段我军历史使命的要求不相适应的矛盾依然十分突出。缩小"两个差距"、解决两个"不相适应"矛盾，是我们建设强大军队、有效履行使命任务必须着力解决的紧迫课题。党在新形势下的强军目标，集中反映了中华民族伟大复兴对建设一支强大人民军队的迫切需要，充分体现了我们党对实现强国梦强军梦的深邃思考和战略运筹，对于加快推进国防和军队现代化具有重大引领和指导作用。只要我们坚决贯彻落实强军目标，坚定不移地朝着强军目标团结奋进，国防和军队建设就能够不断开创新局面。

(二) 正确理解和把握强军目标重要思想的内涵

党在新形势下的强军目标，是习近平主席提出的重大战略思想，内涵丰富、意蕴深远。听党指挥是灵魂，决定军队建设的政治方向；能打胜仗是核心，反映军队的根本职能和军队建设的根本指向；作风优良是保证，关系军队的性质、宗旨、本色，三者相互联系、密不可分。

1. 听党指挥是灵魂

2013年8月习近平主席指出，贯彻落实强军目标，要始终扭住听党指挥这个强军之魂。强军必须铸魂，必须把听党指挥作为军队建设的首要原则，铸牢听党指挥这个强军之魂，毫不动摇地坚持党对军队绝对领导的根本原则和制度，确保部队绝对忠诚、绝对纯洁、绝对可靠。

(1) 听党指挥是建军之魂、强军之魂。我军奋斗发展的历史，就是在党的领导下从小到大、由弱到强的历史。没有党的领导，就没有军队的成长壮大。党对军队绝对领导这一建军根本原则，是中国共产党把马克思主义建党建军学说同中国革命实际相结合的伟大创造。听党指挥决定军队建设的政治方向。对军队来说，政治方向就是归谁领导、听谁指挥，为谁扛枪、为谁打仗的问题。这个问题，直接决定这支军队的性质宗旨和前途命运。

党对军队绝对领导的根本原则有着特定内涵和要求。古田会议从理论和实践的结合上阐明了党对军队绝对领导的原则和重要性，并从政治上、思想上、组织上确立了一整套实现这一原则的制度和措施。党对军队绝对领导的根本原则，明确规定了党和军队的关系，要求中国人民解放军必须完全地无条件地置于中国共产党的领导之下，在思想上、政治上、行动上始终与党中央、中央军委保持高度一致，坚决维护党中央、中央军委权威，任何时候任何情况下都坚决听从党中央、中央军委的指挥；决不允许向党闹独立性，不允许其他政党在军队建立组织和进行活动，也不允许任何个人向党争夺兵权；未经党中央、中央军委授权，任何人不得插手军队，更不得擅自调动和指挥军队。这"一个要求、两个不得、三个不允许"，规定了中国共产党是我军唯一的独立的领导力量，枪杆子必须牢牢掌握在党的手中。我军是执行党的政治任务的武装集团，坚持党对军队的绝对领导是我军永远不变的军魂。"魂"是我军的生命所系，无"魂"则无"命"；"魂"是我军的立军之本，无"魂"则无"本"；"魂"是我军建设发展的方向和动力源泉，无"魂"则迷"向"。任何时候任何情况下，人民军队都必须始终不渝地听党的话、跟党走。

（2）听党指挥，引领我军从胜利走向胜利。习近平主席指出，无论战争形态怎么演变、军队建设内外环境怎么变化、军队组织形态怎么调整，党对军队绝对领导的根本原则和制度必须始终不渝地坚持。这个最根本的问题守不住，军队就会变质，就不可能有战斗力。推进中国特色的军事变革，如果削弱甚至丢掉了党对军队绝对领导的根本原则和制度，就会在变革中断了我们的根，丢了我们的魂。我们这支军队，始终置于中国共产党这样一个先进政党的绝对领导之下，才始终保持了统一的意志、坚强的团结、铁的纪律，既没有被外部敌人所撼倒，也没有被内部的野心家所分裂；才始终保持了强大的战斗力，从小到大、由弱到强，无坚不摧、无往不胜；才始终赢得了人民群众的爱戴和支持，有了不竭的力量源泉，发展成为一支具有铁的纪律、顽强战斗精神和高超战略战术的强大军队。新形势下，我军肩负着维护国家主权、安全、发展利益的重大责任，肩负着为实现强国梦提供坚强力量保证的神圣使命。只有毫不动摇地坚持党对军队的绝对领导，才能有效应对复杂环境的考验，自觉担当起党和人民赋予的各项使命任务。

（3）听党指挥是党和人民对军队的最高政治要求。军队听党指挥关系党的执政地位。军队听党指挥，不仅是军队建设发展的"命根子"，也是国家之福、人民之福。坚持党对军队的绝对领导，对于巩固党的执政地位、保证社会主义红色江山永不变色具有极其重要的意义。目前，我国面临的生存安全问题和发展安全问题、传统安全威胁和非传统安全威胁相互交织，国家安全问题的综合性、复杂性、多变性进一步增强，维护国内社会和谐稳定、周边环境和平安全的任务更加艰巨。西方敌对势力把破坏和割裂党同军队的关系、否定党对军队的领导，作为对社会主义进行"和平演变"、颠覆社会主义制度的重要手段。敌对势力极力鼓吹"军队非党化、非政治化"和"军队国家化"，妄图改变我军性质，用心极其险恶。只有坚决听党指挥，我军才能成为捍卫人民利益、维护国家统一和民族团结的强大力量，为全面建成小康社会、实现中华民族的伟大复兴，提供重要力量支撑和坚强安全保障。牢记听党指挥这个强军之魂，是党和人民对我军的时代要求。

（4）一切行动听从党中央、中央军委和习近平主席指挥。坚持党对军队的绝对领导，确保部队绝对忠诚、绝对纯洁、绝对可靠，是一个根本政治原则，决不能有任何动摇、任何含糊。我军的发展历程，铸就了我军鲜明的特质，也赋予了党对军队绝对领导特有的内涵和要求。坚决听党指挥，必须深刻领会和把握这些内涵要求，切实融入灵魂血脉，化为自觉行动。

坚定理想信念。理想信念是精神上的"钙"，理想信念不坚定，精神上就会"缺钙"，就会得"软骨病"。科学理论是崇高理想信念的基石，要通过认真学习和把握习近平主席系列重要讲话精神，以理论上的清醒保持政治上的坚定，以信仰信念的坚定确保军魂意识永驻。

纯洁思想道德。道德是信仰的基石，是做人的基础。灵魂是军魂的基础，很难设想一个灵魂不干净的人会忠诚于党。铸牢军魂，必须着力塑造忠诚品格，端正价值追求，强化道德自律，以灵魂的净化确保军魂的牢固。

站稳政治立场。坚决反对和抵制"军队非党化""军队非政治化"和"军队国家化"，必须在是非对错面前、在诱惑考验面前坚持正确的政治方向、站稳政治立场。听党指挥，最紧要的是始终在思想上、政治上、行动上同党中央保持高度一致，坚决维护党中央、中央军委权威，一切行动听从党中央、中央军委和习近平主席的指挥。

2. 能打胜仗是核心

习近平主席指出，能打胜仗是核心，是反映军队的根本职能和军队建设的根本指向。面对新的战争形态、作战样式，能不能决战决胜、赢得战争，这是习近平主席思考和强调最多的问题。强军兴军的最终目的，就是能打仗、打胜仗。

（1）能打胜仗是军队履行职能的根本要求。实现强军目标，要求我军任何时候任何情况下都能够做到上得去、打得赢。这是党和人民对军队的根本要求，是我军履行职能、不辱使命的根本体现。准备打仗、能打胜仗，对任何一支军队来说，都是生存、发展和壮大的永恒课题。我军在不同时期担负的具体任务不同，但作为战斗队的根本职能始终没有改变。时代在变，环境在变，任务在变，但"为人民扛枪、为人民打仗"的根本职能始终没有变。中华人民共和国成立以后，当国家安全面临威胁时，我军依法履行战斗队职能，在党的领导下胜利进行了多次边境自卫反击作战，平息武装叛乱，制止社会动乱，用热血和忠诚捍卫了国家主权和领土完整。进入新的历史时期，我军的使命任务不断拓展，部队越来越多地参与执行反恐维稳、抢险救灾、安保警戒、国际维和、国际救援等非战争军事行动任务。现在维护国家安全的手段和选择增多了，但军事手段始终是保底的手段。历史和现实告诉我们，一个国家要自立于世界民族之林，既要以雄厚的经济实力为基础，又要有强大的军事力量作后盾。如果缺少强大的国防实力作支撑，经济、政治和外交手段等都会非常脆弱。只有努力建设与我国国际地位相称、与国家安全和发展利益相适应的巩固国防和强大军队，才能真正做到关键时刻能够断然出手，决战决胜。

军队的一切建设都是为了打赢。历史反复证明，强国的关键是强军，强军的核心是能打仗、打胜仗。军队能不能打赢，事关国家存亡和民族兴衰。文无第一，武无第二，战场打不赢一切等于零。在国家建设中，发展是硬道理；在军队建设中，打赢是硬道理。强军兴军，核心是能打胜仗。强军之"强"，必须体现在战斗力上。俗话说："养兵千日，用兵一时。"我们投入这么大的精力抓建设搞准备，为的是关键时刻拉得出、用得上、打得赢。

军人的最高荣誉在打赢。战场无亚军，战争对抗与其他角逐不同，只能以成败论英雄。一支军队没有对胜利的追求，就没有存在的必要；一个军人没有对胜利的渴望，就不是真正的军人。战场打不赢，军队的威望、军人的荣誉必然会受到严重损害。我军自建军以来，取得了一次又一次胜利，以能打大仗、善打硬仗、敢打恶仗闻名于世，赢得了世人的广泛赞誉。当前，我国正处于由大国向强国迈进的关键阶段，我们比历史上任何时期都更加接近中华民族伟大复兴的目标，军队维护国家主权、安全和发展利益的责任也比历史上任何时候都更加重大。军队必须全部心思向打仗聚焦，各项工作向打仗用劲，坚持不懈拓展和深化军事斗争准备。每名军人要苦练打赢本领，珍惜荣誉、创造荣誉、捍卫荣誉。

能战方能止战。强大的国防和武装力量，如同一支引而不发的利箭，是对觊觎者的强大威慑，是国家安全、和平安宁和民族尊严的可靠保障。有效履行我军保卫祖国、保卫人民的和平劳动的根本职能，既表现在战时能够打赢战争，也表现在平时具有强大的威慑力与遏制战争的作用。毛泽东同志指出："世界上的事情总是那样的，你准备不好，敌人就来了。准备好了，敌人反而不敢来了。"古往今来，有充分准备，有强大军事力量，有打赢能力，才能不战而屈人之兵，达到"以武止戈"的目的。世界需要和平，中国的发展需要一个和谐的安全环境。树欲静而风不止，我国周边安全环境非常复杂，各种风险挑战明显增多，面临的对手比过去更为强大。我们既要增强敢于亮剑的勇气，又要练就战而胜之的剑法，以决战决胜的信心和实力，制止战争、赢得战争。

（2）提高军事威慑和实战能力，确保做到招之即来、来之能战、战之必胜。能打胜仗，说到底就是要打赢信息化战争。我们探求打赢之道，必须全面提高军事威慑和实战能力。

能打胜仗是军队存在的根本价值。习近平主席突出强调军队要能打仗、打胜仗，是对我们党领导军队建设历史经验的科学总结，集中回答了军队有效履行职能使命的核心问题，抓住了建设强大军队的关键和要害。当前，求和平、谋发展、促合作依然是时代潮流，但战争威胁依然存在。要有效维护国家主权、安全和发展利益，军队必须具备克敌制胜的强大能力。把能打胜仗作为核心要求，强军就有了刚性标准，就能带动军队建设全面发展。能打仗、打胜仗就必须按照打仗的标准搞建设抓准备。当前，国际和我国周边安全环境更趋复杂，这就要求我们要清醒地看到面临的严峻形势，始终做到心中有忧患、眼中有敌情，按照能打仗、打胜仗的要求来抓部队建设、抓部队准备、抓部队训练、抓部队管理。要保持箭在弦上、引而待发的高度戒备态势，全面提高军事威慑和实战能力，确保部队招之即来、来之能战、战之必胜。

（3）从实战需要出发，从难从严训练。军事训练是打胜仗能力生成的基本途径，是做好军事斗争准备的关键性工作。兵可以百日无战，决不可一日不练。军事训练水平上不去，军事斗争准备就很难落到实处，部队战斗力也很难提高，战时必然吃大亏。我军历来高度重视军事训练，始终把军事训练摆在战略位置来抓。新形势下面对打赢信息化局部战争的严峻考验，必须坚持把军事训练作为部队建设的"主业"，必须坚持把军事训练抓得紧而又紧、实而又实。

树立大抓军事训练的鲜明导向。军队不是表演队，实战化容不得虚假化。训练开虚花，打仗尝苦果。平时搞花拳绣腿，战时必断臂折腿。平时敢拼命，战时才能不丢命。要着力培养求真务实的训练作风，坚决克服训练中的形式主义和弄虚作假行为。历史与现实警示我们，必须充分认识我国安全问题的综合性、复杂性、多变性，始终保持清醒头脑，不断强化忧患意识、危机意识，以"时刻准备着"的姿态枕戈待旦、严阵以待。

（4）大力强化一不怕苦，二不怕死的战斗精神。"气为兵神，勇为军本"，狭路相逢勇者胜。历史反复证明，人是战争胜负的决定性因素，是战斗力构成的核心。战斗精神是战斗力的"催化剂"和"倍增器"，是一支军队战胜敌人、履行使命、发展壮大的强大精神支柱。我军要打赢信息化局部战争，首先，要把信息化战争的制胜机理搞透，紧跟世界新军事革命的发展趋势，积极推进中国特色军事变革。其次，要全面提升打赢信息化战争的能力。现在，我军的武器装备有了很大改善，战争形态和作战方式也发生了深刻变化，但战斗精神决不能丢。我军是一支能打仗、打胜仗的英雄部队，始终保持克敌制胜的强大战斗力，圆满完成了党和人民赋予的各项任务。我军在长期革命战争和建设实践中培育形成独具特色的过硬战斗精神，这种精神概括起来就是"一不怕苦、二不怕死"。军人的勇气和血性不是与生俱来的，必须通过严格的训练来磨砺。要把培育敢打敢拼的战斗精神摆在突出位置，发扬大无畏的英雄气概和英勇顽强的战斗作风，不断强化军人的血性和胆气。

3. 作风优良是保证

作风优良，是党在新形势下强军目标的重要内容，也是实现这一目标的重要保证。作风是政治品格、思想境界和精神状态的集中反映。作风优良，才能凝聚军心、赢得民心，才能发展自己、战胜敌人。一支能征善战的劲旅，必定是一支作风优良的军队。党的十八大以来，中央军委和习近平主席以前所未有的力度大抓作风建设，把作风建设作为军队生命工程来对待，作为胜利之源来维护。

（1）作风优良是强军兴军的重要保证。作风优良是我军的鲜明特色和政治优势。只有作风优良的军队，才能得到人民群众的广泛支持，拥有战胜敌人的坚实基础。在长期的革命斗争实践中，我军形成了一整套优良作风和传统，集中体现为我军建设的一系列基本原则和根本制度。从被人民群众认定为"共产党的队伍""人民的子弟兵"，到被全社会誉为"最可爱的人""共和国卫士"，很重要的就在于我军始终保持了"老红军的本色、老八路的作风"。站在新的历史起点上，习近平主席把作风优良作为实现强军目标的保证加以强调，要求军队要把我党我军光荣传统和优良作风继承好、发扬好，一代代传下去，艰苦奋斗，顽强拼搏，永葆老红军本色。我军的优良作风传承着党的"红色基因"，反映着一代代革命军人共同的价值追求，是我军战无不胜、攻无不克的力量源泉。历经岁月的积淀、血火的熔铸，我军的优良作风已深深融入官兵的血脉，成为人民军队旗帜上最鲜亮的底色，是我军独有的精神财富和政治优势。

作风优良才能塑造英雄部队。作风优良方能塑造英雄部队，作风松散可以搞垮常胜之师，这是古往今来军队建设的一条基本规律。作风连着凝聚力。对一支军队来说，强大的凝聚力是完成各项任务的重要前提和基础。好作风催生凝聚力、提升向心力，能够使官兵心往一处想，劲往一处使，拧成一股绳。作风关系战斗力，好作风如同好空气，坏作风就像雾霾天。

实现强军目标，建设强大军队，优良作风是根基。作风不仅关系到军队的凝聚力与战斗力，而且决定军队的形象，影响着军队的生存和发展。习近平主席把军队的作风建设提升到战略高度，要求全军上下以踏石留印、抓铁有痕的劲头正风肃纪。习近平主席反复强调，我军人民军队的性质永远不能变，老红军的传统永远不能丢，艰苦奋斗的政治本色永远不能改。丢掉了好传统好作风，就是自毁长城。要坚持从思想根子抓起，解决好世界观、人生观、价值观这个"总开关"问题，要建立一整套科学合理的法规制度，不断把作风建设引向深入。

（2）保持发扬我军光荣传统和优良作风。在长期的革命战争和建设实践中，我军培育形成了一整套独具特色的光荣传统和优良作风，这是我们的血脉灵魂，是宝贵的精神财富。

自觉践行为人民服务的根本宗旨。毛泽东指出："紧紧地和中国人民站在一起，全心全意地为中国人民服务，就是这个军队的唯一的宗旨。""我是一个兵，爱国爱人民"，形象地诠释了人民军队为人民的根本宗旨。不管时代如何发展，形势和任务如何变化，当人民的子弟兵，做人民利益的忠诚捍卫者，这一条任何时候也不能改变。

发扬我党我军在长期实践中培育的革命精神。我党我军在长期革命、建设和改革的伟大实践中，培育形成了许多光耀千秋的革命精神。

勇于牺牲、视死如归的献身精神。在战场上，面对敌人的炮火勇往直前，面对死亡的威胁义无反顾，前仆后继、浴血奋战；在执行急难险重的任务中，临危不惧，冲锋在前，敢于用热血甚至生命换取最后的胜利。

英勇顽强、敢打敢拼的战斗作风。在履行使命任务中，无论面对什么样的困难，都无所畏惧，抢打头阵；无论面对多么强大的敌人，都敢于斗争，敢于胜利。

坚贞不屈、矢志不渝的革命气节。不论面对什么样的生死考验，都不改初衷，不动摇立场，不丧失必胜信念，真正做到富贵不能淫、贫贱不能移、威武不能屈，始终对党和人民的事业忠心耿耿，永葆革命军人的坚贞气节。

坚忍不拔、愈挫愈奋的坚强意志。挫折面前不气馁，压力面前不低头，考验面前挺得住，始终如一地朝着既定目标前进，不达目的绝不罢休。

奋勇向前、力争上游的拼搏劲头。就是敢挑重担，迎难而上，处处不甘落后，事事力争上游，"见红旗就扛，见第一就争"，努力拼搏进取，争创一流。

以苦为乐、以苦为荣的革命乐观主义精神。在身处逆境、面临困难局面的情况下，始终坚定信念、乐观向上，不悲观、不灰心、不退缩，坚定必胜信心，保持坚强意志和昂扬的精神状态。

传承和发扬我党我军光荣传统和优良作风，关键是要树牢宗旨意识，始终做到爱人民、为人民。

（3）贯彻依法治军、从严治军方针。习近平主席强调，要把作风建设作为军队一项基础性、长期性工作抓紧抓实，夯实依法治军、从严治军这个强军之基。

依法治军、从严治军是建设强大军队的铁律。依法治军、从严治军，军队才能形成严明的作风和铁的纪律，始终保持强大的凝聚力和战斗力。军纪凝聚战斗力，令严才能壮军威。我们党在领导人民军队的长期革命战争和建设实践中，形成依法治军、从严治军的重要思想。建军之初，毛泽东就极为重视军队的纪律建设，倡导"三大纪律、八项注意"，军纪严明成为人民军队区别于旧军队的一个重要特征。中华人民共和国成立后，又适时提出军队正规化建设必须实行"五统四性"，为我军依法治军、从严治军奠定了坚实基础。习近平主席把握大势，鲜明提出依法治军、从严治军是强军之基，深刻揭示了依法治军、从严治军在建设强大军队中的基础地位和基石作用，开辟了我军依法治军、从严治军的新境界。

加强作风建设是当前的紧迫课题。信息化战争对军队作风的要求和标准更高了。一方面，信息化战争是体系与体系的对抗，打的是诸军兵种联合作战，必须有更优良的作风，才能形成钢铁般的凝聚力和强大的战斗力。另一方面，我军目前所处的社会环境日趋复杂，意识形态领域的斗争更加尖锐复杂，敌对势力加紧对我军进行意识形态渗透，千方百计拉拢腐蚀官兵，部队极易受到不良思想和风气的侵蚀。我军已经几十年没打过大仗，一些官兵忧患意识、责任意识、使命意识有所淡化，思想和精神有所懈怠，形式主义、官僚主义、享乐主义和奢靡之风有所滋长。这种现象非常危险，越是在相对和平环境下，越要加强军队作风建设。

坚持从严治党、从严治官。依法治军、从严治军，关键是从严治党，要害是从严治官。加强军队党的建设是军队全部工作的基础和关键,广大党员干部是建军治军的骨干。只有从严治党、从严治官,才能更好地夯实强军之基,使依法治军、从严治军方针真正落到实处。习近平主席和中央军委始终把加强军队党的建设摆在突出位置紧抓不放。中央军委制定了加强自身作风建设"十项规定",召开专题民主生活会对照检查,带动各级大力改进作风;召开全军党的建设工作会议,深入研究军队建设重大问题,出台一系列制度规定;深入推进党风廉政建设,建立军队巡视制度,先后多次对违反中央"八项规定"和军委"十项规定"精神的典型问题进行专门通报,起到了很好的警示教育作用。好作风是抓出来的,也是党员干部带出来的。广大党员干部要自觉接受组织和群众的教育管理监督,始终把自己置身于组织视野之内、法规约束之中、群众监督之下。习近平主席指出,形式主义、官僚主义、享乐主义和奢靡之风,发生在士兵身边的不正之风,一个对领导干部腐蚀性最强,一个对广大官兵杀伤力最大,必须着力加以克服。要以踏石留印、抓铁有痕的力度,以壮士断腕、刮骨疗毒的决心,加大力度解决难点问题。通过纠治"四风",努力把军队各级党组织建设得更加坚强、更加有力,从思想上、组织上和作风上为实现党在新形势下的强军目标提供坚强保证。

(三)牢记强军目标,献身强军实践

习近平主席反复强调:"实现中华民族伟大复兴,是中华民族近代以来最伟大的梦想。这个梦想是强国梦,对军队来说,也是强军梦。"习近平主席多次勉励青年官兵要把个人理想抱负融入强军梦的实践中,把个人成长与实现强军梦紧密结合起来,在实现强军梦的实践中书写人生华章。

1. 强军梦是国家的梦、军队的梦,也是每个官兵的梦

强军梦与官兵的梦紧密相连。梦想是人类的精神追求,有梦想才有动力,有梦想才有未来。军人的理想追求与民族的存亡、国家的安危和人民的福祉紧密相连。强军梦凝聚了中华民族的历史宏愿,寄托着中华儿女创造美好未来的共同向往,也与每个官兵的梦息息相关。强军梦只有成为每个官兵的梦,才有力量、有根基。每个官兵的梦也只有融入强军梦,才有实现平台,才能梦想成真。

强军梦引领官兵的梦。梦想对于人生有如灯塔对于航船,有了梦想我们就会看见希望,就会在梦想的指引下奋力前行,创造出彩的人生。强军兴军的伟大事业也拓展了官兵实现梦想的平台,创造了官兵逐梦的实现条件,提供了官兵圆梦的支撑环境。广大官兵把党和人民的目标要求作为自己的努力方向,以强军目标为遵循来规划人生、引领成长,就能真正有所作为,让军旅青春绽放绚丽光芒。

官兵的梦汇聚强军力量。一个伟大的梦想必然是由千万人的梦汇聚而成，一项宏伟的工程总是由千万双手共同缔造，强军梦汇聚了每名普通官兵的美好向往。习近平主席强调："中国梦是国家的、民族的，也是每一个中国人的。国家好、民族好，大家才会好。只有每个人都为美好梦想而奋斗，才能汇聚起实现中国梦的磅礴力量。"同样，实现强军梦必须汇聚全军官兵的智慧和力量。实现强军梦，没有旁观者，没有局外人。广大官兵只要强化主人翁责任感，心往一处想，劲往一处使，实现强军梦的力量就无比强大，实现个人梦的空间就会无比广阔。强军梦与官兵的梦互促共进，每名官兵只有正确处理追求个人梦想与追求强军梦想的关系，自觉为实现强军梦而奋斗，努力贡献个人的聪明才智，才能实现个人的理想抱负。

2. 把个人理想抱负融入强军梦的实践

要力担强军责任。当前，我国面临的安全挑战更加多元和复杂，综合国力竞争日趋激烈，传统强国与新兴大国之间的矛盾不时显现，局部冲突和地区热点此起彼伏，周边环境复杂多变。面对严峻的挑战和考验，我们不能有丝毫懈怠。广大官兵都要时刻保持清醒的头脑，增强使命感、紧迫感，珍惜为强军兴军做贡献的宝贵机会，努力发挥自己的聪明才智，在实现强军目标的征程中奋勇争先。雷锋说过："一滴水只有放进大海里才永远不会干涸，一个人只有当他把自己和集体事业融合在一起的时候才能最有力量。"党在新形势下的强军目标，描绘了强军兴军的壮美图景，也为每名官兵提供了建功立业的众多机会。大家选择了军营，就要自觉把自己的"小梦"与强军梦这个"大梦"紧密结合起来，把部队建设作为人生的梦想舞台，把本职岗位作为成长成才的"星光大道"，在强军兴军的广阔舞台上最大限度地实现自己的人生价值。

伟大的事业铸就伟大的军队，伟大的军队培养伟大的战士。我军是一个大学校、大熔炉。广大官兵来到部队，在为保卫祖国尽义务、献青春的同时，还有各式各样属于自己的梦，比如：有的想加入党组织，追求政治上的进步；有的想考学提干，当一名军官；有的想立功受奖，获得荣誉；有的想转士官，在部队干出些名堂；有的想学点技术，掌握谋生的手段……这些梦想，虽然各不相同，五彩缤纷，但只要自觉投身于强军实践中，努力拼搏奋斗，都有机会得到实现。今天，我军现代化程度不断提高，武器装备不断更新，官兵可以在掌握新式武器装备中学习科学技术、学习信息化知识、提高能力本领。军队大力实施人才战略工程，各种学习培训机会越来越多，学习型军营蔚然成风，每年都有大批学习成才标兵和先进个人在军营这所大学校中脱颖而出。随着强军兴军伟大实践的深入推进，我军建设必将会有更大的发展，官兵实现个人梦想的舞台也会更加宽广。

3. 提高与强军目标相适应的能力素质

当前，我军打赢信息化战争能力和各级干部指挥信息化战争能力不够的问题还比较突出，这两个问题依然很现实地摆在我们面前。面对强军兴军的时代课题，提高官兵的能力素质，从没有像今天这样重要和紧迫。

解放思想，更新观念。观念的落后是最根本的落后，观念的转变是最根本的转变。当前，世界新军事革命加速发展，战争形态、作战样式、指挥方式、武器装备都发生了很大变化，中华民族复兴进入关键时期，我军建设进入关键阶段。在这样的时代背景和任务要求下实现强军目标，必须解放思想、更新观念、拓宽视野，牢固确立与强军目标相适应的思想观念和思维方式。

刻苦学习，增长知识。能力素质是以知识为基础的。对军人来讲，不学习就会成为信息时代的"文盲"。必须强化"知识危机感""本领恐慌感"，主动加快知识更新、优化知识结构、拓宽知识领域。每名官兵都要坚持全面发展、全面过硬，在自己的职责范围和各项工作中，力求补好短板，成为部队建设的多面手。

严格训练，精武强能。成功是拼搏出来的，本领是练出来的。必须树牢吃苦耐劳的思想，自觉加大训练难度和强度，敢于在恶劣环境和艰苦条件下摔打，在执勤、战备、演习、抢险救灾等任务中磨砺。流血流汗不流泪，掉皮掉肉不掉队。仗怎么打兵就怎么练，打仗需要什么就苦练什么。

梦想在前方召唤，广大官兵要牢记强军目标，强化使命担当，提高能力素质，从现在做起，从岗位做起，脚踏实地干好本职工作，在强军兴军的伟大征程中放飞梦想。

习 题

1. 简述毛泽东军事思想的主要内容。
2. 简述邓小平新时期军队建设思想的主要内容。
3. 简述江泽民国防和军队建设思想的主要内容。
4. 简述胡锦涛国防和军队建设思想的主要内容。
5. 简述习近平强军思想的主要内容。

第四章　现代战争

【教学目标】

1. 了解现代战争的内涵、特点、发展历程
2. 理解新军事革命的内涵和发展演变
3. 掌握机械化战争、信息化战争的形成、主要形态、特征、代表性战例和发展趋势，使学生树立打赢信息化战争的信心

什么是现代战争？

所谓现代战争是指在核武器威胁下的，以新技术兵器为主的常规战争。

第一节 现代战争概述

现代战争是指在核武器威慑下的以新技术兵器为主的常规战争。

所谓"新技术"兵器,是指武器的发展及使用没有明显的消失界限,往往是几代武器和几个发展阶段的武器相互共存。所谓常规战争,主要区别于核战争。因为自1945年美国使用过2颗原子弹以后,再也没有发生核战争。其后所发生的战争,都是常规战争,但并不排除是在核武器威慑条件下进行的。

一、现代战争的特点

(一)广延性

战场范围广大,前后方界限不清,大规模交战波及战争双方的整个领土及外层空间。

(二)多变性

战场态势错综复杂,情况千变万化,争夺战场主动权的斗争激烈,对快速反应的要求更高。

(三)交叉性

战场犬牙交错,战线模糊不清,复杂的交战将在多层面上展开。

(四)立体性

战场的立体化突出,空中、海上、海下、地面、外层空间的作战同时或交错进行。

(五)破坏性

火力强、消耗多、各项保障复杂,使得战争的破坏性极强。

(六)分散性

军队进一步疏散配置,作战行动将表现为大兵团统一控制下的群体分散独立作战。

(七)机动性

军队的流动性大,遭遇战的可能性增多。

（八）连续性

战役战斗的间隙缩短，打破昼夜界限。有的强调电子战，有的强调"快节奏"，有的注重政治和技术因素，有的注重经济对现代战争的影响，等等。

二、现代战争的发展历程

按照武器装备的科技含量划分，可以把现代战争分为三个阶段。

（一）机械兵器时期

这是现代战争的重要发展阶段。第二次工业革命，使得社会生产力和科学技术得到迅猛发展，导致了新型远程火炮、飞机、坦克等机械化含量极高的现代兵器的出现，并促进了军队结构的变革，从而改变了战争形态。这一时期的战争被称为机械化战争。现代战争的主要特征几乎都在这一时期形成的。

（二）新技术兵器时期

这是现代战争的发展成熟期。新技术在战争中的应用，使武器系统、军队结构、战争方法、指挥手段及战争样式等各个方面发生根本性的变化。

首先，用新技术改造常规武器，使坦克、飞机、大炮、舰艇等装上现代化的翅膀，跻身于新技术之林。

其次，用新技术创造新武器，使新型的高技术武器（如精确制导、能束武器等）登上战争舞台，极大地改变战争面貌。

最后，新技术提高了对战争的指挥和控制能力，改变着战争方法，使战争出现新的趋向。

（三）信息化兵器时期

这是未来战争的发展趋势。随着计算机、通信、网络、新材料等技术在军事上的应用，未来战争将以信息化、合成化、智能化、精确制导化等全新的面貌展现在世人眼前，其作战方式将会更加灵活多样，作战效率将会更高。未来战场上，传统的作战武器、参战人员将大部分被高科技条件下的智能武器、无人机等取代。

习 题

1. 现代战争的特点是什么。
2. 简述现代战争的三个发展阶段。

第二节 新军事革命

自20世纪80年代以来，世界军事领域广泛兴起了一场新的革命，被称之为"新军事革命"。进入21世纪，国际形势复杂多变，国际体系进入加速演变和深度调整期，各种国际力量分化组合。为适应新的国际安全形势，各国开始大力推进新军事革命，以增强自身实力和国际竞争力。

所谓新军事革命，特指在工业社会走向信息社会的时代，以信息技术为核心并得以广泛应用，从而引起军事领域武器装备、军事理论和组织体制等一系列的根本变革，导致彻底改变战争形态和军队建设模式的一场革命。新军事革命是世界文明由工业时代向信息时代过渡的产物，其发展的根本条件是信息时代的到来。

新军事革命包括四个要素：新军事技术、新武器装备、新军事理论和新组织体制。

新军事革命的内涵包括四个方面：联合作战形态向"四非"（即非接触、非线性、非对称和非正规）和"三无"（指无形、无声、无人）作战方向发展；武器装备呈现出向数字化、精确化、隐形化、无人化发展的趋势；军队指挥形态更加扁平化、自动化、网络化、无缝化，一体化联合作战指挥体系逐步形成；现代国防管理体制不断完善。

体制编制的联合化、小型化、自主化趋势更加明显。

一、新军事革命的发展演变

新军事革命，是由科学技术的进步而引起武器装备的演进，进而引起军队编成、作战方式和军事理论等方面逐步发生根本性变化，最终导致整个军事形态发生质变的特殊社会现象。在世界军事发展史上，发生过多次断代性飞跃的军事革命。

如果以整个军事形态是否发生质变来衡量和判断，一般可以把迄今为止的军事革命分为四次：第一次是金属兵器取代木石兵器，实现农牧时代军事体系的金属化军事革命；第二次是火药兵器取代金属兵器，实现工场手工业时代军事体系的火药化军事革命；第三次是机械化武器装备取代火药兵器，实现大工业时代军事体系的机械化军事革命；第四次是信息化武器逐渐主宰战场，实现信息时代军事体系的新军事革命，也就是信息化军事革命。我们所说的新军事革命，指的就是这场信息化军事变革。

新军事革命始于越战后期，海湾战争之后得到了全面发展，已经经历了40多年的演变过程。世界近几场局部战争特别是伊拉克战争表明，这场革命已经进入新的发展阶段，正在发展成为一场波及全球、涉及军事领域各个方面的深刻革命，最终将实现整个军事体系由机械化向信息化的全面转变。这场变革大致经过了三个阶段。

(一) 孕育奠基阶段（20世纪70年代到80年代末）

20世纪70年代初，美军深陷越战泥潭，为摧毁清化大桥，先后出动飞机600余架次进行反复轰炸，投弹5 000余吨，损失飞机18架，始终未能奏效。1972年5月，美军使用"宝石路"激光制导炸弹，一次攻击即达目的，极大地提高了美军作战效能。

越南战争中，美国动用了当时除核武器以外所有的先进技术和装备，其中以精确制导武器的使用最为引人注目。越战后期，美军发射激光制导炸弹2.5万枚，摧毁桥梁、发电站等坚固目标1 800个，命中率达60%以上，作战效能比传统的普通炸弹提高了上百倍。

1973年的第四次中东战争中，战争双方首次大量使用导弹。第四次中东战争使"以绝对优势兵力战胜敌人"的原则不再灵验。精确制导武器巨大的作战效能，使之成为改变军事力量对比的杠杆。此后，美国等发达国家军队开始重视研制和生产这类精确制导武器，从而为新军事革命埋下了第一粒种子。同一时期，指挥自动化系统的迅速发展，成倍地提高了武器装备和作战部队的战斗力。精确制导武器与指挥自动化系统的发展，为新军事革命的孕育和形成奠定了最基本的物质技术基础，提供了源泉和动力。

1979年，苏军总参谋长奥加尔科夫元帅预言，先进技术的出现必将引起一场"军事技术革命"。建议以信息技术为核心，带动一系列高技术群的发展，占领科技制高点，加速信息化军队建设的步伐。这个创造性思维在世界上是第一次提出，很有超前性，如果苏联抓住那次机遇，在技术革命方面就会超前美国一步。但是，当时的苏军陷入阿富汗战争泥潭之中，无暇顾及军事革命。然而，"奥加尔科夫预言"一经提出，便在世界军事领域引起了广泛重视和极大反响。奥加尔科夫元帅的改革创意，很快被美国国防部副部长佩里接受，并开始推进以信息技术为核心的军事技术革命，大力发展以精确制导武器、电子信息装备和隐身战斗机为主的武器装备。虽然苏联最早提出军事革命的概念，但它本身并未走在这次新军事革命的最前面，而由美国接过了新军事革命的接力棒，在雄厚的国力基础和先进的高科技能力支撑下，率先进入了新军事革命时期。

（二）全面展开阶段（20世纪90年代至2002年）

1991年的海湾战争是新军事革命的分水岭。一方面，这场初步运用新军事革命成果的战争，展示出许多不同于以往战争的新特征。另一方面，世界两极格局彻底瓦解，美国和西方在很短的时间内失去了明确的战略对手，世界上出现了"大战远离"和"一超独霸"的状态。为了建立美国和西方主导下的世界政治、经济新秩序，美国和西方各国纷纷调整军事战略，力图抓住这难得的历史机遇全面推进军事革命，以抢先占领军事领域中的战略制高点，适应新战争形态的要求。有一些专家认为奥加尔科夫所说的"军事技术革命"带有极大的片面性，技术虽然是这场军事革命的基础，新的技术也确实起了作用，但叫军事技术革命容易将这场革命误导为纯技术和武器发展，忽略了作战概念和组织变化的重要性，建议国防部将其改称"军事革命"，美国国防部采纳了这些专家的建议。从此，美国以"军事革命"取代"军事技术革命"，继续就有关问题展开研究。1994年1月，美国国防部长威廉·佩里批准成立"军事革命高级指导委员会"，正式开展军事革命的研究和实践工作。大张旗鼓地积极推进新军事革命，在武器装备、编制体制和军事理论方面进行全面改革创新。

以1996年5月美国参谋长联席会议公布《2010年联合构想》为标志，美国开始全面推动新军事革命。1997年5月，美国国防部公布的《四年防务审查报告》中，第一次出现"为未来而转型的美国部队"的提法。从此，"转型美国军事"逐渐成为国防部一项中心工作。同年12月1日，美国国会指定成立的"国防委员会"，在审查国防部的四年一度防务评审后提交了一份报告——《转型防务：21世纪国家安全》，第一次把转型列为标题，确定了美国推行新军事革命的方针和思路。2000年5月，美国参谋长联席会议发表《2020年联合构想》，将军事理论家通过著书立说表述的军事革命思想，提升为作战理论要素，进入军队的官方文件。2001年美国国防部发表的《四年防务审查报告》进一步强调了转型的意义，并把转型作为国防部工作重点之一。国防部长拉姆斯菲尔德说："反恐怖主义战争并没有取代国防部转型的需要；相反，我们必须加速我们组织、作战、业务和过程改革。"美国国防部2002年《国防报告》特别提出："转型是美国防务政策的核心""从根本上说，转型就是通过正在进行的军事变革，用美国的术语重新定义战争"。对军事转型的这一定位表明，美国新军事变革已基本完成了从自发到自觉、从局部到全局、从边缘到核心的演变，标志着美国对新军事变革的研究实现了质的飞跃。

在美国的带动和影响下，信息技术先进、信息产业发达的国家，如英、法、德、日等国的军事革命，都取得了很大进展。而信息技术落后、信息产业不发达的国家，其军事革命也开始起步。

（三）质变发展阶段（伊拉克战争至今）

2003年3月20日至5月1日，美英联军在伊拉克发动了一场高度信息化的局部战争，即伊拉克战争。伊拉克战争是冷战结束以来作战样式最丰富、信息化程度最高的一场局部战争。美军在利用高技术兵器从太空、空中和海上进行非接触作战的同时，与伊军展开地面接触作战；在实施精确打击的同时，对部分集群目标实施"地毯式"轰炸。与1991年的海湾战争、1999年的科索沃战争，以及2001年的阿富汗战争相比，美国发动的这场战争技术含量更高、信息化特征更为明显，标志着美军经过多年的军事变革实践，已经在建军和作战等诸多方面取得了突破性的进展。如果说海湾战争是介于昨天的机械化战争和明天的信息化战争之间的话，伊拉克战争则反映了未来信息化战争的雏形，标志着人类战争进入一个新的发展阶段。伊拉克战争中，美军只用海湾战争一半的兵力、时间和物资消耗就达成了推翻萨达姆政权的战略目的。这除了美伊两国的GDP差260倍，萨达姆政权不得人心外，主要是因为军事上美国不断推进新军事革命，已经建立起高度机械化和半信息化的军事体系，而伊拉克仍是机械化半机械化的军事体系，双方力量相差悬殊。这场战争所呈现出来的许多鲜明特点，给世界军事领域带来了强烈冲击。伊拉克战争使美国尝到了军事变革的甜头，更加倾力加快军队转型步伐。伊拉克战争的硝烟还未散尽，美国就着手总结、借鉴这次成功的实战，进一步深化军事革命，并计划到2030年率先完成新军事革命。美国新军事革命带来的超强作战能力使世界上许多国家，尤其是各主要大国在震惊的同时，更增强了紧迫感和危机感，围绕缩小与美国的"时代差"而竞相加快军事革命步伐。一些国家结合伊拉克战争经验教训及前期军事革命的经验教训，出台了一系列推进新军事革命的新举措，推动军事革命在更高的层次、更广的领域、更大的范围加速发展，世界新军事革命进入质变发展阶段。

二、新军事革命的主要内容

新军事革命是整个军事体系由机械化向信息化的全面转型，革命的基本内容是四个革新、一个转变，即：革新军事技术，最终实现武器装备的信息化；革新军事理论，用符合未来信息化战争特点和规律的军事观念和思维方式去谋划建军和作战；革新作战方式，探索和采用便于发挥信息化优势的战略战术；革新体制编制，按照建设信息化军队、打赢信息化战争的要求去重组军队的结构。一个转变就是推动战争形态由机械化战争向信息化战争的转变。

（一）加快发展以信息技术为核心的军事高技术

自从20世纪五六十年代以来，世界上陆续出现了一大批高新技术，20世纪90年代逐渐形成了六大高技术群：以微电子技术、电子计算机技术、人工智能技术、通信技术为基础的信息技术群；以高性能复合材料技术、超导材料技术、耐高温材料技术为代表的新材料技术群；以核聚变能技术、太阳能技术、氢能技术为代表的新能源技术群；以生命科学为基础的生物技术群；以开发海洋生物资源为代表的海洋技术群；以运载技术、航天器技术、地面测控技术为主体的航天技术群。其中，军事信息技术革命是这场新军事革命的基础，各国都把优先发展军事信息技术，作为推进新军事革命的基本措施。例如美国国防部制订的21项关键技术，其中13项属于信息技术；欧洲的"欧几里德"计划11个领域中，有9个领域属于信息技术。在一些国家的武器装备研制计划中，收集、处理、分发、保护信息的信息系统占有相当大的比例。正是由于信息技术的发展，这些以信息技术为主导的系统，以及与这些系统有关的核心技术，才促进了军事革命的诞生。

在信息技术的牵引下，整个高技术群将飞速发展。预计2020年前后，一批新技术如纳米技术、生物技术、新材料技术、新能源技术、隐身技术、定向能技术等将会有更大突破。一批更加高效的新型武器，如强激光武器、动能武器、高功率微波电磁脉冲武器等将陆续出现，成为新军事变革的物质基础，进而推动新军事变革向高级阶段发展。

（二）革新武器装备，使武器装备向信息化、智能化、一体化方向发展

武器装备是形成军队战斗力的重要基础。伊拉克战争结束不久，美国就通过了总额高达4 005亿美元的国防预算，并提出要突出研发高新武器装备；日本则优先发展战略预警系统、C4ISR系统和陆军数字化装备；俄罗斯计划建立未来武装力量的高科技基地，大力扶持军事科研所和武器设计局。英国、法国、德国、印度等国也明确表示要加大军事高科技装备方面的投入。由机械化装备快速向信息化装备过渡，信息化的新型武器装备体系逐渐成为主角。

1. 高度信息化

运用信息技术成果对现有武器装备进行改造，研制和发展新型信息战武器装

备,加快武器装备技术水平由机械化向信息化的过渡。如今,西方发达国家半数以上的陆军装备实现了信息化,海军、空军装备的信息化程度更高。目前正在重点开发信息化作战平台、信息化弹药、单兵数字化装备,以及专门用于攻击或扰乱信息设备的特种信息战武器。美国启动150亿美元的陆军"未来作战系统",该系统由高科技坦克、战术机器人及网络化指挥与控制部分构成,核心是将新式武器组织在一起并形成合理的C4ISR系统。大量无人机和机器人将被列装,空地海天多维信息系统将进一步完善。

2. 高度智能化

武器装备的信息化,使越来越多的武器系统能自动侦测和识别目标,掌握最佳攻击时机,准确打击目标,具有较高的智能化水平。西方国家军队设计的智能侦察坦克,重量只有普通坦克的十分之一,装有核生化武器探测器和红外、音响传感器,能在时速64千米的情况下,分清敌我,鉴别道路,绘制地图,探测地雷。美军列入研制计划的军用智能机器人达100多种,能代替士兵进行排雷、布雷、清障、侦察等危险任务。英国确定将武器开发的重点从坦克、炮弹和军舰等常规武器转移到"数字化"高科技武器,并削减不适应高科技作战环境的武器装备,斥巨资开发智能炸弹、无人驾驶飞机和能在数千千米以外"实时"作战的计算机网络系统。

3. 综合一体化

以精确制导武器、新型军用卫星、指挥自动化系统、电子战装备和反导弹系统等为代表的高技术武器,杀伤力成倍增长,打击精度空前提高,综合作战能力大大增强。美军打击阿富汗使用的弹药,大部分是毁伤力强、效费比高的精确制导弹药,如"联合直接攻击弹药",射程达90～300千米,命中精度为3米。打击坑道、洞穴的激光制导钻地炸弹,能穿透6米厚的混凝土,攻击地下30米深的防护设施。新一代作战飞机、舰艇、坦克等作战平台在大量使用隐形技术的,普遍采用红外、雷达成像、毫米波等高技术夜视器材和侦察探测装备,降低了黑夜和不良气候对作战行动的影响,提高了战场生存能力和全天候、全时辰作战能力。美国研制的太空战斗机和太空轰炸机,时速达10马赫,作战半径可达1万千米以上,可同时实施对天、对地攻击。

(三)调整改革体制编制,使军队结构向小型化、一体化、多能化的方向发展

1. 提高质量,减少数量

海湾战争结束后,美军从实战需要出发,较大地压缩了军队规模,特别是陆军

规模，通过调整编制体制，不断提高部队机动能力。据统计，美军现役总兵力从1991年的198.5万人压缩到目前的143万人。其中，陆军从71万人减至54万人；海军从57万人减至37万人；空军从51.1万人减至33万人；海军陆战队从19.4万人增至19.5万人。美国国防部在向国会递交的《21世纪国防转型改革法案》中提出，要"建立一支精干、灵活、快速和可远距离行动"的军队转型目标，将部队改造成规模较小、易于快速部署的作战部队，将来能够在96小时内将一个整编旅部署到世界任何一个角落，在120小时内部署一个整编师，30天内部署5个整编师。

2. 优化结构，改革指挥体制

伊拉克战争中，参战美军是正在全面转型的部队，采取了一体化的指挥体制和模块化的作战编成。美军打破了传统军种体制，按照作战职能建成了探测预警子系统、指挥控制子系统、精确打击与作战子系统、支援保障子系统。这四个子系统的功能紧密衔接，构成一个天网、地网一体化作战体系，陆海空三军C4ISR指挥系统实现了互联，使大量信息能够及时有效地传给指挥中心和陆、海、空军作战平台甚至是数字化单兵。与海湾战争相比，伊拉克战争的目标更高、难度更大，但美军使用的兵力和大规模作战时间只占海湾战争时间的3/5，军费消耗减少了2/3，这在很大程度上得益于美军近年来结构重组取得的成果。受伊拉克战争的启发，一些国家在压缩军队总体规模的同时，优化军队内部结构，建立扁平网状式指挥体制，按实际需要编组合成度更高、整体作战能力更强的一体化部队，从而推动机械化军队向信息化军队转型。例如，法国陆军对其现存的体制编制进行了大刀阔斧的改革，撤销军、师两级建制，成立作战部队司令部和后勤部队司令部两大作战指挥机构。

3. 发展重点部队，组建新型高技术部队

各国军队在优化陆军结构，加大海、空军建设力度的同时，重点发展军事航天力量、导弹部队及导弹防御部队、电子战和信息战部队等。美国致力于建设10支"远征型航空航天部队"。为了加大太空作战力量的建设，美军组建了试验型的第527空间攻击中队和第76空间控制中队，建成真正的"天军"。俄罗斯把军事航天部队和导弹航天部队从战略火箭军中单列出来，专门进行太空作战任务。随着高新技术武器装备的发展，还将发展一些新的军种和兵种，如信息战部队等。

（四）创新适应未来信息化战争要求的军事理论

加强军事理论创新，是在世界新军事革命中赢得先机、把握主动的先决条件。当前，随着世界军事科技、战争形态、作战方式的发展和演变，新军事革命更加凸显以军事理论创新牵引整个军事体系转型的鲜明特点。进入21世纪以来，世界一些主要国家纷纷加快军事理论创新的步伐。美军在几场局部战争中之所以能取胜,一个重要的原因是美军重视理论创新,注重超越自我,永远盯着下一场战争。

冷战结束后,美军所发动的每次战争,几乎都运用了不同的作战理论。1991年的海湾战争,突出反映了"先空中打击、后地面突击,并以空中打击为主"的"非线式机动战"联合作战理论;1999年的科索沃战争,突出反映了以空中打击为主的"非对称、非接触"联合作战理论;2001年的阿富汗战争,则反映了全频谱支援的特种作战的联合作战理论;而在伊拉克战争中,又实践了震慑理论,即强调抛弃传统的消耗战思想,利用新的战略和技术能力,把震慑对手、影响其意志、判断和理解力作为战争设计的目标,强调综合运用外交战、心理战、谋略战、宣传战和军事打击手段,以最少的伤亡,瓦解对手的作战意志,快速达成国家战略目标。也就是"不局限于以决定性力量摧毁和消耗敌军事力量,而是致力于影响和控制对手的判断及意志",迅速取得决定性胜利。伊拉克战争结束后,美军开始总结经验教训。一方面,美军将"震慑"作战理论纳入作战条令,并准备在未来的试验、演习和实战中进一步发展这一理论。另一方面,美军提出要对"快速决定性作战"等理论做进一步修改和完善,使之发展成为指导美军实施军队转型的基本理论,继续保持军事理论创新先行者的地位。俄罗斯军方在总结伊拉克战争、车臣反恐战争经验教训的基础上,努力探讨和完善新的军事理论,如"第六代战争"理论、"精确打击"理论、"特种作战"理论、"空天一体战"理论等,加快理论研究的步伐。就连过去并不太注重"信息战"理论的俄军也加大了研究的力度。

习 题

1. 新军事革命的内涵是什么?
2. 简述新军事革命的发展演变。
3. 简述新军事革命的主要内容。

第三节 机械化战争

19世纪末20世纪初,以电力的广泛使用为标志的第二次工业革命,推动了工业电气化。社会生产力和科学技术的发展导致了现代兵器的出现。在第一次世界大战中,出现了飞机、坦克、高射炮、新式军舰、潜艇等武器装备,同时还产生出空战、空袭、防空作战、坦克会战、化学战,以及海战、阵地攻防战等。这些新武器、新战法的运用,标志着此次大战已经有了现代战争的要素。现代战争进入机械化战争时期。

在中共中央十八届五中全会通过的《中共中央关于制定国民经济和社会发展第十三个五年规划的建议》中,在加快推进国防和军队改革方面提出:"到2020年,基本完成国防与军队改革目标任务,基本实现机械化,信息化取得重大进展,构建能够打赢信息化战争、有效履行使命任务的中国特色现代军事力量体系。"

那么,什么是机械化战争呢?所谓机械化战争就是通过火力和兵力构成作战能力,以歼灭敌人的有生力量为主,通过不断地消耗敌方力量达到战争胜利的目的。

一、机械化战争的主要形态和特征

机械化战争的主要形态是:以机械化快速部队突击敌人的指挥机构,使敌人指挥系统瘫痪,然后按常规方式进攻,迅速夺取全面胜利。

机械化战争主要依靠机械化军队取胜。随着飞机、坦克、舰艇的大量投入使用,作战行动在陆、海、空和电磁领域同时或先后展开,物质力量成为战争的主导因素,武器装备在很大程度上影响着战争的胜负。在全新的战争模式推动下,战争理论和战役实践取得了很大发展,呈现出很多新的特征。

(一)快速打击成为主要作战意图

机械化战争中,杀伤破坏方式由过去的冷兵器、火器的动能过渡到了化学能和机械能,机械化武器装备的射程、速度和杀伤力都发生了质的变化,其破坏能力大大提高。正是由于新式装备强大的破坏力,发挥武器装备的最大效能、最大限度地毁伤敌方成为作战指挥的最大意图。飞机的侦察、突击、轰炸能力，火炮的远程打击能力以及装甲部队的长途奔袭能力，使打击敌方的交通枢纽、指挥中心、补给仓库等重要目标成为可能；机械化部队的机动力和突击力，使迂回、包抄、渗透等作战方式成为常规手段，而"速度、协同、集中"又使机械化的力量优势得以完美体现；大型舰船的海战能力和补给能力，使远程作战和海上对抗成为重要的作战方式。

（二）联合作战成为战争常态

机械化战争中，战场范围极为广泛，陆、海、空和电磁领域的立体对抗成为机械化作战的重要方式。在这样的战场上，任何一个军种的作战行动都难以主宰战场，空军力量、装甲部队、电子对抗分队等作战力量的联合应用成为战争的常态。空中作战力量负责夺取制空权，进行空中突击，制约敌方陆、海战场的军事行动。装甲部队具有猛烈的火力、广泛的机动力和良好的防护力，担负着突破、冲击与反冲击、追击等重要任务，是陆上作战的主力。电子对抗可以削弱、破坏敌方电子设备的使用效能，保护己方电子设备效能得到充分发挥，同时，电子欺骗、电子干扰可以隐瞒真正的作战意图，混淆敌方视听，保障己方行动顺利展开。另外，空降作战、特种作战也成为战争中的重要作战方式。

（三）制空权、制海权、制信息权成为争夺焦点

机械化战争的发展，使人们越来越认识到制空权、制海权和制信息权的重要意义。掌握制空权，能限制敌方航空兵和防空兵力兵器的战斗活动，防护己方重要目标，保障己方航空兵的行动自由，使陆、海军的作战行动得到有效的空中掩护；制海权可以确保己方兵力海上行动的自由，保护海上交通运输的安全，同时限制敌方的海上行动；制信息权能确保我方信息通畅，并获取敌方信息及破坏其信息传递通道等。

（四）隐蔽作战企图，获取战争主动权成为关键点

机械化战争中，新式装备的强大破坏力能在战斗初期就给敌方造成重大的伤害，甚至可以直接影响到战役和战争的胜负，因此如何隐蔽作战企图，由己方发动第一次打击，获取战争主动权，就成为获取战争胜利的关键点之一。伪装欺骗的战法由来已久，在机械化战争时期更是得到长足发展，机械化装备的发展，虽然增加了欺骗的难度，但也增加了伪装的手段。通信手段的发达，出现了监听与反监听；观测手段的增多，使伪装与反侦察与之相对；信息渠道的拓展，真假信息混杂又为欺骗提供了便利。

（五）后勤保障成为决定性因素

机械化战争以人力、物力的消耗为对抗手段，需要高效的后勤保障为支撑。坦克、飞机、舰船，这些战争机器的开动需要耗费大量的油料，其机动性为后勤保障增加了难度。参战的人员和装备众多，作战的激烈程度提高了物资消耗，人员伤亡和装备损坏也大大增加。在一定意义上，交战双方武器装备的对抗，也是后勤保障能力的对抗。机械化水平越高，对后勤保障的依赖性就越突出，双方围绕后勤保障的争夺也就会越趋激烈。

二、机械化战争的代表战例：闪击波兰

1939年9月1日凌晨4时45分，德军轰炸机群呼啸着飞向波兰境内，目标是波兰的部队、军火库、机场、铁路、公路和桥梁。约1小时后，德军地面部队从北、西、西南三面发起了全线进攻。同时，停泊在但泽港外伪装友好访问的德国战舰"荷尔斯泰因"号也突然向波军基地开炮。波军猝不及防，500架第一线飞机没来得及起飞就被炸毁在机场，无数火炮、汽车及其他辎重来不及撤退即被摧毁，交通枢纽和指挥中心遭到破坏，部队陷入一片混乱。德军趁势以装甲部队和摩托化部队为前导，很快从几个主要地段突破了波军防线。

德军突破波军防线后，以每天50~60千米的速度向波兰境内腹地突进。伦德施泰特的南方集团军以赖歇瑙的第10军团为中路主力，以李斯特的第14军团为右翼，以布拉斯科维兹的第8军团为左翼，从西面和西南面向维斯瓦河中游挺进；博克的北方集团军以克鲁格的第4军团为主力，向东直插"波兰走廊"，另以库勒的第3军团从东普鲁士向南直扑华沙及华沙后方的布格河。

这是人类战争史上空前规模的机械化部队大进军。在这场大进军中，德国装甲兵创始人古德里安成功地实践了他的装甲兵理论，率领第19装甲军取得了辉煌的胜利。第19装甲军隶属北路集团军群第4集团军，辖有1个装甲师、2个摩托化师和1个步兵师。它既是第4集团军的中路，又是北路集团军群的攻击前锋。开战后，古德里安率部迅速突破波兰边境防线，9月1日晚渡过布拉希河，9月3日推进至维斯瓦河一线，完成了对"波兰走廊"地区波军"波莫瑞"集团军的合围。至9月4日，波军"波莫瑞"军团的3个步兵师和1个骑兵旅全部被歼灭，而古德里安指挥的4个师一共只死亡150人，伤700人。德军闪电式的进攻使波军完全陷入了被动挨打的境地。

习 题

1. 机械化战争的主要形态和特征是什么？
2. 请说出一个机械化战争案例，并分析其特点。

第四节　信息化战争

人类社会正在进入信息时代，进行战争的方式发生了重大变化。信息化战争作为一种全新的战争形态，开始登上现代战争的舞台。

一、信息化战争的基本内涵

运用信息、信息系统和信息化武器装备进行的战争被称作信息化战争。它以信息技术为核心，通过信息网络系统，综合运用作战保密、军事欺骗、电子战、心理战和实体摧毁等手段对敌方的信源、信道和信宿实施有效控制，进而瓦解或摧毁敌方战争意志、战争能力、战争潜力的军事活动。

信息化战争与其他战争相区别的就是"信息化"。也可以说，信息化是信息时代战争的根本特征和主要标志。

从信息化概念的提出至今，无论是对信息化概念本身，还是对社会信息化、军事信息化或战争信息化，学术界的认识并不完全一致。有的认为："所谓信息化，就是充分利用当今迅速发展的信息硬件和软件技术，把一个个分散的军队创新子系统综合集成为一个一体化的大系统，并运用信息时代的军队创新方法，提高军队创新体系在军队信息化建设领域中的创新能力。"这个定义是从军事创新角度认识信息化的，核心是用信息技术综合集成，形成大的系统，目标在于"提高能力"。也有的认为："军队信息化建设，是以提高信息能力为根本目的，以'系统集成'为主要途径，最终把以物质和能量为主要作战能力构成要素的、适于打机械化战争的机械化军队，建设成以信息和知识为主要作战构成要素的、适于打信息化战争的信息化军队的过程"。这个观点也强调信息化是一个过程，是一个以提高能力为目标的系统集成过程。

还有观点认为，信息化由"四大要素"构成，即数字化、网络化、精确化和智能化。其中，数字化是条件，网络化是基础，精确化是目的，智能化是方向。它的本质就是系统化，就是借助数字和网络，最大限度地发挥信息的"链接""融合"

与"倍增"功能，实现人与武器、人与战场的最完美结合。

我国著名科学家钱学森认为，信息化战争是以信息为基础的战争。他指出：远程核武器的巨大破坏力，再加上现在高速发展的信息技术，就形成现阶段和即将到来的21世纪的战争形式——核威慑下的信息化战争。

军事科学院作战条令部编著的《信息化作战理论学习指南》一书对信息化战争的主要形态做了阐述：信息化战争是人类社会进入信息化时代后，交战双方依托信息化战场，以信息化军队为主要作战力量，以信息化武器装备为主要作战手段而进行的战争行为，是由信息时代战争形势、军事力量状态和诸多兵器的技术形态等决定的战争动因、性质、规模等整体的表现形态。信息化战争是一种新型战争形态，既不同于农业时代的冷兵器战争形态，也不同于工业时代的热兵器战争形态，它属于知识经济、信息时代的高技术战争形态，在当前，是信息技术主导的机械化战争的高级阶段。

二、信息化战争的基本内容

信息化战争所包含的内容是多方面的，有专家把它归纳为：一个核心，两大支柱，三个能力，四种形式，如表4-1所示。

表4-1 信息化战争内容

一个核心		即指挥控制战，在情报信息系统的支援下，综合运用军事欺骗、作战保密、心理战、电子战和实体摧毁等手段，攻击包括人员在内的整个敌方信息系统，破坏敌方信息流，以影响、削弱和摧毁敌方指挥能力，同时保护己方的指挥能力免遭敌方类似行动的攻击。在信息化战争中，指挥控制系统是整个战场信息获取、控制和利用的心脏，是整个战场的神经中枢
两大支柱	数字化战场	数字化战场是由覆盖整个作战空间的通信系统、情报传输系统、计算机与各级指挥终端组成的，能指挥所属部队并能够提供与作战有关的大量实时信息的综合网络系统，亦称之为战场信息高速公路
	信息化军队	信息化军队即由掌握信息化弹药及装备的信息化士兵所组成的，以"信息为作战基础"的全新的作战部队
三个能力		全面掌握战场信息的能力
		多种有效的攻击能力
		对被攻击目标实施毁伤评估的能力

续表

四种形式	精确战
	计算机战
	隐身战
	"虚拟现实"战

三、信息化战争的特征

信息化战争同机械化战争相比较，其鲜明的特征主要表现在以下七个方面。

（一）信息资源主导化

信息对战争影响的关键是要准确获得战场信息并把信息及时用于决策和控制。机械化战争，起主导作用的是物质和能量，打的主要是"钢铁仗"和"火力仗"。在信息化战争中，信息是核心资源，是决定战争胜负的关键因素。信息化战争是以争夺战场"制信息权"为主要行动的战争。信息成为部队战斗力的核心要素。

在未来战争中，对信息的争夺将发挥核心作用，可能会取代以往冲突中对地理位置的争夺。攻城略地已经成为机械化战争的历史，在信息化战争中，地理目标将日趋贬值，信息资源将急剧升值。制信息权必然成为凌驾制空权、制海权和制陆权之上的战场对抗的制高点。拥有信息资源，握有信息优势，是取得战争胜利的先决条件。

（二）武器装备信息化

科学技术在军事领域的运用，尤其物化为战争"手臂"，是引起战争形态发生深刻变革的根本原因。工业时代的战争，以机械化武器装备为物质基础；而信息时代的战争则是以信息化武器装备系统为物质基础。信息化的武器装备系统，又是以计算机技术为核心、以信息技术为基础的一体化的武器装备系统。其构成主要包括信息武器、单兵数字化装备和C4KISR系统。

信息武器系统，包括软杀伤型信息武器和硬杀伤型信息武器。软杀伤型信息武器，是指以计算机病毒武器为代表的网络攻击型信息武器和以电子战武器为代表的电子攻击型信息武器。

单兵数字化装备，是指士兵在数字化战场上使用的个人装备，也称信息士兵系统。信息化的士兵装备，既是战场网络系统的一个终端，也是基本的作战单元，具有人机一体化的远程传感能力、攻击和生存能力，能够实时实地为炮兵和执行空地作战任务的飞机提供数字化的目标信息。

C4KISR系统，是战场指挥、控制、通信、计算机、杀伤、情报、监视和侦察系统的简称，它把作战指挥控制的各个要素、各个作战单元黏合在一起，是军队发挥整体效能的"神经和大脑"。在信息化战争中，C4KISR系统是敌对双方的主要作战目标，围绕着C4KISR系统展开的攻击和防护成为战争的重要作战行动。

（三）作战空间多维化

作战空间随着科学技术和武器装备的发展逐渐呈现出日益拓展的趋向。人类战争历史上由于飞机的问世和航空技术的发展，作战空间发生了第一次革命性变化，由陆海平面战场发展为陆海空三维的立体战场。机械化战争中，交战的舞台主要是在陆、海、空等物理空间展开，重点是在陆地、海洋和空中进行。而信息化战争中，虽然活动的依托仍然离不开物理空间，但决定战争胜负的因素主要取决于信息空间。主要包括网络空间、电磁空间和心理空间。高技术局部战争的实践表明，信息化战争的作战空间明显拓展，呈现出陆、海、空、天、电等多维一体化趋势。信息化战争作战空间的这种多维性和复杂性，打破了传统的作战空间概念。

（四）作战节奏快速化

时间是战争的基本要素。随着计算机、电子通信、卫星技术和信息化武器装备的发展，信息化战争的作战节奏和作战速度将比机械化战争大大提高，持续时间明显缩短，呈现出迅疾短暂快速化的特征。促使战争时间迅疾短促的主要因素有三个方面：战场信息流动加快，作战周期缩短；战争的突然性增大，时效性明显提高；广泛实施精确作战，毁伤效能剧增。

此外，数字化战场的建立、部队机动能力的提高、受经济能力和战争目的的制约等，都是促使作战时间迅疾短促，战争进程日趋缩短的重要原因。

（五）作战要素一体化

信息化战争，　　是作战力量一体化。通过信息网络和信息技术，可以将处于不同空间位置的各种作战能力联结成一个有机整体，形成一体化作战力量。二是作战行动一体化。信息化战争中的主要作战样式，是两个以上的军种按照总的企图和统一计划，在联合指挥机构的统一指挥下共同进行的联合作战，其作战行动具有一体化的特征。三是作战指挥一体化。信息化战争中，集指挥、控制、通信、计算机、火力、情报、侦察和监视于一体的C4KISR系统，为作战指挥提供了准确的战场情报、快速的通信联络、科学的辅助决策、实时的反馈监控，从而使树状的指挥体制将逐渐被扁平的网络化的指挥体制所代替,使作战指挥实现了一体化。四是综合保障一体化。保障军队为进行作战任务而采取的作战保障、后勤保障、装备保障、政治工作保障等各项保障措施实现了一体化。

(六)作战指挥扁平化

机械化战争的指挥体制,主要以作战部队多层次纵向传递信息的树状指挥体制为主。这种指挥控制网络就像大工业生产按行业、按流水线建立的控制体系一样,其特征是金字塔状,下面大上面小,所有来自前线的敌我双方的情报信息,必须逐级向上汇报,上级的指示精神和命令也按照这样的树状模式逐级下达到前线或基层,是一种典型的逐级指挥方式。信息化战争的指挥体制,趋向作战单元与指挥控制中心横向传递信息的"扁平网络化"结构。在纵向上,从最高指挥机构到基层分队所形成的逐级控制关系虽仍然存在,但是,单兵数字化指挥控制系统成了指挥体系的最小层次。在横向上,各指挥系统间的横向联系更加紧密,它不仅包括平级指挥机构之间的联系,还包含非同一层次间指挥机构的横向联系;不仅包括不同军兵种各层次指挥机构的联系,还包括同一军兵种平行指挥层次指挥机构间的联系。指挥控制近乎实时,效率大大提升。

(七)作战行动精确化

信息化战争中,在多层次、全方位、全时空的情报、侦察和监视网络的支持下,使用大量的精确制导武器,使各种作战行动的精确化程度越来越高。一是精确侦察、定位控制。精确侦察、定位控制是实现精确打击的前提和基础。二是精确打击。精确打击是信息化战争精确化的核心内容,它是靠提高命中精度来保证作战效果,而不是通过增加弹药投射的数量去增强作战效果。三是精确保障。就是充分运用以信息技术为核心的高技术手段,精细而准确地筹划、实施保障,高效运用保障力量,使保障的时间、空间、数量和质量要求尽可能达到精确的程度,最大限度地节约保障资源。

四、信息化战争代表性战例

20世纪90年代初至今,世界相继爆发了数场局部战争和武装冲突,尽管爆发的背景和起因各异,持续时间长短不一,战争的经过和结局迥然,但已显现出了信息化的时代特征。研究和剖析这些鲜活的战例,有利于更好地认识和把握信息化战争的特点与规律。

（一）海湾战争

海湾战争是冷战结束后世界格局新旧交替之际，由伊拉克入侵科威特引起的一场大规模局部战争。1990年8月2日，伊拉克武装入侵并吞并了科威特。此举直接引发了海湾危机，并最终导致海湾战争的爆发。

1. "沙漠盾牌"行动

美国等西方国家迅速向海湾地区调兵遣将，战争准备历时6个多月，行动代号为"沙漠盾牌"。截至1991年1月15日，美国、西欧和阿拉伯国家组织的多国部队兵力超过70万人、坦克3 500辆、作战飞机5 400架，各类舰艇达245艘。这期间联合国先后作出了谴责和制裁伊拉克的12个决议。特别是第678号决议授权联合国成员国，在伊拉克于1991年1月15日以前不从科威特撤军的情况下，可对伊拉克采取"一切必要手段"。

以美国为首的多国部队的作战分为两个阶段："沙漠风暴"大规模空袭和"沙漠军刀"地面进攻。伊拉克则试图以拖待变，力求打成一场"越南式战争"，并设法攻击以色列，将战争扩大成阿拉伯世界与以色列及西方世界的全面对抗。

2. "沙漠风暴"行动

"沙漠风暴"空袭作战共分为三个阶段。

第一阶段，1991年1月17日2时30分。以美国为首的多国部队开始实施代号为"沙漠风暴"的军事行动。行动开始前1小时，美军及多国部队对伊拉克实施强烈的电子干扰，之后出动攻击直升机、F-117隐形轰炸机和"战斧"式巡航导弹集中打击伊军防空、指挥体系。2时30分，多国部队的空袭部队分4个主要方向对伊拉克实施了空袭。在14小时内实施了三轮大规模空袭，出动飞机达1 300架次，投掷炸弹1.8万吨，相当于美国投在广岛的原子弹的爆炸力。7艘战舰当晚共发射了116枚战斧巡航导弹，袭击了16个巴格达附近的目标。1月27日美军中央总司令宣布联军已掌握了制空权。在此期间，多国部队出动1万多架次作战飞机，对伊拉克的24个主要机场、30多个疏散机场，以及防空指挥中心、雷达站和防空兵器阵地进行了连续攻击。

第二阶段，1991年1月27日至2月6日。多国部队联合火力打击的重心是摧毁伊拉克战争潜力。主要集中于萨达姆指挥战争的重要指挥和控制中心，以及伊拉克化学武器设施、发电厂、变电站等战略性目标，以摧毁伊拉克的战争潜力。其中，F-117A隐形战斗机共出动1 296架次，占全部出动架次的2%，摧毁了战略目标总数中的40%；B-52战略轰炸机共出动1 600多架次，其中954架次用于攻击战略目标；海军15艘水面舰艇和2艘潜艇共发射了288枚"战斧"式巡航导弹。

第三阶段，1991年2月7日至2月24日。多国部队联合火力打击的重点逐步转向对伊拉克地面部队的围歼作战。目的在于寻歼伊拉克共和国卫队，削弱科威特战区及伊科边境地区的伊军地面部队的作战能力，为多国部队发起地面进攻和最终解放科威特创造条件。此阶段，多国部队固定翼飞机出动了3.5万多攻击架次，对科威特战区内以及伊科边境地区的伊军炮兵、装甲兵、步兵部队、指挥所、指挥和控制设施、后勤供应设施进行连续空中打击。

38天的"沙漠风暴"行动，美国及英国、法国、意大利、加拿大、沙特阿拉伯、科威特、巴林、卡塔尔和阿联酋10国空中兵力，共出动飞机9.4万架次，其中执行打击任务的共47 630架次，美海军共发射了288枚"战斧"式巡航导弹，空军发射了35枚空射巡航导弹，对伊拉克、科威特境内共1 222个各类军事目标进行持续空袭，投弹量达88 500多吨，精确制导弹药占8%。

伊军除了采取少数的反击和抗击行动外，基本上处于被动挨打处境，伊军指挥控制系统遭到严重破坏，战争潜力大为削弱，后方补给线被切断。据美军估计，伊军部署在科威特战区内的14个师战斗力削弱了60%以上，二线部队战斗力仅剩50%～75%，多国部队实现了预定战役目的。

3. "沙漠军刀"行动

2月24日凌晨，多国部队代号为"沙漠军刀"的地面进攻开始。多国部队在地面进攻作战中分为东、西、中三个突击集团。东路集团（美军陆战队和阿拉伯西、北联合部队）的任务是助攻，目标是夺取科威特城。西路集团（第18空降军）则实施穿插迂回，突进到纳西里耶地区，切断伊军退路。中路集团（美第7军为主）发动主攻，直接攻击巴士拉方向，围歼纵深的伊军共和国卫队。

在多国部队发起地面进攻时，美国两栖部队在海上实施佯攻，海军舰炮轰击沿海伊军阵地，将伊军主力牵制在科威特、沙特阿拉伯边境和沿海地区。与此同时，插到科威特西部的美第7军发起全面进攻，美第1机械步兵师、英第1装甲师突破伊军防线，在伊军雷场中排雷并开辟通道；美第1、2、3装甲师和第24机械步兵师实行深远迂回，穿插到入侵科威特的伊军后方；法军第6装甲师在美军第82空降师一个旅的配合下，攻击伊拉克萨勒曼机场，掩护第7军侧翼；美第101空中突击师在纵深地带建立前进基地，向幼发拉底河谷推进。

2月25日和26日，多国部队各路全面推进。美第24机械步兵师粉碎了伊军第26和35步兵师的微弱抵抗后，夺占3个重要目标，切断了伊军退路。北线联合部队在航空兵的直接支援下，粉碎了伊军装甲部队的反冲击，前进到距科威特城16千米处。东线联合部队在推进中接受了大批伊军士兵的投降。26日，美第24机械步兵师经过激战，击败了伊军第47和49步兵师以及共和国卫队一个步兵师，占领了杰利拜和泰利勒以南地区。当日晚，第18空降军攻占了所有规定目标，切断了幼发拉底河谷交通线，完成了对伊拉克南部和科威特境内伊军的包围。第3装甲师和第2装甲骑兵团在战斗中摧毁了大量伊军坦克和装甲运输车，美攻击直升机压制住伊军炮兵部队，粉碎了伊军抵抗。第1陆战远征部队向北夺取了科威特国际机场和穆特拉山口目标。第2陆战师切断了伊军向巴士拉的退路。27日，第7军在第18空降军的协同下，集中主要兵力攻击伊军的3个装甲师；第1骑兵师在北面进攻中阻止了伊军向北突围的企图，割裂了伊拉克共和国卫队的防御部署，歼灭、重创伊军9个装甲师（步兵师），形成了对共和国卫队的包围。

至此，伊军已基本丧失了作战能力，科威特战场上的伊军所有退路均被切断，萨达姆于27日宣布无条件接受安理会关于伊拉克的所有12个决议。美国总统乔治·赫伯特·沃克·布什同日宣布停火。海湾战争至此结束。战后美军、英军在伊拉克建立了两个禁飞区，持续了12年之久后，又于2003年发动了伊拉克战争。

海湾战争是冷战结束后第一次大规模战争。以美军为首的多国部队在战争中广泛使用大量先进的高技术武器装备，采用空地一体作战的战法，形成了对伊拉克军队的绝对优势。这是多国部队在极短的时间内、以极小的代价迅速取得胜利的主要原因。海湾战争表明，高技术战争将成为未来战争的主要形式。

（二）科索沃战争

进入20世纪90年代以后，在世界矛盾体系深刻变化中，发达国家与发展中国家之间的战略失衡加大，干涉与反干涉的矛盾更加突出。在这一背景下，以美国为首的西方国家在欧洲推行政治、经济、外交、军事和意识形态的全面扩张战略，与坚持独立自主、维护国家统一的巴尔干国家——南斯拉夫联盟共和国形成尖锐的战略冲突。随着南斯拉夫联盟内部科索沃独立问题的出现，西方国家大举介入，导致双方的矛盾全面激化，最终引发了科索沃战争。

1999年3月23日，北约秘书长索拉纳在布鲁塞尔北约总部下达对南斯拉夫联盟实施空中打击的命令。代号"联盟力量"行动历时78天，根据北约空中打击的进程，大致上可分为四个阶段。如表4-2所示。

表4-2 "联盟力量"行动的四个阶段

阶段	名称（时间）	内容
试探	速胜成泡影（3月24日至3月27日）	北约的作战目的是，夺取制空权，削弱整个南斯拉夫联盟军指挥控制系统。北约打击目标主要包括：南斯拉夫联盟军防空系统、空军基地、指挥控制中心和通信中心等。 该阶段，北约共出动各型作战飞机1 300余架次，发射空射巡航导弹和"战斧"式巡航导弹400余枚。北约认为基本夺取了战场制空权，但并未完全达到作战目的。南斯拉夫联盟军防空设施虽受到严重破坏，但指挥系统仍在运转。并进行了顽强的抗击，于空袭开始的第3天，成功击落一架F-117隐形战斗机
升级	打击南斯拉夫联盟军有生力量（3月28日至4月4日）	该阶段，北约火力打击的主要目的是使南斯拉夫联盟军事运作体制彻底瘫痪，瓦解其作战能力。打击目标重点是南斯拉夫联盟军防空系统和其他军事目标，特别是科索沃及其附近地区的南斯拉夫联盟军警部队。同时开始打击南斯拉夫联盟各类基础设施
恼怒	狂轰滥炸（4月5日至5月27日）	由于前一阶段的轰炸并没有使南斯拉夫联盟军屈服，北约恼羞成怒，决定扩大轰炸规模和强度，轰炸目标从169个扩大到976个。打击目标的范围不再仅仅局限于军事目标，而且扩大到民用目标，其中包括桥梁、公路、铁路、炼油厂、电力系统、电台、电视台、医院、集市、民居、国际列车、难民车队、总统府等。北约的作战目的是最大限度地削弱对方维持战争的能力，震撼南斯拉夫联盟军民的心理，动摇南斯拉夫领导层的战争意志和决心，迫使南斯拉夫联盟无条件接受北约提出的和谈条件。其间，5月8日，美军飞机悍然轰炸了中国驻南斯拉夫联盟大使馆，造成三名中国驻南斯拉夫记者死亡、多人受伤
期待	以打促谈（5月28至6月10日）	该阶段，北约企图继续保持强大的军事压力，确保在取得科索沃战后事宜主导权的同时，最大限度地削弱南斯拉夫联盟的作战实力和战争潜力。5月底，美国及北约加紧对米洛舍维奇的劝降。米洛舍维奇为避免国家遭受更大损失，稳定国内局势，不得不接受了条件。6月10日，南斯拉夫联盟军按照撤军协议开始大规模撤离科索沃。当晚，北约欧洲盟军最高司令克拉克下令暂时停止对南斯拉夫联盟的军事打击，进而结束了长达78天的"联盟力量"行动

整个"联盟力量"战役期间，北约共出动飞机38 004架次，其中10 484架次为攻击任务，共对南联盟境内421个11类目标进行了攻击。共消耗弹药28 018枚（不含海上发射的战斧巡航导弹），其中精确制导弹药占29%。2001年4月1日，米洛舍维奇在

家中被捕并被送交海牙国际法庭，于2006年3月11日死于狱中。2008年2月17日科索沃宣布独立。

（三）阿富汗战争

2001年9月11日，美国发生了举世震惊的9·11恐怖袭击事件，美国坚持认为是本·拉登领导的基地组织所为，进而迁怒于该组织主要栖身地阿富汗及现政权塔利班。经过紧张的准备，于2001年10月7日，美英等国发起了一场代号为"持久自由"的军事行动。其主要行动集中在2001年10月至2002年3月。包含三个阶段，如表4-3所示。

表4-3　"持久自由"行动的三个阶段

第一阶段 联合火力打击	2001年10月7至10月18日，美、英军等实施联合火力打击，主要目标是塔利班的防空设施、基地组织的部队、训练营地等。10月7日，美英军飞机和战舰对阿富汗发射导弹和实施空袭，首轮联合火力打击共袭击了阿富汗境内的31个目标，包括古玛巴克的军事营地、信丹德的机场及坎大哈的防空设施、马扎里沙里夫附近的2个塔利班师的指挥所等目标
第二阶段 攻城作战	10月19日至12月8日，美军以空中火力和特种部队支援北方联盟攻占阿富汗多个战略要地。从10月19日起，美英联军主要以空中火力直接突击敌方指挥所、装甲车辆、火炮阵地、堑壕和人员隐蔽的洞穴和坑道等，摧毁重火器，消耗有生力量，直接支援特种部队和北方联盟的地面攻势作战。在美军特种兵和空中火力的支援下，北方联盟兵力于10月21日，向阿富汗北部重镇马扎里沙里夫进军，杜斯塔姆将军的部队于11月9日晚攻占了马扎里沙里夫，打开了从乌兹别克斯坦对北方联盟进行物资保障的通道。11月12日，由前省长盖拉特·伊斯马伊尔·汗指挥的部队又攻占了另一座城市昆都士。11月12日傍晚，塔利班主动放弃了喀布尔，将指挥机构撤出了首都。北方联盟部队在11月13日先后占领了贾拉拉巴德和南部的一些省份。11月28日，北方联盟武装和南部的普什图武装包围了坎大哈，准备进行最后的总攻，美军"犀牛"前进基地的陆战队出动直升机进行掩护。12月1日，在强大的空袭掩护下，美、英军等进入距坎大哈10英里以内，最后塔利班分子投降。这一天，在德国波恩的四个阿富汗派别，就组成"后塔时代"政权达成协议。12月8日，哈米德·卡尔扎伊被确定为后塔政府的过渡领导人。12月9日，统治阿富汗五年之久的塔利班政权正式宣告结束，卡尔扎伊走入了坎大哈市。此时距10月7日美军"持久自由"行动开始正好63天

续表

第三阶段 清剿和抓捕行动	2001年12月10日至2002年3月，随着塔利班最后重镇坎大哈被美军攻陷，美军作战重心转为抓捕本·拉登及其高官。此阶段美军空中火力主要以"火力围歼"为主，并以召唤出动方式支援地面的特种作战。塔利班武装被迫撤离主要城市后，向阿富汗西部和北部山区及阿富汗与巴基斯坦边境的"部落区"转移，并凭借山区有利地形及群众基础，继续与美英联军周旋，坚持武装斗争。虽然联军进行过无数次清剿行动，但都没有取得实质战果。直到2011年5月1日，本·拉登在巴基斯坦境内被击毙

2002年12月22日，阿富汗成立临时政府，卡尔扎伊出任临时政府主席。2004年10月9日，当选为总统，任期5年。

（四）伊拉克战争

2003年3月20日，美、英等国以伊拉克隐藏有大规模杀伤性武器并暗中支持恐怖主义为借口，绕开联合国安理会，公然单方面决定对伊拉克实施大规模军事打击。这场战争在全世界引起了强烈的震动，产生了广泛而深远的影响。

伊拉克战争主要作战阶段从2003年3月20日起，到5月1日美国总统乔治·沃克·布什宣布主要战事结束，共持续了42天，主要有四个阶段。美军的行动代号为"伊拉克自由行动"。如表4-4所示。

表4-4 "伊拉克自由行动"的四个阶段

第一阶段 空地一体进攻	美英联军从3月20日（伊拉克时间）起向伊拉克发动代号为"斩首行动"和"震慑行动"的大规模空袭和地面攻势。小布什在战争打响后向全国发表电视讲话，宣布推翻萨达姆政权的战争开始，强调战争将"速战速决"。在这一阶段，美英联军先后向巴格达、巴士拉、纳杰夫、摩苏尔、基尔库克、乌姆盖斯尔等十余座城市和港口投掷了各类精确制导炸弹2 000多枚，其中战斧巡航导弹500枚。地面部队由第五军（以第3机械步兵师为主）和第一陆战远征部队（以第1陆战师为主），从伊拉克南部，沿幼发拉底河和底格里斯河向巴格达发起攻击，英军部队主要向南部重镇巴士拉进攻。与此同时，萨达姆也向全国发表讲话，号召伊拉克人民抗击美国侵略行为，击败美英联军。在美英军进攻路线上的伊拉克正规军和各种武装进行了顽强抗击

续表

第二阶段 远程奔袭作战	时间为3月23日至4月1日。由于供给线太长和伊拉克方面的抵抗，美英联军"速战速决"的目标未能实现，地面进攻曾一度受阻。伊军在伊拉克中部的卡尔巴拉、希拉、欣迪耶等地，依托城镇和交通要点等有利地形，与美英联军展开激战，企图阻止美军向北机动。为配合南部战场的地面攻势，3月26日，美军以驻意大利的第173空降旅为主，采取伞降与机降相结合的方式，在伊拉克北部开辟了第二战场，并与伊拉克北部库尔德武装相配合，牵制伊军北部3个军共7个作战师的兵力。西部以特种部队进行牵制和配合行动
第三阶段 攻占巴格达	时间为4月2日至4月9日，美英联军凭借空中优势和机械化部队，兵分几路发起强大攻势，先后攻陷伊拉克南部巴士拉等重要城市和战略要地，并对巴格达形成合围，从而使战事呈现一边倒的态势。4月8日，美军从北部和南部两个方向推进到巴格达市郊，并夺取了巴格达市区东南的拉希德军用机场。4月6日，美军第3机械步兵师部分坦克部队开进巴格达市区，占领了萨达姆城。面对美军的长驱直入，伊拉克领导人号召军队和人民对美英联军采取"同归于尽"式的袭击行动
第四阶段 占领伊拉克全境	时间为4月10日至5月1日。美英联军北部兵力于4月10日、11日分别攻占了北方重镇基尔库克和摩苏尔。位于南部战场的英军经过多日努力终于攻克了南部重镇巴士拉。伊拉克的其他主要城市在随后几天也被美军攻占，美军随即转入清剿和抓捕作战，先后有多名伊拉克军政高官落入美军手中。随后美英联军宣布"已控制了伊拉克全境"

从2003年5月1日后，伊拉克战争转入"战后之战"阶段。双方的斗争并未结束，2003年7月22日，萨达姆两个儿子在摩苏尔被美军第101空中突击师击毙；2003年12月13日，萨达姆本人也被美军第4机械步兵师抓获，经过漫长的"审判"，于3年后的2006年12月30日被执行绞刑；2004年6月30日，驻伊美军向伊拉克临时政府移交权力；2010年8月底，美军从伊拉克撤出了所有作战部队。

在主要作战阶段，美英联军共出动41 404架次飞机，共发射了29 199枚弹药，其中制导弹药为19 948枚，占总量的68%。发射巡航导弹955枚（其中战斧巡航导弹802枚，空射巡航导弹153枚）。在3月20日至4月30日，共有9 200名伊拉克武装人员和7 299名平民死于战火，而美英联军有139名美军和33名英军阵亡。

五、信息化战争形态的发展趋势

信息化战争是一种崭新的战争形态，目前正处于机械化战争向信息化战争的转型时期，并将继续向更加成熟的阶段发展。中外军事专家认为，信息化战争的成熟期要到21世纪中叶才能到来。现在要准确把握信息化战争的基本特征和发展趋势还比较困难，但从信息化战争已经显露出来的基本特征及可预期的信息技术和军事理论的发展状况来看，信息化战争未来的发展趋势将主要有以下几个方面。

（一）传统的战争内涵将得到极大的拓展

从战争目的来看，工业时代的机械化战争，战争双方主要是针对人力、土地、能源、矿产等对经济发展起主导作用的有形资源的争夺与反争夺。而未来信息化战争，战争的最终目的将发生变化，即战争目的将从以对人力、土地、能源等有形资源的争夺为主，向以争夺信息、知识等无形资源为主转变。

从战争主体来看，传统的机械化战争是国家或政治集团之间的较量，战争打击的目标主要是双方的军事力量和战争潜力，战争的主体是军队。而信息化战争时代，除了以军队为主体进行的传统意义上的战争之外，每一个人、每一台计算机都可能成为一个有效的作战单元。因此，信息化战争的主体既可能是军队，也可能是社会团体，还可能是个人、恐怖组织、犯罪集团和宗教极端分子等，即战争主体日益多元化。

从战争的层次界限来看，传统的机械化战争具有战略、战役、战斗的明显层次。而信息化战争具有层次趋同化的发展趋势，信息化战争的战略、战役、战斗层次与界限越来越趋于模糊。

从战争的暴力性来看，信息化战争中的暴力行动与非暴力行动的最终效果将趋于一致，信息化战争中敌我双方通过电磁攻击、网络攻击、心理攻击等手段，使敌方信息系统和公共基础设施瘫痪，动摇敌方军心和民心，不需要实施传统意义上的大规模交战，大量消灭敌军的有生力量或占领敌方的领土，就可以把自己的意志强加给对方。因此，传统机械化战争的暴力对抗，将被非暴力的"软"打击行动所替代，"流血的政治"将被不流血或少流血的政治所取代，但战争是政治的继续，其暴力的本质依然没有改变。

（二）软打击与硬摧毁的有机结合将成为作战的普遍法则

在未来信息化战争中，软打击与硬摧毁组合运用将成为信息化作战的鲜明特征。一方面，随着信息化战场的形成，电子领域、网络领域、心理领域的斗争更加激烈，交战双方主要运用信息和信息系统在电子空间和网络空间进行"软"攻防对抗，这种"不流血的战争"蕴含着巨大的破坏和毁伤能力。另一方面，信息化战争并不排斥传统的硬摧毁方式，传统的硬摧毁往往有信息化的软打击与之配合，使硬摧毁的效果更佳。软打击与硬摧毁的有效组合，既可以成为强者宰割弱者的利器，也可以成为弱者对抗强者的手段。

未来信息化战争中软打击与硬摧毁有机结合，主要体现在三个方面：一是电子杀伤与物理摧毁并举。世界上近些年来几场局部战争表明，暴风骤雨般的电子压制通常是战争开始的序幕，然后伴随着强大的火力打击和硬摧毁。在未来信息化战争中，软硬一体化的电子对抗必将成为争夺战场主动权的关键。二是网络攻击与火力攻击并重。在传统战争中，集中兵力与火力对敌实施硬摧毁是夺取胜利的基本方法。而在信息化战争中，火力打击作为一种硬摧毁方法仍然发挥重要作用，但网络攻击等新的软打击方法，将成为主要的制胜手段。三是心理战与歼灭战结合。信息化战争中，心理战上升到战略地位，已经超出单纯的军事斗争领域，拓展到政治、经济、外交、文化等各个方面。信息化战争中的心理战将贯穿战争的始终，可以极大地震撼敌方军民的心理，甚至摧毁和剥夺敌方的抵抗意志，从而极大地提高战争效益。

（三）网络中心战将成为信息化战争的新样式

网络中心战，是指利用信息网络系统，把地理上分散部署在陆、海、空、天广阔区域内的各种探测系统、指挥系统和武器系统集成为一体化的作战体系，使各级作战人员能够利用网络共享战场态势、交流作战信息、指挥与实施作战行动。网络中心战的核心是将力量从过去的以平台为中心根本性地转移到以网络为中心。平台中心战强调的是力量的集结，即通过大量集结作战平台形成相对于敌方更强大的战斗力，夺取最终胜利。网络中心战则强调以网络为基础的作战信息的获取及快速传输，使广泛分布而又紧密联系的传感器、指控中心和武器在各自的位置上作出迅速的反应，合理地决策和实时地采取行动。

未来的网络中心战主要在物理域、信息域、认知域三个领域发生。与传统的平台中心战相比，网络中心战的特点主要是：依托网络整合、兼容各种武器平台、装备器材和作战人员等诸要素；运用网络工作原理，呈指数式倍增地提高作战效能；极大地提高一体化联合作战指挥控制的能力；充分发挥一体化联合作战的各种潜能。简而言之，网络中心战是将分布在广大区域的部队集结成为一个系统行动，形成"分散的集中"。换句话说，部队可分散在陆、海、空、天战场，但是依托网络中心战的信息、指挥、作战系统，能够迅速集中武器从不同的方向对几百千米甚至上千千米之外的目标实施精确攻击。部队无须机动，无须靠近目标，就可以达到打击目的。网络中心战使平行作战成为可能，同时也使集中和节约兵力的原则得到充分体现。它不仅可以在战术层次上运用，而且可以在战役和战略层次上运用。尽管从全球范围来看，目前只有少数发达国家的军队将来有打网络中心战的能力，但是网络中心战作为未来信息化战争的一种崭新样式，无疑具有巨大的作战潜能和应用前景。

（四）智能化、无人化将成为未来信息化战争的新景观

由于信息化条件下军队组织及武器高度智能化，未来军队的指挥控制手段也将高度自动化和智能化。因此，信息化军队在战争中将真正实现侦察监视、情报收集、通信联络、指挥控制及打击的无缝链接，可以高度自动化地确保指挥员近实时地感知战场，制定决策，协调、控制部队和武器平台的作战与打击行动。因此，未来信息化战争将越来越智能化。

另外，由于大量的智能化武器系统和平台将装备军队并投入作战，而且由于无人化武器技术的发展，在未来信息化战争中，具有发射后不用管和自动寻的功能的智能化弹药将得到更加广泛的应用，无人驾驶的智能化坦克、飞机和舰船也将大规模化地投入战场。尤其是随着纳米技术的发展，大量微型或超微型机器人可能大量投放战场，代替人在战场上执行各种作战任务。正如托夫勒所言："机器人、卫星、导弹和高科技的'精巧战'一样，不论我们是否有所准备，都会在未来第三次浪潮文明的战争形式中拥有它自己的位置。"因此可以预见，未来信息化战争将向智能化、无人化方向发展，高度智能化的无人化武器系统代替人在信息化战争中厮杀，将成为未来信息化战争的崭新景观。

习 题

1. 信息化战争的特征是什么？
2. 简述信息化战争的发展趋势。

第五章　信息化装备

【教学目标】

1. 了解信息化装备的内涵、分类、发展及对现代作战的影响
2. 熟悉世界主要国家信息化装备的发展情况,激发学生学习高科技的积极性,为国防科研奠定人才基础

什么是信息化装备?

信息化装备,指信息技术含量高、信息起主导作用的作战武器和保障装备,主要包括军队的C4ISR系统、信息化作战平台、智能化弹药、智能机器人、数字化单兵系统等。

第一节　信息化装备概述

信息化装备,指信息技术含量高、信息起主导作用的作战武器和保障装备,主要包括军队的C4ISR系统、信息化作战平台、智能化弹药、智能机器人、数字化单兵系统等。信息化武器装备是以信息技术为核心的军事高科技技术,是信息化战争的基础,信息化武器装备体系对抗是未来信息化战争的重要特征。

发展信息化武器装备,既是军事变革的基本内容,也是实现我军信息化建设目标的关键所在。武器装备信息化,指利用信息技术和计算机技术,使预警探测、情报侦察、精确制导、火力打击、指挥控制、通信联络、战场管理等领域的信息采集、融合、处理、传输、显示联网,实现自动化和实时化。武器装备信息化,直接导致武器系统的智能化和作战系统的一体化。

一、信息化武器装备的分类

信息化武器装备可以分为以下三类。

第一类是综合电子信息系统(即C4ISR系统),其在功能上可分成信息获取、信息处理、信息传输和指挥控制4个分系统。

第二类是信息化杀伤武器,包括精确制导武器、信息战武器装备和新概念武器系统。

第三类是信息化作战平台。

二、信息化武器装备对现代战争的影响

以信息技术为核心的军事高新技术的迅猛发展和广泛应用,推动军事领域发生巨大、深刻的变革,特别是近些年来几场高技术局部战争向世人证明,工业时代的机械化战争即将被信息化战争所取代。为此,世界各国都把目光聚焦在军队的现代化转型上,利用强大的军事技术优势,着力发展信息化武器装备,建设信息化军队。随着军事高科技的发展和进一步应用,电子战武器、精确制导武器、隐身武

器、太空武器、动能武器、次声武器，以及C4ISR系统等信息化武器装备将运用到未来战场。这必将对未来战争产生深远的影响。

（一）信息化武器的广泛运用，拓展了新的作战领域

信息化武器装备的广泛运用，使作战空间更加广阔，为电磁域、网络域、太空域的激烈争夺开辟了新的战场，出现了信息战、网络战和太空战等新的作战样式。

（二）信息化武器装备的广泛运用，催生了新的作战观念

信息化武器装备的广泛运用，使远程精确打击成为现实。战争领域出现了许多新的作战形式，突出地表现为精确作战、非接触作战和非对称作战。

（三）信息化武器装备的广泛运用，产生了新的作战理论

信息化武器装备的广泛运用，使军事体系的对抗成为主要的作战形式。各军种的武器系统在网络化的基础上逐步走向融合，出现了一体化作战、联合作战和网络中心战等新的作战样式。

三、信息化武器装备的发展趋势

未来的战争是核威慑下的信息化战争，信息化、智能化、一体化将是未来武器装备发展的总趋势。

（一）大规模毁伤性武器仍具有威慑作用，但将出现多种新的威慑手段

核生化武器，特别是核武器，在今后相当长的时间内仍将具有战略威慑作用。而电子对抗装备、远程精确打击武器、计算机网络攻击手段和空间对抗装备将成为新的威慑手段，而且是具有威慑和实战双重功能的武器装备。

（二）信息装备继续向一体化方向发展，并成为武器装备建设的重点

信息装备是夺取战场信息优势的关键，也是提高武器装备整体作战效能的"倍增器"。信息装备已由各军兵种分散、独立发展走向互通、兼容，进入一体化发展阶段，更加重视体系配套和与武器系统的结合。集战场态势感知、有效运用力量和可靠服务网络三种主要功能于一体的综合电子信息系统，将成为武器装备建设的重点。

（三）作战武器将趋于隐身化、多功能化

未来战争中，陆、海、空战武器将面临各种探测手段、制导武器和电子干扰的严重威胁。为有效保存自己和打击敌人，发展隐身武器是必然趋势。隐身技术在作战飞机和战术导弹上的应用已初见成效，隐身舰艇、隐身战斗车辆和其他隐身武器将有大的发展。战场情况复杂多变，为适应不同的战场环境，机动灵活地打击随时

出现的不同目标，作战武器多功能化将是大势所趋。

（四）精确制导武器继续向高精度、抗干扰、智能化、远程化方向发展

新一代精确制导武器将广泛采用毫米波、红外成像、卫星导航定位等单一或复合制导技术，提高武器在复杂战场环境下准确识别、跟踪和命中目标的能力。智能化是精确制导武器的发展方向。随着对抗越来越激烈，敌方防御火力越来越强，为了避免己方人员伤亡和武器装备损失，进一步发展射程更远、精度更高、毁伤力更强、能从敌防区外发射的精确制导武器将是一个重要的趋势。

（五）无人武器装备进一步得到发展，并在未来战场上担当重任

使用无人武器装备，可以避免人员伤亡。特别是在有核生化武器威胁和其他对人员有特别危险的环境中，无人武器装备更是大有作为。无人侦察机已多次在局部战争中使用，证明是一种有效的战场侦察装备。更先进的高空无人侦察机可能部分取代有人侦察机和侦察卫星用于战略或战术侦察，正在发展的各种微型无人侦察机可由单兵随身携带，便于战场灵活使用。发展中的无人作战飞机可能部分取代有人攻击机和轰炸机。小型无人侦察车能全天候、全地形使用，自主完成侦察任务。无人潜航器可用于水下探雷、扫雷，支援潜艇和水面舰艇作战。军用机器人是具有一定人工智能的无人装备，将来有可能投入战场。

（六）新概念武器将用于未来战场

新概念武器在工作原理、结构、功能和杀伤破坏机理等方面有别于传统武器，具有传统武器所没有的或不完全有的作战能力，因而备受军事大国的重视。新概念武器种类繁多，其中动能武器、高能激光武器和高功率微波武器可望在21世纪初形成战斗力，成为防空、反导和反卫星的有效武器。有些非致命武器也有望取得突破性进展，将进入21世纪初的高技术战场，为未来的军事行动提供新的选择。

（七）军用卫星向微小型化和星座化方向发展，有可能出现以航天器作发射平台的天基武器

各类军用卫星将继续得到发展，为支援作战提供更及时、更准确的侦察、预警、通信、导航、气象等信息。微小型卫星将成为军用航天系统的发展重点，由于其体积小、重量轻，而功能较强，用一枚火箭可发射几颗至几十颗，只需几枚火箭就可以大量发射这样的卫星，组成覆盖全球的卫星星座。微小型卫星可以成批量生产、大量储备，随时提供使用，而且发射准备时间短，发射成本低，很适合快速反应的要求。以航天器作为发射平台的天基武器也将得到发展，它可携带动能武器、激光武器，用于反卫星、反导弹和对地面目标进行攻击。

习 题

1. 信息化装备的内涵是什么?
2. 信息化装备对现代化作战的影响有哪些?

第二节　信息化作战平台

信息化作战平台是指采用信息技术研制或改造的、装配有大量C4I设备并联网的各类武器系统，主要由"软""硬"两个部分组成。"软"组成部分是信息化武器装备的主要标志，即具有感知、获取并传递各种目标信息的器材和装置，如指挥、控制、通信和情报系统等。"硬"组成部分则是指传统意义上的机械化武器装备，即具有运载功能并能作为火器依托的载体部分，如坦克、步战车、舰艇、飞行器等。随着信息技术的发展和信息时代的到来，人们发现在武器平台上加装信息设备，可以成倍地提高平台的作战能力，并由此引发武器装备的信息革命。

时至今日，人们仍习惯把硬平台看作武器装备，而没有把软系统看作是武器装备的重要组成部分。信息化武器装备的出现，是信息技术、计算机技术、空间技术及新材料技术等高新技术，作用于传统武器平台的必然结果。信息化武器装备与传统机械化武器装备的最大区别就在于，前者是网络系统中的武器，后者是单个武器平台。

随着以信息化技术为核心的军事发展，各国纷纷加快信息化建设的脚步，形成以加速发展信息化武器装备为核心的竞争态势。进入21世纪以来，各种高新技术快速发展、交叉渗透和综合运用，使战争机器的整体结构和作战效能产生了质的飞跃。信息化作战平台的发展趋势更加多元化。

一、"一体化"建设趋势

以往，评价一支军队是否"现代化"，往往是以这支军队拥有多少飞机、坦克、火炮和军舰等武器装备来衡量。而如今，评价标准则是这支军队武器装备体系的整体能力，单件武器装备和单个战斗单元是否能够实现一体化，是否具有系统的通用性和联动性。20世纪90年代以来，美国国防部制定了一系列国防科学发展战略和科学技术计划，把武器装备"一体化"上升到战略层次，给予最优先的发展。据报道，美军已全部淘汰第一代装备，大面积采用第三代装备，第四代、第五代装备也在配备中，已基本实现主战武器装备"一体化"。俄罗斯将"一体化"武器装备，作为武装力量建设特别优先的任务，大力发展。英、法、德、意等国也以发展武器装备"一体化"为契机，全面提高北约成员国的信息作战能力。印度则准备走机械化与信息化相结合的"复合式"发展道路。

二、"集成化"提高作战效能

利用横向一体化技术，将分立的武器装备或系统连接成一个新的更高层次的系统，可以大大提高现有武器装备群的信息化能力，这种"集成化"已成为当代武器装备发展的新趋势。阿富汗战争中，美军采用LINK-16等数据链技术，将RQ-1"捕食者"无人机、RC-135V电子侦察机、U-2高空侦察机、E-8"联合星"飞机和RQ-4"全球鹰"无人机联系起来，实现了战场信息的互通与共享，从而提高了打击的灵活性和准确性。伊拉克战争中，美军参战飞机都加装了"快速情报接收系统"，飞机起飞后在空中可以实时接收目标情报并发起攻击，从而实现了真正意义上的"发现即摧毁"。

三、"嵌入式"信息化系统激活主战武器

传统主战武器主要是通过改进自身的机动速度、火力强度和装甲能力等机械性能来提高作战能力。而信息技术在武器装备制造和改进中得到应用后，使得传统主战武器的作战性能产生了质的飞跃，其作战能力不是简单的依赖于机械性能的提高，而是目标搜索与识别、反应速度、对目标精确定位和打击等方面能力的全面提高。在伊拉克战场，美军原有坦克、装甲战车、大口径火炮、作战飞机、直升机和舰船等主战武器装备，由于加装了数字化通信设备、雷达、敌我识别装置和全球定位系统等，使作战效能倍增。B-52、F-15、F/A-18等轰炸机和战斗机，由于安装了目标数据实时接收和修正系统，使实施远距离精确打击"游刃有余"。由波音-707客机改装而成的E-8C联合监视和目标攻击雷达系统，使战场探测面积倍增，能够在白天、夜间甚至能见度不良的情况下提供敌军移动目标的信息。

四、"信息化"带动"多元化"发展

近年来，西方一些军事大国在武器装备的研究和开发上，提出了"以理论为依据的需求体制"，从过去"有什么武器打什么仗"改变为"打什么仗发展什么武器"。

信息化弹药多种多样。从海湾战争到伊拉克战争的短短10余年内，以红外激

光、卫星定位等为代表的先进制导技术迅猛发展，促进了精确制导武器的异军突起，其战场使用率由8%迅速上升至90%以上。美军曾试验过一种具有信息制导功能、重达13 610千克的"炸弹之母"，其精确制导和爆炸力惊人。

电子战武器系统发展迅速。目前，多平台综合、多功能综合和多频段综合的电子战平台系统空前崛起。红外光电对抗、反辐射武器等电子对抗系统的更新和发展，使战场电子对抗与反对抗趋于白热化，其"软杀伤"能力已朝着宽频带、多目标、高能量、大功率和多平台方向发展。

电磁脉冲武器异军突起。电磁脉冲武器是一种能在短时间内产生极强电磁波的信息战武器，其所释放的能量远远超过自然雷电释放的电磁脉冲波，它对信息化武器装备系统和信息网络的破坏作用巨大。目前投入使用的电磁脉冲武器主要有通量压缩发生器、磁流体动力学发生器和高能量微波发生器等，作用半径可达上千千米，能量可达10 000兆瓦级。

新机理信息作战武器悄然兴起。正在研发中的新机理武器主要包括：计算机病毒武器、黑客进攻武器、人工智能和思维控制武器等。目前，网络探测和网络侦听系统、网络软杀伤攻击系统和网络硬杀伤武器正在研究开发中。

反卫星作战武器将登上舞台。所谓反卫星武器，是一种对外层空间敌方目标实施硬杀伤的信息武器装备，它的应用成为争夺"制太空权"、保证信息战争取得胜利的重要条件。反卫星作战武器主要包括：反卫星卫星、反卫星导弹、定向反卫星电子战武器、卫星干扰器、激光武器等。

太空攻击武器开始出现。组建航天部队，发展空间力量，运用太空攻击武器攻击军用卫星、太空武器系统、弹道导弹和地球表面的重要战略目标，是当今世界各军事强国重点建设和发展的领域。主要包括部分轨道轰炸机、天基武器系统等。

隐形武器装备性能更强。当前世界各国更加重视发展隐形技术，在结构隐形、材料隐形和辐射噪声隐形方面有了新的突破和发展。随着隐形技术、纳米技术、基因技术的发展与应用，未来战场的武器装备将真正实现"来无影，去无踪"。

五、智能化技术前景广阔

信息化武器装备发展的最终结果，必将建立起高度可控的新型智能系统，并将极大地提高武器装备的作战效能。随着计算机及其智能技术向武器装备中渗透，使得越来越多的武器装备具有了高度智能化的特征。

制导武器智能化。未来战场环境异常复杂，精确制导武器要在很短时间内完成对目标的发现和摧毁,并做到首发命中击毁目标,仅靠人工引导是难以实现的,必须使制导武器具有"智能化"。与精确制导武器相比,智能化制导武器是一种"会思考"的武器系统,可以"有意识"地自主搜索、发现、识别、攻击高价值目标,还能够区分真假目标及其型号,筛选、判断和有选择地攻击敌方目标的薄弱环节和易损部位,选择命中点,达到"命中即杀伤"。据有关统计分析,装有智能系统的制导武器,在战场条件不变的情况下,弹药的命中精度可提高3倍。据称,在伊拉克战争中,美英联军所用的炸弹90%都是所谓的"智能炸弹"。

无人作战系统智能化。现代战场,具有智能化和独立战斗能力的无人作战系统,可以替代人的进攻与防御。智能化无人作战系统从微型无人机到无人作战飞机、无人作战坦克、无人潜艇、无人作战"单兵"等,可谓种类齐全,备受世界诸国的青睐。据国外报道,美国列入研制计划的智能化军用机器人已超过100种,俄罗斯列入研制计划的智能化军用机器人也超过30种。

模拟系统智能化。模拟系统是在人工智能技术基础上形成的具有大量专门知识与经验的计算机程序系统。该系统利用电子计算机模拟人类的学习与推理、问题求解、环境适应和辅助决策等,可以对输入的原始知识信息进行推理并做出判断和决策,可用来对战场进行态势评估、武器分配、辅助决策等。智能模拟系统一经应用就展示了诱人的前景,例如在常规训练中,一枚地空导弹的实弹发射费用超过100万美元,而智能模拟训练发射"导弹"费用可以忽略不计。飞行员在战斗前,先在合成环境中演练,熟悉预定飞行线路及作战目标的特性,使空军只需出动原定飞行架次的50%就可以摧毁预定目标,大大提高了空袭效果。

六、从渐进式走向跨越式

纵观世界信息作战武器装备的发展历程,由于各国国情军情不同,其发展也各有不同,但大致有两种典型模式:渐进式和跨越式。主要是通过自主研制、外购和挖潜改造等途径,提升武器装备整体的信息化水平。

自主研制。以美国、俄罗斯为代表的军事技术先进、军事工业基础强大的国家,依托国家科技基础平台,坚持依靠科技全面推进军事力量的发展,把军用和民用技术力量集中起来重点攻关,实现信息技术和资源的交叉融合与重新组合,以确保其军事大国的地位。

以外购为主。这是一种渐进式发展模式,主要是从发达国家引进成套军事装备和技术,以满足本国的军事需求。这种军事装备发展模式的最大优势,是形成战斗力快,能在短时间内缩短与发达国家的差距,具有省钱、省力、省事、高效的特征,其最大缺陷是永远无法超越竞争对手。

研制与外购相结合。目前,世界上多数国家发展和更新武器装备大都采用该模式。尤其是适用于那些既有一定军事工业基础和一定经济实力,但军事技术特别是尖端技术不占优势的国家。

挖潜改造。对转型期内的传统武器装备,在国家统一规划下,依据军事需求,运用新知识、新技术和新工艺,改善武器装备的性能,实现信息技术和主战武器的融合与重组,以较少的经费投入和快捷的方法迅速提高武器装备的信息化水平。

"工欲善其事,必先利其器"。伴随百舸争流的军事革命大潮,大量武器装备新概念、新设计思想不断提出,大批信息化武器装备不断发展和成熟,必将对未来战争产生不可估量的作用和影响。

习 题

1. 简述信息化作战平台的发展趋势。
2. 选择一款你所了解的信息化武器装备,试着分析其特点。

第三节 综合电子信息系统

综合电子信息系统是指在高技术局部战争环境中，为诸军兵种联合作战提供信息作战能力与优势的系统。高技术局部战争的时代内涵是核威慑下的信息化战争。在这种战争中，信息化是制胜的关键，而综合电子信息系统又是信息化的关键。它不仅是武器，也是战斗力的倍增器。信息优势成为传统的陆地、海洋、空中、空间优势以外的新的争夺领域，是获取、保持、强化与聚合这些传统优势的前提和基础。

综合电子信息系统又称为C4I系统或指挥自动化系统。它是由多个信息系统综合集成的、为诸军种联合作战提供信息作战能力的一体化军事信息系统。它是对各军种所共用的信息系统进行综合设计、综合集成和综合运用，是信息系统与武器系统、军事保障系统的黏合剂，是形成整个武器装备体系的纽带。

一、指挥控制系统的发展趋势

在新军事思想和作战理论的指导下，美俄等军事强国的军事指挥控制系统的发展呈现出如下较为明显的趋势。

（一）加快系统一体化建设，实现三军联合作战

美军认为，未来的作战是在自动化系统的统一指挥控制下实施的系统对系统、体系对体系的全面对抗，因此只有军事指挥控制系统本身构成一个完备而严密的整体，才能快速、灵活、高效地组织协调各种作战力量，以形成整体作战优势。为此，美军进一步调整了军事指挥控制系统建设的组织领导体制，加强了统一规划、统一标准和统一管理，通过系统硬件和软件的标准化，逐步解决各系统之间的兼容性问题，使各级各类在地理上分散的指挥机构和业务部门，甚至相关的民用系统，能够紧密地连接在一起，从而大大提高作战指挥的及时性和有效性，最终实现各军兵种指挥控制系统之间的网络互联、信息互通和用户互操作，以及陆、海、空、天、电一体化的联合作战行动。

（二）采用多种先进技术，提高系统综合对抗能力

由于军事指挥控制系统在现代作战中发挥着中枢神经的作用，因此不可避免地成为各种软杀伤和硬摧毁的首选目标。信息化程度较高的美军对指挥控制系统的依赖程度更大。他们强烈地意识到，一旦某些关键的节点被干扰或破坏，整个系统受到的影响会更大，后果不堪设想。因此，美军在大力开发电子战装备、反辐射导弹等进攻性信息武器的同时，也想方设法地采取措施确保己方的军事指挥控制系统不受侵害。俄军认为在未来战争以及洲际核冲突中，军事指挥控制系统在战争初期就会遭受多次攻击，因此非常注重提高系统的生存能力，并主张通过隐蔽、分散、加固、机动、冗余备份和通信保密等手段提高系统的生存能力。预计今后美俄军队将更加重视研制开发雷达对抗、通信对抗、计算机网络对抗和情报密码对抗等电子对抗新技术，积极发展光纤通信、极高频卫星通信和自适应高频通信等抗干扰能力强、保密性能好、机动灵活的信息传输手段，并采取加固、隐身、机动、分散配置、滤波和屏蔽等防护措施，以提高军事指挥控制系统的抗毁抗扰能力。

（三）加强与作战系统交联，各层次系统协调发展

近些年来的局部战争已使人们充分地认识到，缺乏军事指挥控制系统的支援，拥有再先进的武器装备也将一事无成。为此，美俄将在大力推进战略级指挥控制系统的同时，更加积极发展战术指挥控制系统，并努力实现与作战武器系统的有效交联，以提高作战武器系统的作战效能和攻击精度。这种发展趋势表现为两个方面，一是战术指挥控制系统向作战单元和火力单元延伸；二是主战武器依托指挥控制系统向信息化平台扩展，最终实现指挥控制系统与作战武器系统的综合化和一体化。

（四）扩展系统作用空间，增强空间开发利用

空间是未来高技术战争的制高点，控制和利用空间已成为21世纪美军指挥控制系统发展的重点。在卫星通信方面，美军将继续部署和完善军事战略、战术和中继通信系统，用于指挥控制战略和战术部队，转发从卫星和其他信息来源的情报信息。在预警和侦察卫星方面，继续研制和部署新一代红外遥感系统、光学成像系统、雷达探测系统等，不断增加系统功能以及监视的范围和精度，提高战术预警和攻击评估能力。俄军认为，建立和保持太空优势是未来战争的一个发展趋势，空间、空中、地面已成为不可分割的一个整体，因此，必须加强太空的攻防能力。最近，俄军又提出研制"往返式航天系统"，可实施战略与战术空间侦察，也可实施太空战，以高精度武器装备打击敌方地面目标。此外，针对美国的战区导弹防御计划，俄罗斯正积极发展"非战略导弹防御综合系统"。可以预见，未来空间军事指

挥控制系统的发展速度将更加迅猛，数量和质量也将大幅度提高。

二、预警系统的发展趋势

未来战争对军事信息的时效性、准确性的要求将越来越高。要求预警侦察系统具备全空域监视、快速的反应能力和精细的目标分类和识别能力，不断提高对超低空目标、高空目标和隐身目标的探测能力，以及对运动目标、隐身目标、伪装目标、地下目标等的识别和分辨能力。

（一）发展机载与星载全空域多功能相控阵雷达预警侦察系统

相控阵雷达集探测、跟踪、武器控制等多种功能于一体，与升空平台（飞机、卫星）相结合，具有监视全空域能力。同时通过增大雷达波的频带宽度和采用合成孔径体制，可进一步提高距离分辨率和角度分辨率。

（二）智能化程度不断提高

高技术战争中，预警侦察系统所搜集的信息量将不断扩大，必须要通过信息融合、处理等技术的发展，改善预警系统的信息处理范围、速度、精度和情报的可信度。特别是人工网络理论的发展，将促进预警侦察系统向智能化发展。

（三）发展隐身目标预警系统

隐身武器的不断发展，对预警系统是一种严峻的挑战。在现有雷达技术的基础上，提高对隐身目标的探测能力主要有以下措施：增大雷达的有效辐射功率，提高雷达接收机的灵敏度；针对现有隐身技术，主要是对抗微波雷达的特点，采用频率较低、波长较长的宽频带雷达探测隐身目标；发展多基地雷达，即把雷达发射机与接收机分开，合理设置多个接收站，总有一个接收站能收到隐身目标反射的雷达波。

（四）增强系统的抗干扰和生存能力

在现代战争环境中，预警侦察系统面临着电子干扰威胁、反辐射导弹及精确制导武器等的攻击，必须提高系统的抗隐身、抗干扰、抗辐射和抗摧毁能力。例如，为了防止反卫星武器的破坏，美国KH12卫星就采取了防核效应加固手段和防激光武器保护手段，增加了防碰撞探测器，增强了机动变轨能力。为提高航空情报侦察系统的生存能力，空基侦察系统将向超高空或超低空、高速、隐身方向发展。

（五）发展一体化探测系统

一体化探测系统集雷达、激光、红外、毫米波等多种探测器于一体，集有源探测与无源探测于一体，可大大提高对多种目标的探测能力。

三、导航系统的发展趋势

在现代战争和国民经济发展中，导航技术正发挥着日益重要的作用。针对导航系统及其无线电信号频谱的争夺和控制正愈发激烈，导航战已经成为现代电子战中新的作战样式。

随着相关领域技术的不断发展，导航战正呈现出如下的趋势。

其一，抗干扰技术快速发展，使得卫星导航系统应对复杂条件和环境的能力不断增强，因此针对导航系统的压制和干扰必须选择效费比最优的技术手段。

其二，攻防并重，在有效遏制敌方导航服务的同时，也要有效地保障自身的导航信息保障，从而更加有效地提供战场时空信息支援。

其三，由于现代导航系统存在于自由空间，并没有明显的区域和边界，因此导航战技术应与信息作战支援战术紧密融合，有计划、有步骤地使用好不同类型的干扰和防护资源，才能保障在有效遏制敌方的同时保障我方的正常运转。

其四，进一步发展自主卫星导航系统，建设好、使用好和维护好我国的北斗卫星导航系统，实现关键系统、装备、部件和技术标准的自主可控才是赢得导航战主动权的关键。

在科索沃战争中，南斯拉夫方面利用了俄罗斯提供的GPS干扰机对美国发射的"战斧"式巡航导弹进行了有效的干扰，使其偏离了预定目标。伊拉克战争中，美军大量使用了GPS末端制导炸弹，包括"战斧"式巡航导弹、联合直接攻击弹药和EGBU-27GPS激光复合制导炸弹等，但是，轰炸中却频频出现巡航导弹误炸伊拉克邻国的事件。后据美方调查，原来是伊拉克军队购买了俄罗斯GPS干扰机，对巡航导航进行了干扰的结果。

由于美军很多武器装备都要依赖GPS，并且不断出现被干扰的事件。近年来，美国越来越多的军内外专家认为以GPS为基础的战场信息技术可能是建立在一种不牢靠的基础上，特别是GPS干扰机的问世将会对美军精确制导武器的"神经中枢"GPS系统产生巨大的冲击。为此，美空军成立了一支代号为"太空侵略者中队"的小组，专门寻找卫星通信和导航系统的弱点。并且，美军从一家俄罗斯公司购买GPS干扰机，通过研究和测试这些设备的性能，研究如何使GPS系统避免干扰或对干扰机进行打击的办法。目前，美军在GPS系统免受干扰的研究上已经取得初步成果。

习 题

1. 简述指挥控制系统的综合电子信息系统发展趋势。
2. 简述预警系统的综合电子信息系统发展趋势。
3. 简述导航系统的综合电子信息系统发展趋势。

第四节　信息化杀伤武器

一、新概念武器装备

新概念武器是指在工作原理、破坏机理和作战方式上与传统武器有显著不同，可大幅度提高作战效能和效费比，或形成新军事能力的高技术武器群体。新概念武器最显著的特征是创新性强，是创新思维和高新技术相结合的产物。

（一）定向能武器

1. 激光武器

激光武器的研制始于20世纪60年代末期。经过多年的发展，美国、俄罗斯、英国、德国、法国、以色列等国在激光武器研制方面均已取得很大的进步。激光干扰与致盲武器已经在部队中投入使用。当前，美国在高能激光武器的发展方面处于世界领先地位。

激光武器利用定向发射的激光束直接毁伤目标或使之失效。根据激光功率的大小和用途的不同，激光武器可分为激光干扰与致盲武器、战术激光武器、战区激光武器和战略激光武器。激光干扰与致盲武器是低能激光武器，属于光电对抗武器装备；后三者为高能激光武器，也就是通常意义上的激光武器。与火炮、导弹武器等相比，激光武器具有以下独特的性能：第一，反应迅速，以大约每秒30万千米的光速传输，打击战术目标基本不需要计算射击提前量，瞬发即中；第二，可在电子战环境中工作，激光传输不受外界电磁波的干扰，目标难以利用电磁干扰手段避开激光武器的射击；第三，转移火力快，激光束发射时无后坐力，可连续射击，能在很短时间内转移射击方向，是拦截多目标的理想武器；第四，作战效费比高，化学激光武器仅耗费燃料，每次发射费用为数千美元，远低于防空导弹的单发费用。

2. 微波武器

20世纪80年代以来，美国、俄罗斯、英国、法国、澳大利亚、瑞典等国家纷纷大力开展高功率微波武器的研制工作，并取得了显著进展。美国是最早研制高功率微波武器的国家之一，其技术发展也最为成熟，在许多方面都代表着世界先进水平。近年来，美国国防部的主要发展计划中都列入了与高功率微波武器密切相关的技术项目。

微波武器是高功率（峰值功率100兆瓦以上）微波武器的简称，又称射频武器，它是利用定向发射的高功率微波束毁坏敌方电子设备和杀伤敌方作战人员的一种定向能武器。这种武器的辐射频率一般在1~30吉赫，功率在1吉瓦以上，其特征是将高功率微波源产生的微波经高增益定向天线向空间发射出去，形成高功率、能量集中且具有方向性的微波射束，使之成为一种杀伤力强的破坏性武器。它通过毁坏敌方的电子元件、干扰敌方的电子设备来瓦解敌方武器的作战能力，破坏敌方的通信、指挥与控制系统，并能造成人员的伤亡。

高功率微波武器的主要作战对象为：雷达、战术导弹（特别是反辐射导弹）、预警飞机、卫星、通信设备、军用计算机、隐身飞机、车辆点火系统等。根据所需功率等级和作战目标的不同，其作战使命可分为干扰作用、"软杀伤"作用、"硬杀伤"作用和对人员的杀伤作用。

（二）动能武器

1. 动能拦截弹

动能拦截弹与常规导弹的关键性区别在于动能拦截弹在大气层高空或大气层外作战，无须引爆其战斗部，对目标的杀伤方式是以极高的相对速度与目标直接碰撞，这种高速直接碰撞将释放出极大的动能，足以摧毁任何类型的目标。美国是目前世界上最积极发展动能拦截弹技术的国家，主要用于导弹防御计划和动能反卫星计划。迄今为止，美国正在研制五种动能拦截弹，分别是地基拦截弹、陆基战区高空区域防御拦截弹、舰载"标准"-3拦截弹、陆基"爱国者先进能力"-3拦截弹，以及地基动能反卫星拦截弹。

2. 电炮

电炮是利用脉冲能源提供的电能或利用电能与化学能相结合，使弹丸或其他有效载荷达到的速度或动能大大超过传统发射方式，是一类新原理的发射技术。电炮总体上分为两大类：电磁炮和电热炮（化学炮）。

电磁炮是利用运动电荷或载流导体在磁场中切割磁力线，产生的电磁力来加速弹丸，是完全依赖电能和电磁力加速弹丸的一种超高速发射装置。电磁炮主要分为电磁线圈炮、电磁轨道炮两类。电磁线圈炮是利用感应耦合的固定线圈产生的磁场与弹丸线圈上的感应电流相互作用产生的电磁力，推动弹丸加速；电磁轨道炮是利用流经导电轨道和滑动电枢的强电流与其所产生的磁场作用的电磁力驱动弹丸。目前国外发展的电磁炮主要是轨道炮，其炮口初速可远高于其他类型的电磁发射器，理论上可达十几至几十千米/秒。

电热炮是利用放电方法产生的等离子体，在封闭的放电管或炮膛内做功来推动弹丸。按照等离子体形成方法的差异，电热炮又分为直热式电热炮和间热式电热炮两种。

（三）非致命性武器

非致命性武器是指为达到使人员或装备失能，并使附带破坏最小化而专门设计的武器系统。由于它不以杀伤人员和毁坏装备、设施为目的，而是针对人员、装备、基础设施的薄弱环节，使其失去作战能力或不能正常发挥作用，从而达到作战目的，因此又称作失能武器或非杀伤性武器。

目前国外发展的非致命性武器，按照用途基本上可分为反装备与基础设施非致命性武器、反人员非致命性武器两大类。

反装备与基础设施非致命性武器主要是通过破坏材料结构或外部条件，使其无法正常发挥作用，通常以阻止装备快速实施机动为主要目的。主要包括超级润滑剂、材料脆化剂、超级腐蚀剂、超级粘胶剂，以及动力系统熄火弹等。

反人员非致命性武器可使敌方战斗减员，给敌方造成沉重的伤员负担。目前国外正在研究的反人员非致命性武器主要开发几种专门的非致命性反人员武器。其中包括用于控制骚乱的使人员失能的能力、阻止人员进入某一区域的能力。主要有激光武器、次声武器、化学失能剂、刺激剂和黏性泡沫等类型。

（四）军用机器人与人工智能车辆

1. 军用机器人

将机器人技术用于军事目的，最早是20世纪60年代在越南战场上，当时美国使用夜视机器人站岗以防越军在夜晚的偷袭。自此之后，军用机器人技术获得了重大进展，一些国家已研制并试验能完成战场上某些危险的、笨重的战斗保障任务的多种机器人，如侦察机器人、警戒机器人、布雷与扫雷机器人、弹药装填机器人、消除核生化武器污染的"三防"机器人等。但由于技术上还不成熟，这些机器人大都未能真正装备部队并投入使用。不过，理论和试验已证明，军用机器人有超人的效能，以战斗机器人为代表的军用机器人在未来的高技术战争舞台上必将发挥不可忽视的作用。

2. 军用人工智能车辆

从原理上讲，军用人工智能车辆也就是军用机器人，只是其行走机械不是关节式的，而是车轮式的，因而其运动速度比军用机器人要快得多。

美国最有代表性的当数"徘徊者"轮式无人车辆。它有三个系列：用于侦察的遥控式50系列；用于巡逻和警戒的自主式60系列；用于反装甲和防空的自主式70系列。这些无人车辆均具有人—机系统的功能。例如，自主式70系列无人车辆可以利用车载传感器、计算机及预编程序，自动截获、跟踪和攻击目标。其携带的武器有无后坐力炮、"陶"式或"海尔法"反坦克导弹、"针刺"防空导弹等，因而可用于对付敌方的坦克、装甲车辆、直升机与飞机。

二、精确制导武器

在近些年来的几场局部战争中，精确制导武器显示了超常的作战效能，对战争的进程和胜败发挥了重要作用。

（一）精确制导技术基本概念

精确制导技术是以高性能光电探测器为基础，采用目标识别、成像跟踪、相关跟踪等新方法，控制和导引武器精确地命中目标的技术，包括红外制导、激光制导、电视制导、微波制导和毫米波制导等技术。

精确制导技术必须满足使制导武器的直接命中概率超过50%。所谓直接命中，是指制导武器的圆概率误差（CEP）小于武器弹头的杀伤半径，或脱靶量在引信作用半径之内。一般对于导弹、制导炮弹、制导炸弹的直接命中是指圆概率误差（CEP）小于该武器弹头的杀伤半径。而对于制导鱼雷而言，直接命中是指脱靶量（鱼雷与目标的最小距离）在引信作用半径之内。

（二）主要的精确制导武器

1. 导弹

导弹是依靠自身动力装置推进，由制导系统导引，控制其飞行路线并导向目标的武器。通常由弹体、战斗部、动力装置和制导系统四部分组成。导弹作为制导武器家族的主要成员，从20世纪40年代发展到今天，种类繁多，性能各异，并且在不断发展，新型导弹层出不穷。按飞行轨迹，分为弹道式导弹和飞航式导弹；按作战任务，分为战略导弹和战役战术导弹；按射程，分为洲际导弹、远程导弹、中程导弹和近程导弹；按发射平台和目标位置，可分为舰载导弹、潜载导弹、机载导弹和陆基导弹；按攻击的目标，分为反坦克导弹、反舰导弹、反潜导弹、反卫星导弹、反辐射导弹和反导弹导弹等。

2. 制导炮弹

（1）末制导炮弹。末制导炮弹是由火炮发射的一种制导弹药。它既保持了火炮弹丸特色，又具有比一般反坦克导弹射距远、射速高等优点，同时又比一般无控炮弹精度好，首发命中率高，可对付静止或运动中的点目标。末制导炮弹射程4～24千米，使炮兵具有纵深打击装甲目标的能力。代表性的末制导炮弹有俄罗斯的"红土地"和美国的"铜斑蛇"。

（2）弹道修正弹。普通炮弹一旦发射后，其弹道由发射诸元决定，弹道不能再改变，这段时间内如目标飞行轨迹发生变化，就很难命中目标。导弹是发射后全程进行控制的，结构复杂，价格昂贵，无法大量装备。弹道修正弹是在弹丸发射以后，地面火控系统仍然可以根据目标飞行轨迹的变化向飞行中的弹丸发出指令信号。弹丸上有信号接收装置，并采用相应的措施（如改变尾翼角度、点燃弹上小型发动机等）来改变飞行弹道，使之在新的轨迹上命中目标。因此，弹道修正弹是一种介于普通炮弹与导弹之间的弹丸。

（3）末敏弹。末敏弹是用火炮发射的一种"打了后不用管"的炮弹。末敏弹与制导炮弹的相同点都是用火炮发射，都可以打击远距离目标。不同点是末敏弹没有制导系统，对点目标尤其是运动目标命中概率比末制导炮弹低。但末敏弹实现了"打了后不用管"，无需用目标指示器同步照射目标，使用起来更为方便灵活。美国陆军配备在155毫米榴弹炮上和MLRS多管火箭炮上的"萨达姆"末敏子弹，在伊拉克战争中发挥了重要作用。

3. 制导炸弹

制导炸弹是机载智能型航空弹药。它是在自由降落式普通炸弹的基础上，通过增加制导构件组成的。制导构件包括自导弹头、全动式可控尾翼。它的主要特点是结构简单、使用方便、射程远、命中精度高、造价低、效费比高，是世界各国机载高精武器中数量最多的一种空地武器。相对普通炸弹而言，制导炸弹具有非常高的命中精度，杀伤效率得到了极大的提升。统计数据表明，现代制导系统能够使制导航空炸弹的圆概率误差最小在2米以内，普通炸弹的数据则为30～80米。

4. 鱼雷

现代鱼雷是一种能自动推进，自动寻找目标和导向目标，并能在目标附近引爆或碰撞时自动引爆以毁伤目标的水中兵器，通常由动力系统、制导系统、控制系统、引爆系统、电路系统和气动液压系统组成。按照不同的属性，鱼雷有不同的分类方式。按口径不同可分为：超小型、小型、中型、大型、超大型五类鱼雷。按制导方式不同可分为：声自导鱼雷、尾流自导鱼雷、线导鱼雷和组合制导鱼雷。按攻击对象不同可分为：反潜鱼雷、反舰鱼雷和通用型鱼雷。按发射平台不同可分为：艇用鱼雷、舰用鱼雷、空投鱼雷和火箭助飞鱼雷。

（三）精确制导技术对作战的影响

1. 精确制导技术大大地提高了作战效能

在越南战争中，美国为了轰炸河内附近的一座大桥，曾出动600多架次飞机，投掷数千吨炸弹，损失飞机18架，仍未能炸毁该桥。改用利用精确制导技术研制的激光制导炸弹，仅出动飞机12架次，就将大桥炸毁，飞机无一损伤。从近些年来几场局部战争中也可以看出，精确制导技术应用于武器装备大大提高了作战效能，对信息化条件下的局部战争和作战将产生深远的影响。

2. 精确制导技术使作战样式发生深刻变化

精确制导技术广泛应用于武器装备，给战争带来许多新的变化。主要表现在使超视距、多模式、多目标精确打击成为可能；可以同时精确地打击整个战场纵深，减少前沿的短兵相接，使前后方界线模糊，战场呈流动状态、非线性或无战线化，实现"外科手术"式打击；使对点目标攻击的附带操作和破坏可以降至尽可能小的程度，提高了全天候、全天时的作战能力。

3. 精确制导技术成为改变军事力量对比的杠杆

近期几场局部战争表明，精确制导技术正在改变坦克、飞机、大炮、军舰等大型武器装备的传统军事价值，使精确制导武器成为现代战争基本的火力打击力量，正在成为改变战争双方军事力量对比的杠杆。

（四）精确制导技术的发展趋势

1. 提高制导武器的命中精度

为达到首发命中，甚至命中目标的薄弱部位，各种精确制导武器都需要继续提高和完善制导技术。命中精度的提高很大程度上取决于制导系统的目标探测器对目标的分辨率，而分辨率与探测器的工作波长、天线或光学透镜的孔径有关，波长越短、天线或透镜孔径越大，则分辨率越高。可见光波段的电视制导、光学瞄准的有线制导精度最高，成像能力最佳，红外制导、激光制导及毫米波制导也都具有比微波制导更高的制导精度。但是微波制导有其他制导方式所不具备的突出优点，所以微波制导不会因此被淘汰，为提高微波雷达寻的制导的精度，近年来开始研制合成孔径雷达制导。合成孔径雷达制导不仅有一般微波雷达所具有的全天候能力、作用距离远等优点，而且有很高的分辨率，甚至可以达到目标成像。

2. 提高制导武器的抗干扰能力

实战中精确制导武器所处的电磁环境复杂，特别是敌方总会千方百计地破坏精确制导武器的正常工作条件，这就要求制导系统在现代电子对抗条件下有很强的抗干扰能力。首先要求制导武器攻击的隐蔽性好，难以被敌方侦察发现。被动寻的制导系统由于本身不辐射电磁波，较难被敌方发现。因此各类被动寻的制导系统，如电视、红外、微波被动寻的将广泛应用。

新出现的一种被动寻的制导——毫米波辐射器，因其小巧精确，也越来越多地被采用。主动式的自动寻的系统虽然也可以通过一些措施来提高攻击的隐蔽性，但它必须向目标辐射电磁波，因而比较容易被敌方侦察到并采取相应的干扰措施，所以主动式的自动寻的系统抗干扰的能力格外重要。微波波段是电子对抗最激烈的频段，这个频段的电子技术比较成熟，干扰手段最多。工作于这个频段的制导系统一般都必须采用多种抗干扰措施，这就使有效的微波雷达制导系统成本越来越高，这又限制了微波雷达制导的应用与发展。新出现的毫米波雷达制导系统虽然元器件发展尚不成熟，成本较高，但是毫米波段难以产生大功率、宽频带的干扰信号，对毫米波制导的精确制导武器难以进行远距离干扰，所以毫米波段的主动寻的制导是各国目前重点发展的技术。

3. 提高制导武器的全天候作战能力

在战役、战术行动中，作战双方往往都会利用不良的气候环境发起攻击，以达到攻击的突然性和隐蔽性。精确制导武器是否具备全天候能力就决定了在这些行动中能否使用的问题。为争取主动，各国竞相发展使武器具备全天候作战能力的制导技术。微波波段的制导系统受天候影响小，所以除微波雷达制导外，合成孔径雷达制导、卫星定位制导都在加紧研究。毫米波寻的制导系统受云、雾、烟尘的影响小，只在大雨时因衰减大才难以工作。因此算是一种"有限全天候能力"的制导方式。

4. 实现制导武器的人工智能化

未来战争的战场环境越来越复杂，精确制导武器要在极短的时间内将目标摧毁，仅仅依靠人工引导已不可能，必须发展使制导武器具有某种人工智能的制导技术。未来战争要求制导武器在陆上能区分出坦克、卡车、火炮等不同目标，在空中能区分不同类型的飞机，在海上能区分不同类型的舰船，并要判断和首先攻击对己方威胁最大的目标。目前有一种称为"图像理解"的人工智能技术，导弹上的计算机将探测器获得的图像与存储于数据库中已知武器系统的图像加以比较，就能知道探测到的是何种目标，不仅可以分清敌我，而且可以有选择地攻击目标。如美国已经在论证的"黄蜂"机载反坦克导弹，能在距目标很远的飞机上发射，到目标上空能自动俯视战场，搜索、发现、识别敌方坦克，然后各子弹头分散攻击不同的目标，并攻击其要害部位和薄弱环节。

三、核生化武器装备

核生化武器（NBC武器），即核武器、生物武器和化学武器。

（一）核武器

核武器的问世时间比较晚，尽管在公元前4世纪时，希腊的哲学家德谟克利特就提出所谓的"原子论"，但是真正有科学论据的发展则是进入19世纪以后的事了。物理科学家们先后提出更严谨的原子学说，证明原子分裂和质能转换，特别是爱因斯坦提出的相对论，为核子武器的催生奠定了基础。

美国在第二次世界大战期间秘密研究原子弹，在1942年2月就已取得重大成就，随即投入大量人力、物力将研究成果实用化，并于1945年7月16日成功试爆世界上首枚原子弹。同年8月6日和9日，美国分别在日本长崎和广岛各投下一枚原子弹，惊人的破坏力迫使日本宣布无条件投降，同时也将人类的历史带入了核武器时代。鉴于核武器的惊人威力，主要强国均视之为攸关存亡的战略性武器而竞相发展，于是在很短时间内陆续发展出氢弹、中子弹等核武器。

核武器是指利用铀235或钚239等重原子核自持式链式裂变反应或聚变反应瞬间释放出的巨大能量产生爆炸，造成大规模杀伤或破坏效果的武器。1千克铀全部裂变释放的能量，相当于2万吨TNT当量。核爆炸的杀伤破坏效应包括冲击波、光辐射、早期核辐射、放射性沾染和电磁脉冲。除原子弹、氢弹外，中子弹、核定向能武器（核激励X射线激光器、核电磁脉冲弹）、冲击波弹、感生放射性弹均包括在核武器之内。

（二）生物武器

生物武器是一种利用生物战剂（病毒、细菌、真菌等）使人、畜致病和使植物受害的杀伤破坏性武器，也称细菌武器。例如已知的埃博拉病毒、汉他病毒等，利用这些战剂的高传染性与扩张性实施攻击。使用生物战剂后，目标区内的动植物与物品都会造成污染，虽然杀伤效果惊人，但由于这些战剂的高传染性与扩张性会产生难以估计的后遗症，事后的污染清除非常耗费成本。因此，迄今尚未大规模使用生物战剂。

（三）化学武器

核生化武器中，化学武器最早被运用。化学武器又称为化学战剂，是利用化学物质对敌人进行战斗的武器。

但是人类真正发动有计划、有规模的化学战则是在第一次世界大战期间，毒气在1914年就开始运用于战场，随即造成严重的伤亡。由于杀伤效果惊人，交战双方都大量使用化学战剂。第一次世界大战结束以后，就很少看到毒性化学战剂再度大规模使用，但是一些区域性战争仍可看到动用化学战剂的例子，例如苏联用来对付阿富汗游击队、伊拉克用来攻击伊朗军队和库尔德游击队、安哥拉用来对付反抗军等。至于像纵火剂和烟幕剂之类的化学战剂则在第二次世界大战期间被广泛使用。美国在越战期间也使用刺激性战剂和落叶剂等化学战剂。

化学武器是以毒剂杀伤、疲惫敌有生力量，迟滞敌军事行动的各种武器、器材的总称。

化学战剂可概分为杀伤性、纵火性和烟幕性三类。杀伤化学战剂是其中最可怕的武器，国际间闻化武色变，指的就是这种武器。这种武器是利用毒性杀害人类生理机构，由于作用时是散布在空气中呈汽化状态，因此又称为毒气，事实上它们平时多为液体或固体。

1. 杀伤性化学战剂

这类化学战剂的种类繁多，根据所造成的生理反应可分为7类。

（1）窒息性化学战剂。这是最早用于战场的杀伤性化学战剂，其作用是伤害人员的呼吸器官，让人因窒息而致命。主要的窒息性化学战剂计有氯气、光气、双光气、二氯甲醚等，其中，光气是窒息性化学战剂中致命性最高的一种，在第一次世界大战期间被大量使用，其间造成的伤亡人数超过其他化学战剂。

（2）催泪性化学战剂。催泪战剂都是卤素有机物，由于刺激作用强烈，会使人大量流泪丧失作战能力，这种战剂虽不会致命，却可迫使敌人佩戴防毒面具妨碍战斗。主要的催泪性化学战剂计有溴丙酮、溴甲苯、氯丙酮、溴丁酮、碘乙酸乙酯、硝氯仿、苯氯乙酮、磷氯亚苯丙二腈等，其中的苯氯乙酮目前常用于部队训练和城市镇暴。

（3）血液性化学战剂。这种化学战剂又称为中毒性毒气，它的作用是限制血液吸收氧气，达到缺氧致死的效果。血液性化学战剂主要有一氧化碳、氰化氢、氯化氰、溴化氰等，但这些难以使用和传播，在战场汽化后会迅速飘升散掉，无法形成战斗效果。

（4）糜烂性化学战剂。这是一种有糜烂性或起泡性的战剂，这是第一次世界大战时期为抵销防毒面具的效果而发展出来的毒气，可伤害人体外部达到杀伤效果。主要的糜烂性化学战剂有芥气、氮芥气、路以士气、光气砷、二氯化乙砷、二氯化苯砷等，其中的芥气是第一次世界大战期间使用最多的毒气，造成的伤亡人数超过其他战剂的总和，但芥气虽造成人员伤害，丧失战力，却很少致命或永久伤残。值得注意的是，伊拉克在两伊战争期间曾使用多种氮芥气，造成伊朗部队重大伤亡。

（5）呕吐性化学战剂。呕吐性化学战剂是在第一次世界大战期间发明出来的，这是用来对付活性炭防毒面具的固体微粒式战剂，其微粒能随着呼吸气流穿过活性炭的细缝，进入防毒面具后刺激人员的呼吸器官，严重时造成呕吐并丧失作战能力。呕吐性化学战剂通常与其他战剂配合使用，迫使人员取下防毒面具而被其他战剂侵入伤害。主要的呕吐性化学战剂有二苯氯砷、二苯氰砷、亚当氏气等，除作战外还作为部队训练和镇暴使用。

（6）神经性化学战剂。神经性化学战剂是德国在第二次世界大战末期研发出来的武器，由于德军的情报发现英、美两国也发展出同类战剂，所以因惧怕被报复而不敢使用。这种战剂又被称为神经毒气，由于毒性极强、易于制造和传播，再加上无色、无味、无刺激性，难以察觉，是威力最强的化学武器，先进国家惧怕的化学武器主要就是指神经性化学战剂，所以也称为"穷国的核武器"。

神经毒气利用破坏人类自律神经系统的功能来达到杀伤目的，呼吸受感染者会在数分钟内死亡，皮肤受感染者则会在1~2小时内死亡。神经毒气的毒性极强，为光气的30倍、氢氰酸的26倍、氯化氰的100倍，由于能简单利用多种弹药和投射系统传播，加上很容易在空气中达到致命浓度，因此国际间都视之为大规模毁灭性武器的一种。主要的神经性化学战剂有沙林、泰奔、梭门和VX系列三类，其中沙林毒气的代号是GB，是毒性最强的一种，目前是美军的制式化学战剂；泰奔的代号为GA，毒性低于GB，但较适于温带使用，是俄军的制式化学战剂；梭门的代号为GD，毒性接近GB，但制造较不易；VX的毒性接近GB，但持久性和穿透皮肤能力较佳，战斗效果最好，目前是美军的制式战剂。

（7）瘫痪性化学战剂。这是最新研发出来的化学战剂，能暂时使作战人员的精神与生理状态瘫痪而丧失战斗能力，由于不会致命，被视为较芥气更人道的化学战剂。瘫痪性化学战剂都是无色无味，被感染者很难察觉。这种战剂根据生理作用可分为两类，一种用于使人员精神或心智瘫痪，有LSD 25、马斯加林、西罗西宾、百夫提那等；一种用于使人员精神与生理机构瘫痪，以BZ毒气最具代表性。这些战剂之中以BZ毒气的效应最强，是美军的制式战剂。

2. 纵火性化学战剂

纵火工具虽然在数千年即用于战争，但有计划的使用纵火武器则始于第一次世界大战期间，主要的纵火武器包括个人使用和装备在车辆上的喷火器，以及各类型的纵火炸弹等。美国在第二次世界大战期间以大量纵火弹攻击德国和日本城市，造成极大的破坏。纵火武器是因为装有纵火战剂而发挥作用，这些化学战剂能够快速引火燃烧，并且燃烧温度高、燃烧完全、扑灭困难，根据化学特性，纵火战剂主要有下列3类。

（1）金属纵火战剂。这是极易引燃并产生上述燃烧特性的金属物质，主要有镁、钠、铝热剂和黄磷等，其中黄磷因为性质和用途与金属相似，因而列入金属纵火战剂。在上述战剂中，黄磷算是最常见的纵火剂，主要用于各类火炮的纵火弹药；镁常用于航空炸弹，第二次世界大战期间有相当部分的航空炸弹是使用镁制作而成；铝热剂则是制造纵火手榴弹的常用战剂。

（2）金属油料纵火战剂。这是在第二次世界大战期间问世的纵火战剂，鉴于当时金属纵火材料来源不足且价格高昂，而油料纵火战剂的燃烧持久性、附着性较差，遂促成金属油料纵火战剂的发明。金属油料纵火战剂的种类较少，美国的PT-1算是最出名的，由镁粉、柏油、橡胶胶化汽油所组成，并制成多种航空炸弹。

（3）油料纵火战剂。这是以添加剂增加油料浓稠度、附着性所制成的油料纵火战剂，最初是以汽油、煤油、润滑油、柏油等为材料，后来发展出橡胶燃料、钠旁、聚苯乙烯等材料制成新的纵火战剂。油料纵火战剂常用于喷火器，尤其是以钠旁与汽油混合制成的胶状油，在第二次世界大战期间受到广泛使用，但目前已被聚苯乙烯所取代。

3. 烟幕性化学战剂

烟幕武器是一种欺敌而非杀敌的武器，烟幕是由悬浮在空气中的固体或气体微粒组成，烟幕战剂就是能形成烟幕的化学物质。烟幕战剂必须具备能悬浮在空中、内聚力较强等特性，以利掩盖我方人员或设施，达到欺敌的效果。烟幕化学战剂的种类颇多，并且发烟方式和发烟装备各有不同，其中较具代表性的包括黄磷与塑造黄磷、四氯化钛、三氧化硫、六氯乙烷混合剂、烟幕油等，其中的黄磷常用来装填弹药，制成黄磷烟幕弹或黄磷纵火弹。

4. 遭受化学毒剂危害时的急救原则

（1）移除有毒物质，防止进一步吸收扩大伤害。

（2）根据症状进行治疗。

（3）使用拮抗剂。

（4）加速排除有毒物质。

习 题

1. 简述新概念武器装备的发展趋势。
2. 简述精确制导武器装备的发展趋势。
3. 简述核生化武器装备的发展趋势。

下篇　军事技能

第六章　共同条令教育与训练

【教学目标】

1. 了解中国人民解放军三大条令的主要内容
2. 掌握队列动作的基本要领，养成良好的军事素养
3. 增强组织纪律观念，培养学生令行禁止、团结奋斗、顽强拼搏的过硬作风

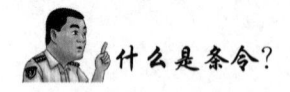

什么是条令？

条令是以简明条文规定，并通过命令颁布的关于军队战斗、训练、生活、勤务活动的行动准则。

第一节　共同条令教育

条令是以简明条文规定，并通过命令颁布的关于军队战斗、训练、生活、勤务活动的行动准则。主要依据军队战斗、训练和管理的经验，武器装备和组织编制的状况，军事研究的成果等制定的。

中国人民解放军的共同条令主要包括《中国人民解放军内务条令》《中国人民解放军纪律条令》和《中国人民解放军队列条令》，主要规定军人的基本职责、权利、相互关系、生活制度、活动方式、队列行动、执勤办法、奖惩和纪律等，适用于全军。

2018年4月，中央军委主席习近平签署命令，发布新修订的《中国人民解放军内务条令（试行）》《中国人民解放军纪律条令（试行）》《中国人民解放军队列条令（试行）》（统称共同条令），自2018年5月1日起施行。

新修订的《中国人民解放军内务条令（试行）》，由原来的21章420条，调整为15章325条，明确了内务建设的指导思想和原则，坚持政治建军、改革强军、科技兴军、依法治军，聚焦备战打仗，着眼新体制新要求，调整规范军队单位称谓和军人职责，充实日常战备、实战化军事训练管理内容要求；着眼从严管理科学管理，修改移动电话和互联网使用管理、公车使用、军容风纪、军旗使用管理、人员管理等方面的规定，新增军人网络购物、新媒体使用等行为规范；着眼保障官兵权益，调整休假安排、人员外出比例和留营住宿等规定，新增训练伤防护、军人疗养、心理咨询等方面的要求。

新修订的《中国人民解放军纪律条令（试行）》，由原来的7章179条，调整为10章262条，围绕听党指挥、备战打仗和全面从严治军，提出了政治纪律、组织纪律、作战纪律、训练纪律、工作纪律、保密纪律、廉洁纪律、财经纪律、群众纪律、生活纪律10个方面纪律的内容要求；充实思想政治建设、实战化训练、执行重大任务、科技创新等奖励条件；新增表彰管理规范，对表彰项目、审批权限、时机等作出规范，同时取消表彰与奖励挂钩的相应条款；充实违反政治纪律、违规选人用人、降低战备质量标准、训风演风考风不正、重大决策失误、监督执纪不力等处分条件；调整奖惩项目设置、奖惩权限和承办部门，增加奖惩特殊情形的处理原则和规定。

新修订的《中国人民解放军队列条令（试行）》，由原来的11章71条，调整为10章89条，着眼进一步激励官兵士气、展示我军良好形象、激发爱国爱军热情，新增誓师、组建、凯旋、迎接烈士等14种仪式，规范完善各类仪式的时机、场合、程序和要求；调整细化阅兵活动的组织程序、方队队形、动作要领；调整队列生活的基准单位和武器装备操持规范，统一营门卫兵执勤动作等内容。

在这次修订中，有8项内容首次写入了新修订的共同条令。如表6-1所示。

表6-1　8项内容首次写入新修订的共同条令

1	首次将习近平强军思想写入条令，通篇贯穿，以军队基本法规的形式固化下来。在新条令总则中，原文引用党在新时代的强军目标、"四个意识""三个维护""五个更加注重"和"四铁"过硬部队、"四有"新时代革命军人等一系列新思想新观点新论断，为全面依法治军、加强军队正规化建设、统一全军意志和行动提供了根本指导和基本遵循
2	首次对军队纪律内容作出集中概括和系统规范。将政治纪律、组织纪律、作战纪律、训练纪律、工作纪律、保密纪律、廉洁纪律、财经纪律、群众纪律、生活纪律10个方面内容写入新条令，强化官兵纪律意识，增强纪律观念，进而在行动中自觉遵照执行，确保军令行禁止、步调一致
3	首次对加强军事训练中的管理工作作出系统规范，立起从严治训的新标准。坚持全程从严，在《内务条令（试行）》中专门设置军事训练管理章节，在《纪律条令（试行）》中明确了训风演风考风不正、降低战备质量标准、不落实军事训练考核要求等违纪情形的处分条件
4	首次集中规范军队主要仪式，明确了多种仪式可以邀请军人亲属参加。对升国旗、誓师大会、码头送行和迎接任务舰艇、凯旋、组建、转隶交接、授装、晋升（授予）军衔、首次单飞、停飞、授奖称授勋、军人退役、纪念、迎接烈士、军人葬礼、迎外仪仗等17种军队主要仪式进行了规范，并在多种仪式中明确，可以邀请军人亲属参加，以增强军人的职业荣誉感和家庭成就感
5	首次明确设置军队仪式中的"鸣枪礼"环节。在为"参加作战、训练和执行其他重大军事行动任务牺牲的军人"举行葬礼仪式，以及纪念仪式中设置"鸣枪礼"环节，并明确礼兵人数、鸣枪次数、实施步骤、动作要领等规范，以更好地表达对烈士的褒奖、悼念和尊重

续表

6	首次明确军人体重强制达标要求。条令明确"军人应当严格执行通用体能训练标准，落实军人体重强制达标要求"，把训练标准转化为对每名军人的强制行为规范，体现了对新时代军人素质形象的更高要求
7	首次对军人和军事单位的网络信息行为进行全面规范，为部队管理提供了依据。新条令取消了因工作需要并经团以上单位首长批准方可使用移动电话的限定条件，明确"军人使用移动电话，实行实名制管理。旅（团）级以上单位应当对使用人员的姓名、部职别、电话号码和移动电话品牌型号，以及微信号、QQ号等进行登记备案"。明确"基层单位官兵在由个人支配的课外活动时间、休息日、节假日等时间，可以使用公网移动电话"
8	首次明确"女军人怀孕和哺乳期间，家在驻地的可以回家住宿，家不在驻地的可以安排到公寓住宿"。新条令对涉及官兵切身利益的一些具体事项也做了更加科学合理、更为人性化的规范

第二节 分队的队列动作

一、集合、离散

（一）集合

集合是使单个军人、分队、部队按照规范队形聚集起来的一种队列动作。集合时，指挥员应当先发出预告或者信号，如"全连（或者××排）注意"，然后，站在预定队形的中央前，面向预定队形成立正姿势，下达"成××队——集合"的口令。所属人员听到预告或者信号，原地面向指挥员成立正姿势；听到口令，跑步到指定位置面向指挥员集合（在指挥员后侧的人员，应当从指挥员右侧绕过），自行对正、看齐，成立正姿势。

1. 班队列集合

口令：成班横队（二列横队）——集合。

要领：基准兵迅速到班长左前方适当位置，成立正姿势；其他士兵以基准兵为准，依次向左排列，自行看齐。成班二列横队时，单数士兵在前，双数士兵在后。

口令：成班纵队（二路纵队）——集合。

要领：基准兵迅速到班长前方适当位置，成立正姿势；其他士兵以基准兵为准，依次向后排列，自行对正。成班二路纵队时，单数士兵在左，双数士兵在右。

2. 排队列集合

口令：成排横队——集合。

要领：基准班在指挥员前方适当位置，成班横队迅速站好；其他班成班横队，以基准班为准，依次向后排列，自行对正、看齐。

口令：成排纵队——集合。

要领：基准班在指挥员右前方适当位置，成班纵队迅速站好；其他班成班纵队，以基准班为准，依次向右排列，自行对正、看齐。

3. 连队列集合。

口令：成连横队——集合。

要领：队列内的连指挥员或者基准排，在指挥员左前方适当位置成横队迅速站好；各排和连部成横队，以连指挥员或者基准排为准，依次向左排列，自行对正、看齐。

口令：成连纵队——集合。

要领：队列内的连指挥员或者基准排，在指挥员前方适当位置成纵队迅速站好；各排和连部成纵队，以连指挥员或者基准排为准，依次向后排列，自行对正、看齐。

口令：成连并列纵队——集合。

要领：队列内的连指挥员或者基准排，在指挥员左前方适当位置成纵队迅速站好；各排和连部成纵队，以连指挥员或者基准排为准，依次向左排列，自行对正、看齐。

4. 营队列集合

通常规定集合的时间、地点、方向、队形、基准分队以及应当携带的武器、器材和装具等事项。各连按照规定，由连队值班员整队带往营的集合地点，随即向基准分队看齐，然后，跑步到距主持集合的营值班员5~7步处报告人数。营值班员整队后，向营首长报告人数；也可以由连首长整队带往集体地点，直接向营首长报告。例如，"营长同志，××连应到××名，实到××名，请指示"。

（二）离散

离散是使列队的单个军人、分队、部队各自离开原队列位置的一种队列动作。

1. 离开

口令：各营（连、排、班）带开（带回）。

要领：队列中的各营（连、排、班）指挥员带领本队迅速离开原列队位置。

2. 解散

口令：解散。

要领：队列人员迅速离开原列队位置。

二、整齐、报数

（一）整齐

整齐分为向右（左）看齐和向中看齐。

口令：向右（左）看——齐，向前——看。

要领：基准兵不动，其他士兵向右（左）转头（持枪时，听到预令，迅速将枪稍提起，看齐后自行放下；持120反坦克火箭筒时，听到预令，左手握提把，提起发射筒，看齐后自动放下），眼睛看右（左）邻士兵腮部，前四名能通视基准兵，自第五名起，以能通视到本人以右（左）第三人为准。后列人员先向前对正，后向右（左）看齐。听到"向前——看"的口令，迅速将头转正，恢复立正姿势。

口令：以××为准，向中看——齐。

要领：当指挥员指定以"××为准"或"以第××名为准"时，基准兵答"到"，左手握拳高举，大臂前伸与肩膀平，小臂垂直举起，拳心向右；听到"向中看——齐"的口令后，其他士兵按照向左（右）看齐的要领实施；听到"向前——看"的口令后，基准兵迅速将手放下，其他士兵迅速将头转正，恢复立正姿势。一路纵队看齐时，可下达"向前——对正"的口令。

（二）报数

口令：报数。

要领：横队由右向左（纵队由前向后）依次以短促洪亮的声音转头（纵队向左转头）报数，最后一名不转头。数列横队时，后列最后一名报"满伍"或"缺××名"。连集合时，由指挥员下达"各排报数"的口令，各排长在队列内向指挥员报告人数，如"第×排到齐"或者"第×排实到××名"。

三、单个军人出列、入列

单个军人和分队出列、入列，通常用跑步（5步以内用齐步，1步用正步），或者按照指挥员指定的步法执行；然后，进到指挥员右前侧适当位置或者指定位置，面向指挥员成立正姿势。

口令：×××（或者第××名），出列。

要领：出列军人听到呼点自己姓名或者序号后应当答"到"，听到"出列"的口令后，应当答"是"。

位于第一列（左路）的军人，按照上述规定，取捷径出列。

位于中列（路）的军人，向后（左）转，待后列（左路）同序号的军人向右后退1步（左后退1步）让出缺口后，按照上述规定从队尾（纵队时从左侧）出列；位于缺口位置的军人，待出列军人出列后，即复原位。

位于最后一列（右路）的军人出列，先退1步（右跨1步），然后，按照有关规定从队尾出列。

口令：入列。

要领：听到"入列"口令后，应当答"是"，然后，按照出列的相反程序入列。

四、行进、停止

横队和并列纵队行进以右翼为基准，纵队行进以左翼为基准，一路纵队行进以先头为基准。

（一）行进

指挥员应当下达"××步——走"的口令。听到口令，基准兵向正前方前进，其他士兵向基准翼标齐，保持规定的间隔、距离行进。纵队行进时，排、连通常成三路纵队，也可以成一、二路纵队，行进中，需要时用"一二一"（调整步伐的口令）、"一二三四"（呼号）或者唱队列歌曲，以保持步伐的整齐和振奋士气。

（二）停止

指挥员应当下达"立——定"的口令。听到口令，按照立定的要领实施，分队的动作要整齐一致。停止后，听到"稍息"的口令，先自行对正、看齐，再稍息。

五、方向变换

方向变换是改变队列面对的方向的一种队列动作。

（一）横队和并列纵队方向变换

停止间，通常是左（右）转弯或者左（右）后转弯，必要时可以向后转。

停止间口令：左（右）转弯，齐（跑）步——走，或者左（右）后转弯，齐（跑）步——走。向后——转，齐（跑）步——走。当需要向后转走时，应当先下"向后——转"的口令，待方向变换后，再下"齐（跑）步——走"的口令。

行进间口令：左（右）转弯——走，或者左（右）后转——走。

要领：一列横队方向变换时，轴翼士兵踏步，并逐渐向左（右）转动；外翼第一名士兵用大步行进并同相邻士兵动作协调，逐步变换方向（愈接近轴翼者其步幅愈小），其他士兵用眼睛的余光向外翼取齐，并保持规定的间隔和排面整齐，转到90度或者180度时踏步并取齐，听口令前进或者停止。

数列横队和并列纵队方向变换时，第一列轴翼士兵停止间用踏步、行进间用小步，外翼士兵用大步行进，保持排面整齐，边行进边变换方向，转到90度或者180度后，听口令前进或者停止；后续各列按照上述要领，保持间隔、距离，取捷径进到前一列转弯处，转向新方向跟进。

（二）纵队方向变换

停止间，通常是左（右）转弯，或者左（右）后转，必要时可以向后转。

停止间口令：左（右）转弯，齐（跑）步——走，或者左（右）后转弯，齐（跑）步——走。向后——转，齐（跑）步——走（按照横队和并列纵队向后转走的方法实施）。

行进间口令：左（右）转——走，或者左（右）后转弯——走。

要领：一路纵队方向变换，基准兵在左（右）转弯时，按照单个军人行进间转法（停止间，左转弯走时，左脚先向前1步）的要领实施，在左（右）后转弯时，用小步边行进边变换方向，转90度或者180度后照直前进；其他士兵逐次进到基准兵的转弯处，转向新方向跟进。

数路纵队方向变换时，按照数列横队和并列纵队方向变换的要领实施。

第三节　现地教学

现地教学与人们提倡的实地教学是相通的，实地教学是现代教育中越来越被重视和提倡的一种教学方式，它打破原有的课堂教学模式，采用走出去的教学形式，让学生实地、实境观看，边看边学，在现实真实环境中掌握知识。

任务：完成一次现地教学。

要求：1.在活动中学会一首革命歌曲。

2.写一篇现地学习心得。

地点：任选，如走进军营、革命圣地、爱国主义教育基地、博物馆等。

第七章　射击与战术训练

【教学目标】

1.了解轻武器的战斗性能，掌握射击动作要领，进行体会射击
2.学会单兵战术基础动作
3.了解战斗班组攻防的基本动作和战术原则
4.培养学生良好的战斗素养

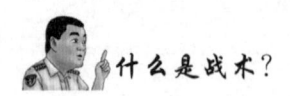

什么是战术？

战术是战略的过程，即执行战略的方法。战术主要包括：战斗基本原则以及战斗部署、协同动作、战斗指挥、战斗行动、战斗保障、后勤保障和技术保障等。

第一节 轻武器射击

轻武器是我军作战分队在近战中最基本的单兵武器,其传统概念是指手枪、步枪、冲锋枪、轻机枪等。根据现代战争的特点,轻武器所包含的范畴已扩大到包括单兵或班组使用的其他武器,如手榴弹、枪榴弹、榴弹发射器、便携式火箭发射器、单兵导弹等。主要用于近距离杀伤或压制暴露的有生目标,击毁轻型装甲目标,实施爆破、纵火、发烟、照明,以及对付低空目标等战术任务。

掌握轻武器的射击方法和要领,是利用轻武器消灭敌人的基本要求。本节主要介绍轻武器最常用的半自动步枪的武器常识、简易射击原理和射击方法等。

一、56式半自动步枪常识

(一)56式半自动步枪的战斗性能

56式半自动步枪是我国步兵在近战中消灭敌人有生力量的武器。在100米距离内能射穿6毫米的钢板、15厘米的砖墙、30厘米的土层或40厘米的木板。对400米内的单个目标射击效果最好,集中火力可射击500米内的飞机、伞兵和杀伤800米内的集团目标,在1 500米范围内仍有杀伤力。

(二)56式半自动步枪的构造

1.主要机件名称和用途

56式半自动步枪由枪刺(刺刀)、枪管、瞄准具、活塞、推杆、机匣、枪机、复进机、击发机、弹仓和枪托十大部件组成。

(1)枪刺(刺刀)。用于白刃格斗。枪刺上有枪刺管、枪刺管簧和连接环。根据需要,枪刺可以打开或折叠。

(2)枪管。枪管内是枪膛,枪膛分为弹膛和线膛。弹膛用以容纳子弹,线膛可使弹头在前进时旋转运动,保持飞行的稳定性,线膛有四条右旋膛线(阴膛线),两条膛线间的凸起部分叫阳膛线,相对的两条阳膛线间的距离是枪的口径。

枪管外有导气箍,用以引导火药体冲击活塞。枪管上还有枪刺座、通条头槽。

（3）瞄准具。用以瞄准，由表尺和准星组成。

表尺板上有缺口和游标，并刻有1~10条分划。缺口，用以通视准星向目标瞄准。游标，用以装定需要的表尺分划；游标卡榫，用来把游标固定在所需位置上。表尺座上有固定栓及固定栓扳手，用来固定活塞筒和推杆。

准星可以拧高、拧低，并且准星移动座可左右移动。准星座上还有准星护圈。准星移动座和准星座上各有一条刻线，用以检查准星位置是否正确。

（4）活塞及推杆。活塞装置于活塞筒内，用来传导火药气体压力，推压推杆向后。推杆和推杆簧装在表尺座内，推杆可以将活塞的推力传送至机栓，推杆簧可以使推杆和活塞回到前方位置。

（5）机匣。用来容纳枪机和复进机，固定击发机和弹仓。机匣外有机匣盖和连接销。机匣盖主要用来保护机匣内部免沾污垢，并能将枪机和复进机控制在机匣内；连接销能将机匣盖固定在机匣上。机匣内有机枪阻铁、闭锁卡槽和拔壳凸榫。枪机阻铁在弹仓内无子弹时，能使枪机停止于后方位置；闭锁卡槽能保证枪机闭锁枪膛；拔壳凸榫用以拔出弹壳或子弹。

（6）枪机。由机栓和机体组成。主要用来送弹、闭锁、击发和退壳，并能使击锤向后成待发状态。

机栓上有挂钩、闭锁凸出部、机柄、复进机巢和弹夹槽。挂钩用来与机体挂钩相连接并带动机体运动；闭锁凸出部能使机体后部进入闭锁卡槽。

机体上有击针、抓弹钩和挂钩、弹底巢和闭锁斜面。击针用来撞击子弹底火；抓弹钩用来从膛内抓出弹壳（子弹）；挂钩用来连接机栓。

（7）复进机。由复进簧、导管、导杆和支撑环组成。用来使枪机回到前方位置。

（8）击发机。用来与枪机相互作用形成待发和击发。击发机上有击发控制杆，能在枪机闭锁枪膛前防止击锤松回。保险机，能限制扳机向后，将保险机扳至前方即打开保险。还有击锤、击锤簧、击发阻铁、弹仓盖卡榫和扳机等。

（9）弹仓。由弹仓体、弹仓盖、托弹板和托弹杆等组成，可装10发子弹。用来容纳和托送子弹。

（10）枪托。枪托上有下护木、枪颈、枪托、托底板和附品筒巢。

附品包括擦拭杆、鬃刷、铳子、附品筒、通条、油壶、背带，以及子弹袋。主要用来分解结合、擦拭上油、携带和排除故障。

2. 半自动原理

扣动扳机后，击锤撞击击针，击打子弹底火，点燃发射药，产生火药气体，推送弹头沿膛线向前运动;弹头经过导气孔,部分火药气体通过导气孔,进入导气箍,冲击活塞,推动推杆,使枪机向后压缩复进簧,完成开锁、抛壳,使击锤至待发状态,枪机退到后方时,由于复进簧的伸张,使枪机向前运动,下一发子弹被推送入膛,闭锁;此时,因为击锤已经被击发阻铁卡住,不能向前打击击针。若再次发射,必须松开扳机,再扣扳机。

3. 分解、结合

(1) 分解、结合的目的和要求。分解、结合是为了擦拭、保养、检查和排除故障。分解前必须查验枪支。分解、结合应按顺序和要领进行,严禁强行拆卸;分解下来的机件要按顺序放置在干净的物体上。除了所讲的分解内容,未经许可,不准分解其他机件。机件结合后,应拉送枪机多次,检查机件结合是否正确。

(2) 分解、结合的要领。

① 分解。

拔出通条,取出附品筒。左手握上护木,右手向下向外拉开枪刺成45度左右,拔出通条,再折回枪刺。然后,用食指顶开附品筒巢盖,再取出附品筒,并从附品筒内取出附品。

卸下机匣盖。左手握住枪颈,拇指抵住机匣盖的后端,右手扳连接销扳手向上呈垂直状态,再向右拉至定位,向后卸下机匣盖。

抽出复进机。右手向后抽出复进机。

取下枪机。左手握住下护木,并使枪面稍向右倾,右手拉枪机向后取出。然后,将机栓和机体分开。

卸下活塞筒。左手握住下护木,右手扳住固定栓扳手向上,使固定栓平面垂直,向上卸下活塞筒(将固定栓扳手扳回或保持不动,防止推杆弹出)。然后,从筒内取出活塞。

② 结合。按分解步骤相反的顺序进行操作。

装活塞筒。将活塞插入活塞筒内,左手托握住下护木,右手将活塞筒前端套在导气箍上,使活塞筒后部对正固定栓垂直面并向下按,再将固定栓扳手向下扳至定位。

装枪机。左手握住下护木,使枪面稍向右倾,右手将机栓和机体结合,然后从机匣后部放进机匣,左手拇指向下按压托弹板,右手前推枪机到定位。

装复进机。右手将复进机(弯曲部向前)插入机栓上的复进机巢内。

装机匣盖。左手握住枪颈,右手把机匣盖放在机匣上,然后用左手拇指把其向前推至尽头,右手将连接销推入后向前扳到定位。

装附品筒和通条。将附品装进附品筒并盖好，左手握住下护木，右手将附品筒（筒盖向外）装入附品筒巢内。然后，拉开枪刺，插入通条，并使其头部进入通条槽，然后折回枪刺。

机件结合完毕后，打开弹仓盖，然后拉送枪机多次，检查机件结合是否正确。然后依次关上弹仓盖、打开保险、扣扳机、关保险。

（三）枪支的爱护和保养

1. 总体要求

爱护武器是军人的重要职责之一。保养枪支必须做到"两勤四不"，即勤检查、勤擦拭，不摔碰、不生锈、不损坏、不丢失。使用枪支必须按操（携）枪要领进行，不得违章操作；在行军、作战和训练中，应尽量避免使枪支碰撞和沾上污物，防止灰尘沙土进入枪内，防止机件和子弹生锈；严禁随意拆卸武器各部件和强拆硬卸；使用完枪支后，应折回枪刺，松回击锤，关上保险，游标定在常用表尺分划上。

2. 检查

（1）外部检查。主要检查枪支金属部分是否有污垢、锈迹和碰伤，木质部分有无裂缝和碰伤，各部机件是否完整，尤其是准星和表尺是否弯曲和松动等。

（2）枪膛检查。检查枪膛是否有污垢、生锈和损伤。

（3）部件机能检查。装多发教练弹，拉送枪机多次，检查送弹、闭锁、击发、退壳及保险时各部件是否正常运行，是否有锈痕和损坏，特别要检查击针的状况。

（4）附品和子弹检查。检查附品是否齐全、完好，弹头是否松动，子弹是否有锈蚀、凹陷、裂缝。

3. 擦拭涂油

正常情况下，每周至少擦拭一次枪支。实弹射击后，应该用油布将枪支认真擦拭干净并涂油，在此后的三四天内应每天擦拭一次。在训练、演习结束后，应用干布和油布擦拭枪支。擦拭后，将枪支放在通风干燥处晾干，严禁火烤和曝晒。

擦拭前，应先分解武器。分解前要验枪、验弹，准备擦拭用具。

擦拭时，先擦拭枪腔和其他细小部件，再擦拭枪表面，擦拭干净后，用布条或鬃刷涂油。

擦拭后，结合机件，再拉送枪机数次，检查是否结合正确，并松回击锤，关上保险。

二、简易射击学原理

（一）发射

火药气体压力将弹头从膛内推送出去的现象叫发射。发射的过程可分为四个阶段。如表7-1所示。

表7-1　发射的过程

定容燃烧阶段	从触发底火至弹头即将起动为止。发射药燃烧后，不断生成气体，气体逐渐增加，从而使膛压逐渐增大，当膛压接近起动压力时，使弹头有起动趋势
变容燃烧阶段	从弹头起动到发射药燃烧完毕为止。当膛压达到起动压力时，克服弹头运动阻力，使弹头由静变动。此阶段初期，因弹速小，弹后空间增加较慢，而发射药迅速燃烧，气体生成量猛增，故膛压上升极快。由于弹头加速前进，弹后空间迅速增大，膛压迅速下降，到发射药燃烧完毕时，火药气体仍保持一定的压力，弹头继续加速前进
定量气体膨胀阶段	从发射药燃烧完毕起到弹头尾端离开枪口前切面时为止。此阶段中，已没有新的火药气体产生，但由于火药气体压力还很高，它仍能继续膨胀做功，弹头仍在加速前进，直至飞出枪口。当弹头脱离枪口瞬间，膛内压力迅速降低
后效作用阶段	从弹头尾端离开枪口前切面时起到火药气体停止对弹头作用时止。弹头脱离枪口时，火药气体形成一股气流，从膛内高速喷出，继续对弹头底部施加压力，并加速弹头的运动，直至获得最大值时，后效作用阶段结束

（二）后坐

发射时，武器向后运动的现象就是后坐。后坐形成的原因是：发射药燃烧时，气体同时作用于各个方向，向前作用于弹头后部的压力推送弹头前进；向后作用于弹壳底部的压力通过枪机传给整个武器，使武器向后运动，形成后坐。如图7-1所示。

图7-1　后坐

后坐对单发（连发首发）射击的命中影响极小，对连发射击的命中却有一定的影响。因为连发射击时，第一发子弹射出后，由于枪身的明显后坐变动了原来的瞄准线，使第二发以后的射弹产生偏差。但只要射手据枪要领正确，适应连发武器射击时的后坐规律，就能减小后坐对连发命中的影响，提高连发射击精度。

（三）弹道

弹头在飞行运动中所经过的路线称为弹道。弹道形成的原因是：弹头脱离枪口后，一方面受到地心引力的作用，逐渐下降，另一方面受到空气阻力的作用，越飞越慢。因此形成一条不均等的弧线，升弧较长较直，降弧较短较弯曲。如图7-2所示。

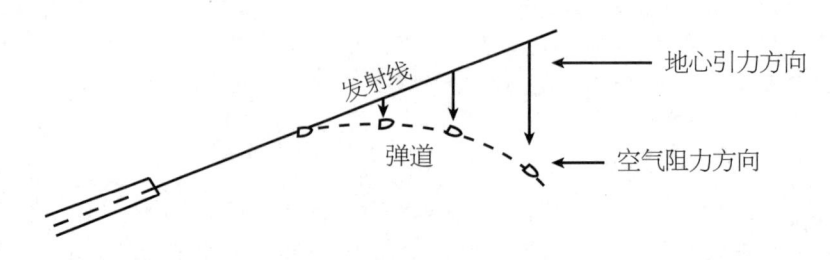

图7-2 弹道

（四）直射和直射距离

由于弹道是弧线，而瞄准线是直线，所以它们不在一条水平线上。瞄准线上的弹道高在实际表尺距离上不超过目标高的射击，叫直射。这段表尺距离就是直射距离。用同一武器射击时，目标高度不同，直射距离也不同。目标越高，直射距离越大；目标越低，直射距离越小。用不同类型的武器对同一类型目标进行射击时，弹道越低伸，直射距离越大，反之，则越小。如目标距离250米，81式自动步枪射手误测为300米，装定表尺"3"，瞄准目标中央射击，250米处的弹道高为0.21米，没有超过目标高，目标仍能被杀伤。如图7-3所示。

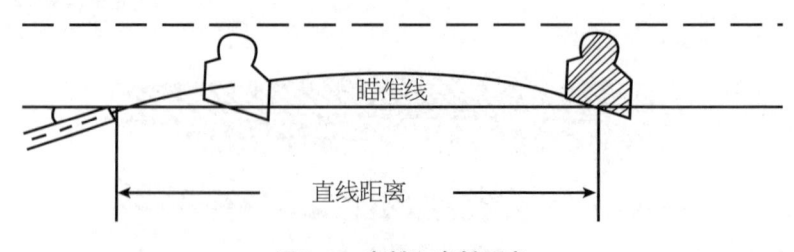

图7-3 直射和直射距离

（五）瞄准

弹道是弧线，而不是直线，如果用枪管直接瞄向目标射击，射弹就会打低、打近。如图7-4所示。

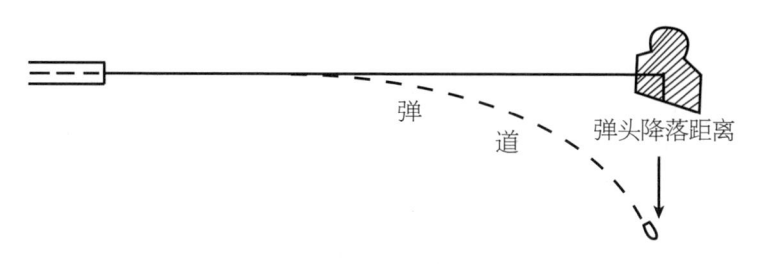

图7-4　直线瞄准

为了命中目标，必须将枪口抬高，使枪身轴线和瞄准线之间形成一定的角度，即瞄准角。如图7-5所示。

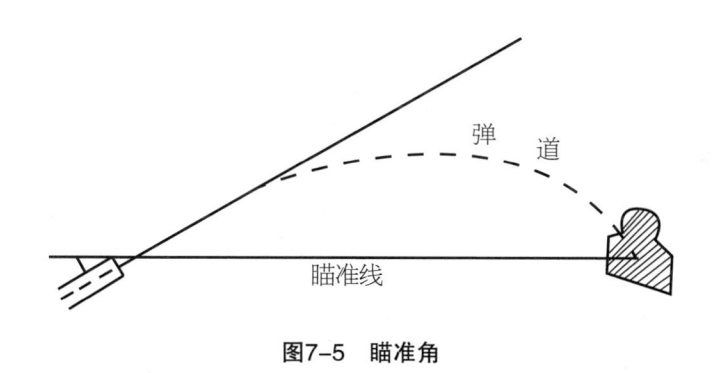

图7-5　瞄准角

瞄准角的大小，是根据射弹在不同距离上的降落量来确定的。距离越远，降落量越大，所需要的瞄准角就越大；距离越近，降落量越小，其瞄准角也就越小。瞄准具就是根据上述原理设计成的。各个距离上枪口抬高多少，在表尺上刻有相应的分划。只要按照目标的距离装（选）定表尺分划瞄准射击，就能命中目标。

选定表尺分划和瞄准点的方法如下。

1. 定实距离表尺分划的瞄准

这是最基本的选定方法。当目标距离为100米整数时，可根据目标的距离装定相应的表尺分划，瞄准点选在目标中央。如自动步枪对100米距离人胸目标进行射击时，定表尺"1"，瞄准目标中央射击，即可命中目标中央。如图7-6所示。

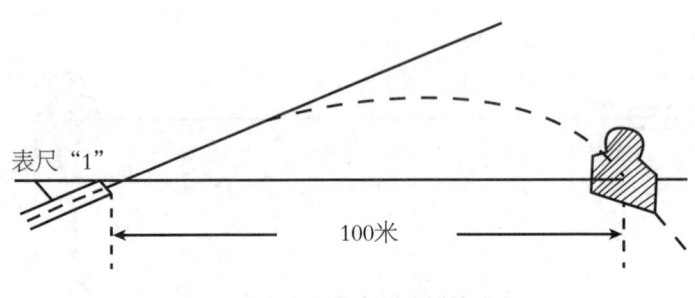

图7-6　定实距离表尺分划的瞄准

2. 定近实距离表尺分划的瞄准

在实际的射击和训练中，特别是在实战中很难遇到100米整数的目标。当目标距离不是100米整数时，通常选定大于实距离表尺分划，根据武器在该距离上的弹道高，相应降低瞄准点射击。如自动步枪在250米距离上对人胸目标进行射击时，定表尺"3"，在250米处的弹道高为21厘米，这时，瞄准目标下沿中央进行射击，即可命中目标。

如图7-7所示。

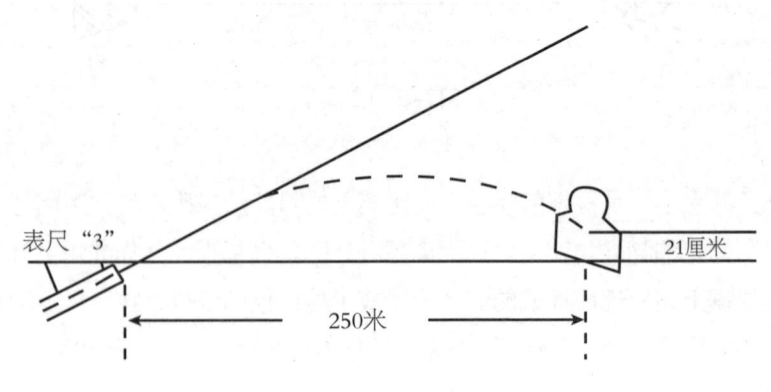

图7-7　大于实距离表尺分划

有时也可选定小于实距离的表尺分划，根据武器在该距离上的负弹道高，相应地提高瞄准点进行射击。如自动步枪对250米距离上的人胸目标进行射击时，定表尺"2"，在250米处的弹道高为-18厘米。此时，瞄准目标头顶中央进行射击，即可命中。如图7-8所示。

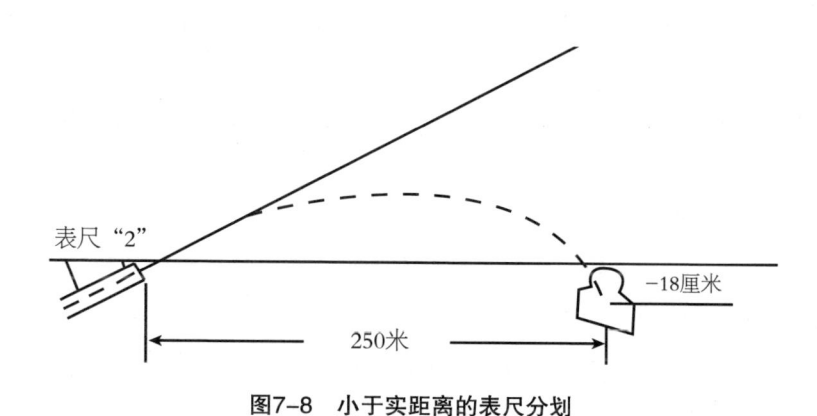

图7-8　小于实距离的表尺分划

3. 定常用表尺分划的瞄准

战斗中，由于时间紧迫，而目标的距离也在不断地变化，有时来不及选定表尺。因此，对300米距离以内的目标进行射击时，通常定常用表尺（表尺"3"）分划，小目标瞄下沿中央，大目标瞄下部中央进行射击，即可命中。如自动步枪定常用表尺对300米以内人胸目标（高50厘米）进行射击时，瞄目标下沿中央，则整个瞄准线上最大弹道高为35厘米，没有超过目标高，目标只要在300米距离内，都会被射弹杀伤。如图7-9所示。

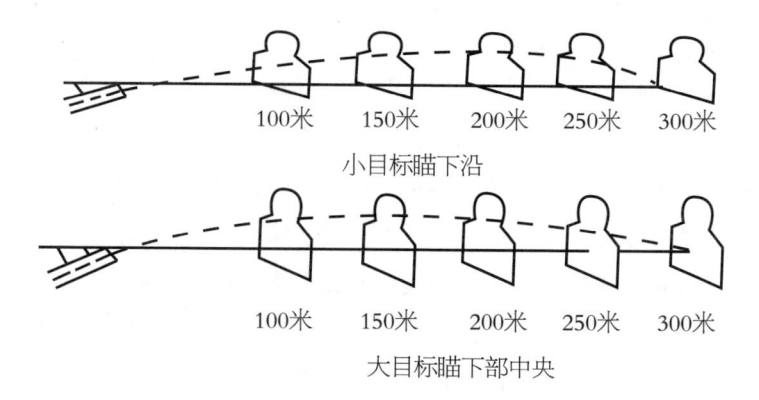

图7-9　定常用表尺分划的瞄准

（六）环境对射击的影响及修正

射击通常在自然环境中进行，风、阳光、温度等自然条件都会使射弹产生偏差。射手应根据射弹击起的尘土、水花的位置和目标状况的变化等情况，判断射弹是否命中目标或偏差量的大小，并进行正确的修正。

修正方向偏差时，可用改变瞄准点的方法进行修正，射弹偏右，瞄准点向左修正；射弹偏左，瞄准点向右修正。修正高低偏差时，可用提高、降低瞄准点或增减表尺分划的方法进行修正。射弹偏高时，降低瞄准点或减小表尺分划；射弹偏低时，提高瞄准点或增大表尺分划。

1. 风的影响及修正

风对射击有一定的影响，尤其是从左右刮来的横（斜）风。风力越大，目标距离越远，偏差也就越大。

风从左吹来，射弹偏右；风从右吹来，射弹偏左。射击时，为了使射弹能准确地命中目标，必须根据射弹受风影响的偏差量，将瞄准点向风吹来的方向修正。通常情况下，一般的风（和风），200米距离内不修正，300米距离修正1/4人体，400米距离修正半个人体（25厘米）。较大的风（强风），200米内也可不修正，300米修正半个人体，400米距离修正一个人体（50厘米）。

从前后吹来的风（纵风）一般对射弹没有影响，如果风力较大，也可适当提高或降低瞄准点射击。风从前方吹来，提高瞄准点；风从后方吹来，降低瞄准点。

2. 克服阳光的影响

在阳光下瞄准时，由于阳光照射作用，瞄准具缺口部分会产生虚光，形成三层缺口：虚光部分、真实部分、黑实部分。如不注意辨清真实缺口的位置，就容易产生误差，使射弹产生偏差。

若用虚光瞄准，射弹就偏向阳光照来的方向。如阳光从右上方照来时，缺口左边和上沿产生虚光，用虚光部分瞄准，准星实际上偏右高，射弹偏右上。

若用黑实部分瞄准，射弹就偏向阳光照来的相反方向。如阳光从右下方照来。用黑实部分瞄准，准星实际上偏左，低射弹偏下。如果缺口和准星尖同时产生虚光时，若用虚光部分瞄准，射弹偏低，若用黑实部分瞄准，射弹偏高。

要想克服阳光的影响，可在不同方向的阳光下练习瞄准。采取遮光瞄准、不遮光检查，或不遮光瞄准、遮光检查的方法，反复练习，确实辨清真实缺口的位置和正确瞄准的景况；在平正准星与缺口的关系时要细致，但瞄准时间不宜过长，以免眼花而产生误差。平时要注意保护好瞄准具，不使其磨亮而反光。

3. 气温的影响及修正

气温变化时，空气密度也随之改变，直接影响弹头的飞行速度。气温高，空气密度减小（稀薄），射弹在飞行中受到的空气阻力就小，射弹就打得远（高）；气温低，空气密度增大（稠密），射弹在飞行中受到的空气阻力就大，射弹就打得近（低）。

使用武器时，射手应在当时当地的气温条件下校正武器的射效，并以校正时的气温条件为准。射击时，若气温差别不大，在400米内对射弹命中的影响较小，不必修正。若气温差别很大或对远距离目标进行射击时，应适当提高或降低瞄准点。

三、武器操作

（一）操枪

操枪，是指士兵携带枪支的方法和动作。由于士兵使用武器的不同，操枪的方法和动作要领也不尽相同。下面重点介绍半自动步枪手持枪、肩枪、挂枪、背枪及其互换的动作要领。

1. 持枪

听到"持枪"口令，右手移握护木，使枪口向前，背带从肩上脱下，右臂自然下垂（右手将半自动步枪从右肩悬于胸前，左手接握护木，右手移握上护木），左手将背带挑起、拉直，由右手拇指在内压住，余指并拢在外将枪握住，将枪置于地上，同时左手放下，托底钣在右脚外侧全部着地，托后踵同脚尖齐。

2. 肩枪

听到"肩枪"的口令，右手将枪提起，左手反方向（掌心向外）接握护木，并将枪倒置于胸前，弹匣向右（右手将半自动步枪提起置于胸前，左手接握下护木），右手移握背带（拇指由内顶住），以两手的合力将枪送于右肩上，右大臂轻贴右胁，成肩枪立正姿势。

3. 挂枪

听到"挂枪"口令，右手移握护木，右臂前伸将枪口转向前，枪身略成水平，左手掌心向下在右手上端握背带，两手协力将背带从头上套过，落在左肩，使枪身在胸前成45度，右手虎口向下，拇指在内，余指并拢在外，移握枪颈，枪托折叠时，握复进机盖后端，左手放下（阅兵等时机，左手可握护木），成挂枪立正姿势。

4. 背枪

听到"背枪"口令，左手在右肩前握背带，右手握准星座，两手协力将枪上提，左手将背带从头上套过，落在左肩，尔后两手放下，成背枪立正姿势。

5. 肩枪、挂枪互换

（1）肩枪换挂枪。听到"挂枪"口令，右手移握护木，右臂前伸将枪口转向前，左手掌心向下在右肩前握背带；两手协力将背带从头上套过，落在左肩，使枪身在胸前约成45度（表尺中央部位位于衣扣线）；右手移握枪颈（折叠式冲锋枪握复进机盖后端），左手放下（阅兵等时机左手可握护木），成挂枪立正姿势。

（2）挂枪换肩枪。听到"肩枪"口令，右手移握护木，左手移握背带；两手协力将背带从头上套过，落在右肩，枪口向下，枪身垂直；右手移握背带（拇指由内顶住），左手放下，成肩枪立正姿势。

6. 肩枪、背枪互换

（1）肩枪换背枪。听到"背枪"口令，左手在右肩前握背带，右手掌心向后移握准星座；两手协力将枪上提，左手将背带从头上套过，落在左肩；两手放下，成背枪立正姿势。

（2）背枪换肩枪。听到"肩枪"口令，右手掌心向后握准星座；左手在左肩前握背带；两手协力将背带从头上套过，落在右肩；右手移握背带（拇指由内顶住），左手放下，成肩枪立正姿势。

7. 挂枪、背枪互换

（1）挂枪换背枪。听到"背枪"口令，右手握准星座，稍向上提，左手在左肩前握背带；两手协力将枪转到背后；两手放下，成背枪立正姿势。

（2）背枪换挂枪。听到"挂枪"口令，右手掌心向前移握准星座，稍向上提，左手在右肋前握背带；两手协力将枪转到胸前；右手移握枪颈（折叠式冲锋枪握复进机盖后端），左手放下或者握护木，成挂枪立正姿势。

8. 提枪、枪放下

（1）提枪。听到"提枪"口令，右手将枪提到右肩前，枪身垂直，距身体约10厘米，枪面向后，手约同肩高，大臂轻贴右肋，同时左手握护木；右手移握握把，右臂伸直；将枪轻贴右侧，枪身要正，并与衣扣线平行；右大臂轻贴右肋，左手迅速放下，成提枪立正姿势。

（2）枪放下。听到"枪放下"口令，右手将枪向前稍向下推出，右臂伸直，同时左手迅速握护木，右手移握准星附近；左手放下的同时，右手将枪放下，使托前踵轻轻着地，成持枪立正姿势。

（二）射击准备

射击准备是指在射击训练或实弹射击前应做的准备工作，是保证训练和射击安全的重要措施。自动步枪射击准备通常在肩枪的基础上实施。

1. 验枪

验枪就是检查枪的弹膛、弹匣（仓）和教练弹中有无实弹。在使用武器前后及必要时均应验枪。验枪时，严禁枪口对人。以81式自动步枪验枪为例。

口令：验枪。

动作要领：听到"验枪"口令后，右手移握护木，使枪口向前，背带从肩上脱下，以右脚掌为轴，身体半面向右转，左脚顺势向前迈出一步（两脚分开约与肩同宽）。同时，将枪向前送出，左手接握下护木，左大臂紧贴左胁，枪托贴于右胯，准星约与肩同高，右手掌心向下，虎口向前，拇指打开保险，卸下弹匣，使弹匣口向后、挂耳向下，交给左手握于护木右侧，移握机柄。

当指挥员检查时，拉枪机向后，验过后，自行送回枪机，装上弹匣，扣扳机，关保险，移握枪颈。

口令：验枪完毕。

动作要领：听到"验枪完毕"口令后，左手反握护木，将枪倒置于胸前（背带环约与肩同高），右手拇指挑起背带，身体半面向左转，在右脚靠拢左脚的同时，两手协力将枪送上右肩，恢复肩枪姿势。

2. 准备

射击准备主要包括向弹匣内装填子弹和采取各种射击姿势装退子弹。以81式自动步枪为例。

（1）向弹匣内装填子弹。射击前，应正确地向弹匣内装填子弹，如果子弹装填的不好，在射击中就会出现卡壳、不上膛等问题，影响射击效果。

口令：装填弹匣。

动作要领：听到"装填弹匣"口令后，右手移握上护木，使枪口向前，背带从肩上脱下。同时，左脚向前迈出一步，右膝向右跪下，臀部坐在右脚跟上，右手将枪置于左腿内侧，枪面向里位于左肩。右手从弹袋内取出空弹匣或从枪上卸下空弹匣，使弹匣口向上、挂耳向左前交给左手，右手将子弹放在弹匣口上，双手将子弹压入弹匣内。装好后，弹匣口向下、挂耳向左装入弹袋内并扣好，左手位于左膝上，右手握上护木，目视前方。

口令：起立。

动作要领：听到"起立"口令后，迅速起立，左手反握护木，两手将枪倒置于胸前，右手拇指挑起背带，同时，身体半面向左转，在右脚靠拢左脚的同时，两手协力将枪送上右肩，恢复肩枪姿势。

（2）卧姿装、退子弹。

口令：卧姿装子弹。

动作要领：听到"卧姿装子弹"的口令，右手移握护木，使枪口向前，背带从肩上脱下，左脚向右脚前迈出一大步（也可右脚顺脚尖方向迈出一大步），左臂伸出，掌心向下（手指稍向右）撑地，顺势卧倒。身体左侧着地，以左肘和身体左侧支持身体。右手将枪向目标方向送出，左手接握护木。枪面稍向左，枪托着地，右手卸下空弹匣，使弹匣口朝后、挂耳向下，交给左手握于护木右侧，解开弹袋扣，换上实弹匣，将空弹匣装入弹袋内并扣好，拇指打开保险，拉枪机送子弹上膛，关上保险，装定表尺，然后移握握把，全身伏地，两脚分开约与肩同宽，目视前方，准备射击。

口令：退子弹起立。

动作要领：听到"退子弹起立"口令，身体稍向左侧，右手卸下实弹匣交给左手，打开保险，拇指慢拉枪机向后，余指接住从膛内退出的子弹，送回枪机，将子弹压入弹匣内，解开弹袋扣，换上空弹匣，把实弹匣装入弹袋内并扣好，扣扳机，关保险，表尺分划归"3"，右手移握护木，将枪收回，同时左小臂向里合。屈左腿于右腿下。以左手和两脚撑起身体，右脚向前一大步，左脚再向前一步，左手反握护木，将枪倒置于胸前，右手挑起背带，在右脚靠拢左脚的同时，两手协力将枪送上右肩，恢复肩枪立正姿势。注意，退出膛内子弹时，右手要慢拉枪机，使子弹平稳落入手中。

（3）跪姿装、退子弹。

口令：跪姿装子弹。

动作要领：听到"跪姿装子弹"的口令，右手移握上护木，使枪口向前，背带从肩上脱下，左脚向前方迈出一步，右手将枪向目标方向送出，左手接握下护木，同时右膝向右跪下，臀部坐在右脚跟上（或右小腿上），左小腿略垂直，两腿约成90度，左小臂放在左大腿上，枪面稍向左，准星约与肩同高，枪托放在右大腿上。然后，按要领换上实弹匣，打开保险，送子弹上膛，关保险，定表尺，右手握握把，目视前方，准备射击。

口令：退子弹起立。

动作要领：听到"退子弹起立"的口令，按要领卸下实弹匣，打开保险，退出膛内子弹，换上空弹匣，扣扳机，关保险，表尺分划归"3"，右手移握上护木，将枪收回的同时起立。左手反握护木，将枪倒置于胸前，右手挑起背带，在右脚靠拢左脚的同时，两手将枪送上右肩，恢复肩枪立正姿势。

（4）立姿装、退子弹。

口令：立姿装子弹

动作要领：听到"立姿装子弹"的口令，右手移握上护木，枪口向前，背带从肩上脱下。左脚向前方迈出一步，两脚分开约与肩同宽，右手将枪向目标方向送出。左手接握下护木，左大臂紧靠左胁，枪托贴于右胯，准星约与肩同高。然后，按要领换上实弹匣，打开保险，送子弹上膛，关保险，定表尺，右手握握把，目视前方，准备射击。

口令：退子弹起立

动作要领：听到"退子弹起立"的口令，按要领卸下实弹匣，打开保险，退出膛内子弹，换上空弹匣，扣扳机，关保险，表尺分划归"3"，右手移握上护木，将枪收回。身体半面向左转，左手反握护木，将枪倒置于胸前，右手挑起背带，在右脚靠拢左脚的同时，两手将枪送上右肩，恢复肩枪立正姿势。

（三）射击

在完成射击准备之后，一旦发现目标，就应正确地据枪，快速构成瞄准线，指向瞄准点，实施果断的击发。

1. 据枪

（1）有依托据枪。自然、稳固、持久的据枪是准确射击的基础。要想做到稳固和持久，就应尽量利用地形，进行有依托射击。

据枪时，下护木放在依托物上，枪身要正，身体右侧与枪身略成一线。右手将保险机扳到所需的位置，虎口向前紧握握把，食指第一节靠在扳机上，右大臂略成垂直，右肘着地外撑，左手握护木或弹匣，左肘着地外撑，两肘保持稳固，胸部挺起，身体稍前倾（右肘不离地），上体自然下塌，两手用力保持不变，使枪托抵于肩窝，自然贴腮。

（2）无依托据枪。在战场上不可能时时处处都有依托物可利用，因此，士兵还应掌握无依托据枪的动作。

卧姿无依托据枪时，左手托握下护木或弹匣，小臂尽量里合于枪身下方，小臂与大臂约成90度，将枪自然托住。右手握握把，右臂约成垂直，两肘保持稳固，两手向后用力，使枪托抵于肩窝，自然贴腮。

跪姿无依托据枪时，左手握下护木或弹匣，左肘放于左膝盖上，使枪、左小臂和左小腿略在同一垂直面上，右手握握把，大臂自然下垂，上体稍向前倾，两手向后用力，使枪托抵于肩窝。

立姿无依托据枪时，左手握弹匣，大臂紧靠左胁，小臂尽量里合于枪身下方，也可左手托下护木，大臂不靠左胁。右手握握把，大臂自然抬起，两手向后用力，使枪托抵于肩窝。

2. 瞄准

为使射弹射向目标，在水平面和垂直面上赋予枪身轴线以一定方向角和射角的动作称之为瞄准。瞄准是整个射击过程的重要环节，能否正确使用机械瞄准具和瞄准镜进行正确的瞄准，是能否命中目标的关键。

（1）机械瞄准具的正确瞄准。右眼通视缺口，使准星位于缺口中央，准星尖与缺口上沿平齐，指向瞄准点，就是正确瞄准。

使用规孔式瞄准具时，右眼通视规孔准星，使准星尖位于视孔中央，并指向瞄准点，就是正确瞄准。

正确瞄准的景况是：准星与缺口（规孔）的平正关系看得清楚，而目标看得较模糊。

（2）光学瞄准镜的正确瞄准。首先选定相应的距离和方向分划，右眼距目镜约4.5厘米，保持镜内分划成水平，然后用相应的距离分划点对准瞄准点，就是正确瞄准。

95式微光瞄准镜的正确瞄准。将开关扳到"开"的位置，用眼睛轻轻顶压目镜上的眼罩，使眼罩内叶片打开。此时，应能看到目镜内荧光屏发出的黄绿光，射手根据自己的视力，调节目镜视度，使镜内分划和屏面闪烁点最清晰。然后，对准目标，根据目标远近的不同，转动调焦圈调焦，直到观察一个比较清晰的图像为止。然后，用分划板上的箭头对准瞄准点，就是正确瞄准。

3. 击发

击发是完成射击的最后一个环节。均匀平稳的击发是准确射击的关键，击发动作的正确与否直接关系到射击的效果。因此，士兵必须准确掌握击发的动作要领。

击发时，射手用右手食指第一节均匀平稳地向后扣压扳机（食指内侧与枪机应有一点空隙），余指力量不变。当瞄准线接近瞄准点时，开始预压扳机，轻呼吸。当瞄准线指向瞄准点时，应停止呼吸，继续增加对扳机的压力。直至击发，击发瞬间应保持正确一致的瞄准。若瞄准线偏离瞄准点或不能继续停止呼吸时，应既不增加也不放松对扳机的压力，待修正或换气后，再继续扣压扳机，完成击发。

操纵点射时，应稳扣快松，扣到底松开为2~3发。在扣扳机的过程中，应始终保持姿势稳固，操枪力量不变，以提高连发射击的命中率。

据枪、瞄准、击发是互相联系和互相影响的整体动作。稳固持久的据枪，正确一致的瞄准，均匀平稳的击发，三者正确的结合是准确射击的关键。因此，必须反复训练，才能熟练掌握。

四、实弹射击的组织与实施

（一）实弹射击前的准备工作

1. 熟悉条件和规定

组织实弹射击前，要认真学习有关规定，了解课程要求及军事训练成绩评定标准，明确射击场的设置、组织实施实弹射击的一般程序和方法，熟悉步兵武器实弹射击的有关规则和射击条件，严格按规则和条件组织实施实弹射击。

2. 准备武器弹药和器材

（1）准备武器弹药。组织战士认真擦拭武器，检查武器是否完好和是否符合射击要求。如武器机件有损缺，应及时修理。必要时，应先进行试枪和矫正射效。并根据练习条件和实弹射击人数准备好弹药。

（2）准备器材。根据练习条件和每组射击的人数，拟定好所需器材的准备计划，然后具体组织落实。实弹射击需要准备的器材主要有：靶板、靶纸及报靶杆、补靶纸（裁成宽1厘米的纸条）、图钉、糨糊、靶位号牌、射击位置号牌、勤务人员位置标示牌、开始及停止射击信号旗（大红、白旗）、靶壕地段旗和红白信号旗、警戒旗（红）、指挥旗、出发地线小白旗、射击地线地段旗、信号枪、信号弹（红、绿）、小喇叭、指挥员及各种勤务人员袖章、望远镜、秒表、成绩登记表、通信器材等。

3. 选择设置场地

实弹射击通常应在部队的实弹射击场进行。如需选择射击场时，应根据实弹射击的条件进行选择和设置。

基本射击场最好是坐北向南，选择在地形平坦、视野开阔、有可靠的靶档（射向不超过靶档两端）的地形上，并构筑好掩体、依托物和靶壕（靶壕深度不小于2米）。还应规定警戒区域和在警戒线上插红旗。夜间射击时，应用红灯标示各个地线和警戒的位置。

4. 培训勤务人员

根据规定和实际需要，确定射击场各种勤务人员的数量，并进行分工和明确各自职责。按射击条件和示（报）靶方法教会示靶员示靶、报靶和补靶的方法及明确有关规定，并组织示靶员进行实际演练和组织警戒人员熟悉警戒位置与警戒区域。

5. 射击编组

根据参加射击的人数、靶位数，拟定射击编组方案，确定各组名单和组长，通常每组的第一名为组长。

（二）基本射击的组织实施方法

1. 实弹射击开始前的工作

实弹射击开始前按图7-10流程做好准备工作。

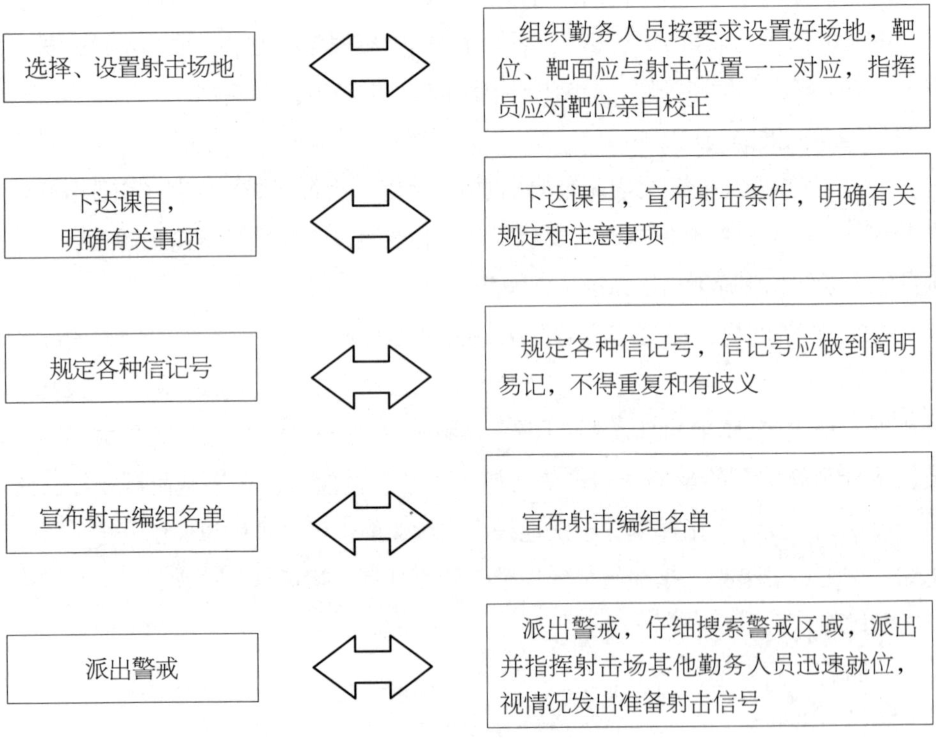

选择、设置射击场地	⇔	组织勤务人员按要求设置好场地，靶位、靶面应与射击位置一一对应，指挥员应对靶位亲自校正
下达课目，明确有关事项	⇔	下达课目，宣布射击条件，明确有关规定和注意事项
规定各种信记号	⇔	规定各种信记号，信记号应做到简明易记，不得重复和有歧义
宣布射击编组名单	⇔	宣布射击编组名单
派出警戒	⇔	派出警戒，仔细搜索警戒区域，派出并指挥射击场其他勤务人员迅速就位，视情况发出准备射击信号

图7-10 实弹射击开始前的准备工作

2. 实弹射击的实施方法

组织实弹射击时，按表7-2流程实施。

表7-2 组织实弹射流程

序号	流程	口令	细则
1	射手进入出发地线		在派出各种勤务人员后，指挥员指挥第一组射手进入出发地线
2	分发子弹	发弹员，发给每名射手×发子弹 装填弹匣 起立	令发弹员按规定发给每个射手子弹。其口令为："发弹员，发给每名射手×发子弹。"待射手领取子弹并清点后，指挥员下达"装填弹匣"的口令，射手听到口令后，迅速成跪姿装填弹匣。填装好弹匣或弹鼓等以后，将其装入弹袋或弹鼓袋并扣好。然后指挥员下达"起立"的口令
3	明确射击位置和目标	第×名，在×号位置，射击×号目标	在出发地线给每个射手规定射击位置和射击目标。如："第×名，在×号位置，射击×号目标。"
4	发出开始射击信号		靶壕竖起红旗或发出可以射击的信号后，指挥员令信号员发出"开始射击"的信号，竖起红旗
5	向射击地线前进	向射击地线前进	向在出发地线的射手下达"向射击地线前进"的口令。射手跑步到射击地线规定的射击位置，并对正靶位站好。尔后指挥员下达装子弹口令，射手按要领装子弹、定表尺，做好射击准备
6	开始射击	开始射击	指挥员下达完"开始射击"口令后，射手按自己的射击节奏，在规定时间内完成全部射击任务
7	停止射击	停止射击	规定的射击时间一到，指挥员即下达"停止射击"的口令。射手应立即停止射击，并按指挥员的口令退子弹或退子弹起立
8	验枪	验枪	指挥员下达"验枪"的口令，地段指挥员应严格检查，逐个验枪，并收缴剩余子弹（当地段指挥员很少时，为节省时间，也可下达以×号射手为准，靠拢，待射手靠拢后再下达验枪的口令，然后逐一检查，验枪后指挥组长带回）
9	射击结束		指挥员发出报靶的信号，信号员竖起白旗，并通知靶壕检靶，再组织示靶员报靶和补靶

续表

| 10 | 集合 | 以×号射手为准，靠拢 | 验枪后，下达"以×号射手为准，靠拢"的口令。射手跑步靠拢后，下达"带回"的口令，组长带领该组射手按规定路线返回指定地点，擦拭武器，座谈射击体会 |

注：其余各组按上述方法依次进行。未轮到射击的各组，由射击场指挥员指定负责人在预习场组织预习。

3. 射击完毕后的工作

射击完毕后的工作流程如图7-11所示。

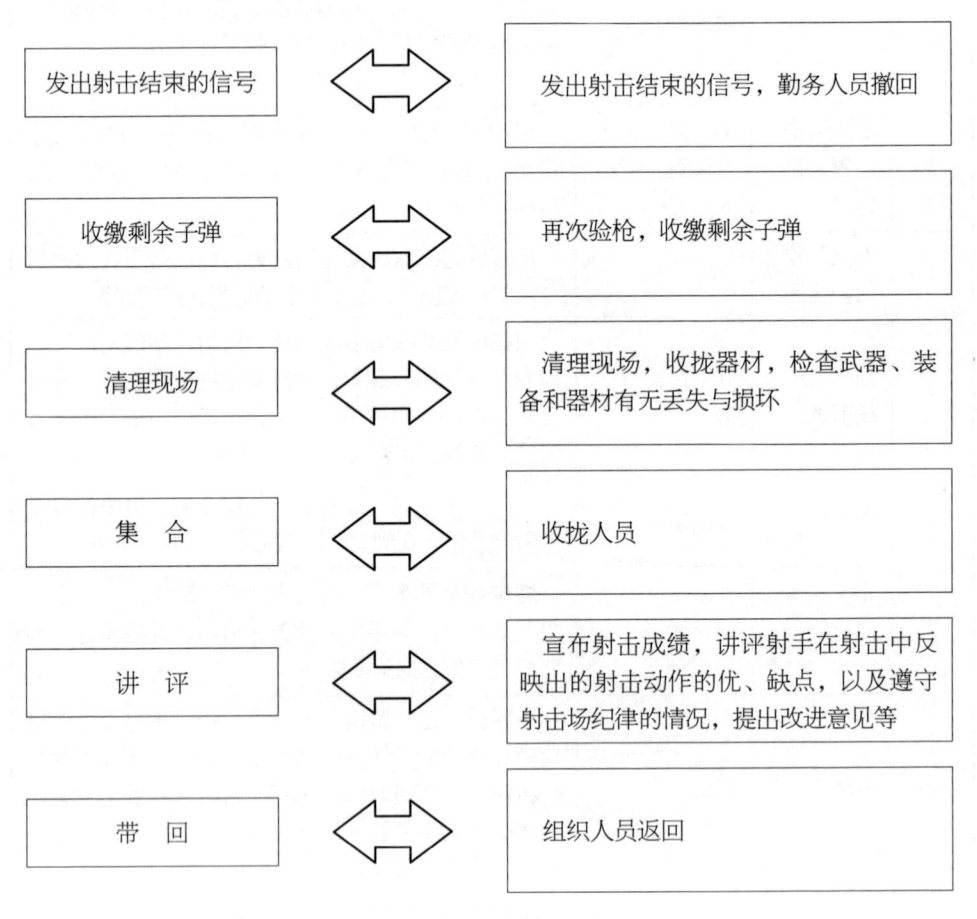

发出射击结束的信号	⇔	发出射击结束的信号，勤务人员撤回
收缴剩余子弹	⇔	再次验枪，收缴剩余子弹
清理现场	⇔	清理现场，收拢器材，检查武器、装备和器材有无丢失与损坏
集合	⇔	收拢人员
讲评	⇔	宣布射击成绩，讲评射手在射击中反映出的射击动作的优、缺点，以及遵守射击场纪律的情况，提出改进意见等
带回	⇔	组织人员返回

图7-11 射击完毕后的工作流程

第二节　战术

一、单兵战术基础动作

单兵战术基础动作是指单兵在作战中采用的基本姿势和运动方法，是单兵进行战斗的基本技能。熟练掌握单兵的基础动作，是正确利用地形、迅速隐蔽运动的前提。基础动作主要包括卧倒、起立、直身、屈身前进、匍匐前进、滚进和跃进。

（一）卧倒

1. 持枪（筒）卧倒

要领：左脚向正前方迈出一大步，左腿弯曲，上体前倾，身体下蹲，两眼注视前方，左手顺左脚前伸，掌心向下，稍向右，以左膝、左手、左肘的顺序着地，成侧身卧倒。此时的姿势是：左腿弯曲，右腿伸直，右手提枪，枪托着地，目视敌方。需要射击时，右手以虎口的压力和四指的顶力将枪向目标方向送出，左手接握弹匣，同时蹬直左腿，全身着地，收回右手，打开保险，移握握把，举枪射击。机枪手、120反坦克火箭（火箭筒）手卧倒时，左手打开脚架，同时左脚向前迈出一大步，将枪（筒）对准目标，架在地上，两手在枪（筒）身左侧撑地，两脚同时后伸并迅速卧倒，据枪（筒）射击。如不需射击时，则不据枪（筒），做好继续前进的准备。

2. 端枪（筒）卧倒

要领：左脚向正前方迈出一大步，身体下蹲，按左小臂、左膝、左臀的顺序迅速卧倒，两手迅速出枪（筒），同时蹬直左腿，据枪（筒）射击。跪姿卧倒动作要领：两脚分开平齐，约与肩同宽，上体收腹前倾，身体下蹲，重心稍向后移，两膝内侧迅速着地，同时上体前扑，两手臂外侧迅速着地，伸直双腿，成据枪（筒）射击姿势。

（二）起立

1. 持枪（筒）起立

要领：右手移握上护木收枪，同时左小臂屈回并侧身，而后用臂、腿的协力撑起身体，右脚向前一大步，左脚顺势跟进，继续前进。

2. 端枪（筒）起立

要领：首先观察前方情况，而后迅速收腹、提臀，用肘、膝支起身体，左脚先止步，右脚顺势跟进，端枪（筒）继续前进。

（三）直身、曲身前进

1. 直身前进

直身前进是在距敌较远，地形隐蔽，敌人观察、射击不到时采用的动作方法。

要领：目视前方，右手持枪（筒），大步或快步前进。

2. 曲身前进

曲身前进是在遮蔽物略低于人体时采用的运动方法。

要领：目视前方，右手持枪，上体前倾，头部不要高出遮蔽物，两腿弯曲（屈身程度视遮蔽物高低而定），大步或快步前进。

（四）匍匐前进

匍匐前进是在通过敌方步枪、机枪火力封锁较短地段，或利用较低的遮蔽物前进时采用的运动方法。根据遮蔽物的高低分为低姿匍匐、高姿匍匐、侧身匍匐和高姿侧身匍匐四种。

1. 低姿匍匐

低姿匍匐是在遮蔽物高约40厘米时采用的动作方法。

口令：向××——低姿匍匐前进。

要领：腹部贴于地面，屈回右腿，伸出左手，用右脚内侧的蹬力和左手的扒力使身体前移，在移动的同时，屈回左腿，伸出右手，用左腿内侧的蹬力和右手的扒力使身体继续前移，依次交替前进。携冲锋（步）枪时，右手掌心向上，枪面向右，虎口卡住机柄或握护木，并握住背带，枪身靠紧右臂内侧；也可右手虎口向上，握枪的长背带环处，食指卡住枪管，将枪置于右小臂上。携机枪时，通常右手握握把，推枪前进，也可由正副射手协同推、拉枪前进；携120反坦克火箭筒时，右手握握把或脚架顶端，将筒置于右小臂上；120反坦克火箭筒副射手可采取背、推、拉背具的方法前进。

2. 高姿匍匐

高姿匍匐是在遮蔽物高约80厘米时采用的动作方法。

口令：向××——高姿匍匐前进。

要领：用两小臂和两膝支撑身体前进。携枪方法同低姿匍匐前进，可将枪托向右，两手握枪前进。

3. 侧身匍匐

侧身匍匐是在遮蔽物高约60厘米时采用的动作方法。

口令：向××——侧身匍匐前进。

要领：身体左侧及左小臂着地，左大臂向前倾斜支撑上体，左腿弯曲，右腿收回，右脚靠近臀部着地，右手握枪，用左臂支撑力和右脚跟的蹬力使身体前移。120反坦克火箭筒副射手将背具夹于右肋或右手拉背具前进。

4. 高姿侧身匍匐

高姿侧身匍匐通常是在遮蔽物高80～100厘米时采用的动作方法。

口令：向××——高姿侧身匍匐前进。

要领：左手和左小腿外侧着地，右手提枪，以左手的支撑力和右脚的蹬力使身体前移。

二、分队战术训练

分队战术训练是指班、排、连、营四级所进行的战术原则和战斗方法的训练。目的是提高分队指挥员的组织指挥和分队协同作战的能力。依据战斗条令和训练大纲施训，一般由师、团制定计划，师、团、营逐级对下级组织实施。重点是班战术和连战术。训练内容主要有：战斗原则、组织指挥、战斗队形、战斗方法、运动方法、兵器的使用和火力的运用、分队之间的协同动作等。通常围绕进攻、防御和勤务三大体系展开，穿插少量的技术课目，进行分段作业、连贯作业和综合演练。分队战术训练坚持由下而上逐级合成的原则，以协同基础训练为重点，以提高分队整体作战能力为目的。

战术课题可分为必训和选训两类。必训课题必须于本年度内在规定的训练时间内完成。选训课题一般每年由师以上训练部门根据各部队的具体情况和训练水平而定。此外，各部队还可根据担负的作战任务、气候条件、地形特点，选训其他内容。

进攻战斗类型包括对阵地防御之敌进攻战斗、对立足未稳之敌进攻战斗、伏击战斗、遭遇战斗、对重要目标进行袭击的战斗、登陆作战、城市进攻作战等。

防御战斗类型包括阵地防御战斗、仓促防御战斗、城市防御战斗、特定条件下的防御战斗行动。

（一）步兵分队战斗特点

指挥体系精干，控制直接具体，但指挥手段技术层次低，主要通信手段易遭敌干扰。

适应性强，受客观环境的制约小，但面临的威胁多样，防御问题突出。

步兵战斗的地位和作用更为重要，独立行动的机会增多，但面临的困难和完成的艰巨性相对大。

以近距离战斗为主，火力、机动、突击结合紧密，但战斗紧张、激烈、残酷，对战斗作风和心理素质要求更高。

战斗编成中的兵种（专业）分队增多，整体战斗能力增强，但组织协同相对复杂，主动协同、随机协同对发挥整体合力更加重要。

保障重点明显，便于组织实施，但持续保障能力有限，对上级的依赖性较大。

（二）战斗原则

知己知彼，正确指挥；消灭敌人，保存自己；集中力量，各个击破；迅速准备，快速反应；隐蔽突然，出其不意；灵活机动，力争主动；注重近战，善于夜战；密切协同，主动配合；勇敢顽强，积极战斗；加强保障，及时补充。

进攻战斗中的步兵班通常在排的编成内进行战斗任务。进攻时，通常担任主要的突击，但有时也担任连（排）预备队。必要时，还可能担任开辟通路等任务。正面进攻的接敌距离，一般根据敌情、地形和任务而定，通常为50~70米。班可能得到喷火器2~3具的加强火力，有时也可得到75毫米无后坐力炮1门的加强火力和上级随伴火炮和坦克的支援。

传达任务，做好战斗准备。班长受领战斗任务后，应迅速召集全班传达任务。其内容是：敌情，上级的意图，本班的任务和得到的火力支持，出发阵地的位置和运动路线等。班长传达任务后，要进行简单的战前动员，同时要开展军事民主会议，研究完成任务的方法，充分听取战士们的意见。但会议时间不宜过长，当讨论出现各种分歧时，班长要迅速明了地作出决断，绝对不能含糊不清。尔后，督促全班迅速检查武器、弹药、装具器材及伪装，在上级规定的时间内做好一切战斗准备，并通过电台、电话等向排长报告。

迅速隐蔽。接敌班在接敌时，要利用有利地形和敌方火力中断、减弱、转移和被我方火力压制等有利时机，采取欺骗迷惑敌人的方法，迅速前进或交替掩护前进。

1. 班级的战斗队形

应根据敌情、地形和任务而定。通常有以下几种。

(1)一(二)路队形：通常在距敌较远，地形较隐蔽，敌方火力威胁不大或通过狭窄地段时采用。

班长口令："距离（间隔）×步，成一（二）路跟我来！"班（组）长向目标前进，各小组（战士）按规定距离依次跟进。

(2)一字队形。通常在通过开阔地、密集火力区或向敌冲击时采用。班长口令："目标（方向）×处，以×组为准，成一字队形散开（或向左、右散开）。"基准组向目标前进，其余组（战士）向其两侧或一侧散开前进。

(3)三角队形。通常在通过开阔地、密集火力区或向敌冲击时采用。

班长口令："目标（方向）×处，以×组为准，成前（后）三角队形散开。"基准组向目标前进，其余组（战士）向其一侧呈三角队形散开前进。

(4)梯形队形。通常在侧翼有敌情顾虑时采用。

班长口令："目标（方向）×处，以×组为准，成左（右）梯形散开。"基准组向目标前进，其余组（战士）向其一侧呈梯形队形散开前进。

2. 跃进

班在敌方火力下通常采取跃进的方法接敌。根据地形、敌方火力威胁程度，班级战斗人员通常可以采取以下方法实施跃进。

(1)全班跃进。通常在距敌较远，敌方火力中断、减弱或被我方火力压制时采用。

班长口令："向×处——全班跃进。"全班战士突然跃起前进，到达位置时应迅速卧倒，占领射击位置。

(2)分组跃进。通常在距敌较近，敌方火力凶猛，威胁较大，需要相互掩护前进或受地形限制时采用。

班长口令："向×处——从左（右）分组跃进。"全班的战斗小组分组跃进。

(3)分组各个跃进。通常在通过敌方火力控制较严的开阔地带时采用。

班长口令："向×处——全组各个跃进。"各班组长逐个指挥各组战士跃进。

(4)全班各个跃进。通常在敌方火力封锁严密的开阔地带或狭窄路段时采用。

班长口令："向×处——全班各个跃进。"班长逐个指挥每一个战士跃进。

步兵班在接敌过程中，如遇敌机轰炸扫射时，应利用地形，加大间隔距离，迅速前进；如遇敌方炮火拦阻时，应加大间隔距离，乘敌炮火减弱、中断时，跑步通过,或利用弹坑等地形跃进通过。

(三)冲锋准备和冲锋

步兵班占领冲锋出发阵地后,班长应立即派出观察、警戒,下达口述战斗命令,做好冲锋准备。

步兵班长通常向各战斗小组长下达战斗命令。地形隐蔽,敌火力威胁不大时,也可向全班战士直接下达。如战斗情况紧急,班长还可边打边下达冲锋命令。

下达冲锋战斗命令时,班长必须要判定方位,介绍地形,指定方位物,尔后明确:敌军番号,兵力,前沿,装甲目标,火力点的确切位置,工事和障碍物情况;排(班)的任务,全班的运动路线,冲击目标和发展方向;友邻的任务与其协同的方法;各组和加强火器的任务及相互间的协同动作;支援火器、坦克的任务,与其协同的方法;道路的位置和通过的方法;完成冲锋准备的时限,与其协同的方法;班长的指挥位置和一旦班长牺牲后的代理人。

接到上级的冲击口令或信号时,班长应立即下达"冲锋前进"的口令。全班在冲锋过程中,班长应以身作则,位于队形的最前面,在战斗中不断地观察冲锋路线和冲锋目标。通过道路时,应快速收拢队形,充分利用我方的火力突击和烟幕掩护,以疏散的队形、灵活的方法、最快的速度通过,达到尽可能减少伤亡的效果。当道路纵深较大时,全班可组织火力,利用地形,分组交替通过;如敌方火力被压制,也可成二路队形快速通过。当道路纵深较小时,全班应快跑一次性通过。一旦遇到敌方火力太猛,人员伤亡较大,冲锋停顿受挫时,班长应沉着冷静,迅速查明情况,及时调整部署,指挥全班占领有利地形,组织火力压制敌人,然后乘敌方火力中断、减弱、转移之际,再次发起冲锋。

当全班伤亡过大时,班长应指挥全班匍匐在原地继续顽强战斗,并迅速将情况报告上级,在明确接到上级的撤退命令前,不可轻言撤退。

(四)在敌方阵地内战斗

步兵班突入敌方前沿阵地后,班长应迅速查明情况,及时给各组规定任务,采取壕内壕外密切协同的方法,指挥全班逐段肃清壕内残敌。

通常步兵班以1~2个小组进入壕内,其余小组在壕外掩护。壕内小组可由壕的一翼向中间,也可由壕向两翼进行搜索。

相对搜索时,要注意避免误伤。搜索时,应沿壕逐段搜索,发现敌人,应以射击、投弹或拼刺的方法将其消灭。壕外小组应以火力掩护壕内小组的行动,并切断敌人的退路。必要时，也可进入壕内战斗。

全班要一鼓作气，连续作战，不要停顿，直到消灭掉最后一个残敌为止。要充分发挥战斗小组的作用，利用敌方防御间隙，大胆插入敌方侧后，勇猛进攻，不给敌方重新组织抵抗的机会。

当敌人向步兵班发起反冲锋时，班长首先应指挥全班以准确、猛烈的火力切断敌方步兵与坦克的联系，集中火力消灭敌方步兵。

当敌人向友邻部队反冲击时，班长应主动指挥全班以火力支援友邻部队，或根据上级指示，向敌方侧翼攻击，协同友邻部队歼灭反冲锋之敌。

当全班受领巩固阵地的任务时，班长应迅速派出人员进行警戒、观察，及时明确任务，调整部署，组织火力，救护伤员，领发弹药，构筑或加修工事，设置障碍，进行伪装，防敌人火力报复，做好抗敌冲击的准备。

（五）防御战斗中的步兵班

步兵班在防御战斗中，通常在步兵排的编成内坚守全排支撑点的一段阵地，全班防御正面接敌距离通常为80~120米。有时也担任预备队，增强或接替前沿分队的防御或实施反冲击。

全班根据担负的任务，可能得到75毫米无后坐力炮1门、重机枪1挺和喷火器1个的武器配置，以及上级坦克和各种火力的支援。

步兵班的兵力通常成一线配置，根据地形，有时也可成三角形或梯形配置。

火器应配置在便于发扬火力、便于机动的位置，各种火器要在前沿和阵地内形成直射、侧射、反射和交叉射击，并做到火力与障碍物相结合、打地面目标火力和打空中目标火力相结合。

班长受领防御任务，应指挥全班占领防御阵地，派出观察和值班火器。然后，传达任务，下达口述战斗命令，构筑工事，设置障碍，做好防御战斗准备。

防御战斗开始后，班长首先应指挥全班防敌方核武器和化学武器、航空兵火力和炮兵火力的袭击。同时，应以火力和兵力阻止敌人在我方障碍区内开辟前进通道。

当敌人开始发起冲锋时，班长应及时命令全班进入射击阵地，以各种轻重火力阻止敌人向己方前沿和阵地发起冲锋。

当敌人突入阵地时，班长要指挥全班顽强地坚持在阵地内战斗，消灭突入的敌方坦克、步战车和步兵，阻止敌人进一步扩大战果。

当敌人突入友邻部队阵地时，班长应根据实际情况，适时组织火力和兵力支援友邻部队战斗。

当全班被迫转入坑道作战时，班长应指挥好全班进入坑道的行动，防止敌人尾追进入；进入坑道后，应组织力量坚守坑道口，并积极向坑道外出击，消耗敌人，为最后收复阵地创造条件。

第八章　防卫技能与战时防护训练

【教学目标】

1. 了解格斗、防护的基本知识
2. 熟悉卫生、救护基本要领
3. 掌握战场自救互救的技能
4. 提高学生安全防护能力

什么是格斗？

格斗，也叫搏击，即"打斗、战斗"，具有攻击、防御、闪躲的技法就是格斗术（技击术）。从古到今，人类发明了各种各样的格斗技。格斗可以分为徒手格斗和器械格斗。

第一节　格斗基础

格斗，也叫搏击，即"打斗、战斗"，具有攻击、防御、闪躲的技法就是格斗术（技击术）。从古到今，人类发明了各种各样的格斗术。格斗可以分为徒手格斗和器械格斗。

军队格斗，是以擒敌拳、捕俘拳等为主的一种新式格斗技巧，实用性强，动作难度也不大，简单易学。

一、格斗常识

掌握擒拿格斗基础知识，是我们搞好擒拿格斗训练的基础。学习和熟悉人体要害部位、手形、步形和致伤方法，有利于我们在格斗中准确地打击敌人易受伤部位，达到一招制敌和保护自己的目的。

（一）人体要害部位

所谓人体要害部位是指最易遭受打击或因挤压而致伤的部位。就人的身体而言，可分为三大部分：头和颈部、躯干、四肢。

1. 头和颈部要害部位

头和颈部要害部位主要有耳、太阳穴、眼睛、鼻梁、上唇、下巴、喉结、咽喉、颈侧、颈背等。

2. 躯干要害部位

躯干要害部位主要有锁骨、腋窝、太阳神经丛、腹部、裆部、肋部、腰部、脊椎等。

3. 四肢要害部位

四肢要害部位主要有：手指关节、肩关节、膝关节、脚踝关节、脚背等。

（二）手形

擒拿格斗中的手形主要有四种，即拳、掌、爪、勾。

1. 拳

拳分实拳、小拳、尖拳。实拳其动作是：四指并拢，从第二关节处弯曲紧握，然后再从大关节处卷曲紧握，拇指扣在食指和中指的第二关节处。小拳的动作是：四指并拢，从第二关节处弯曲紧握，拇指贴于食指第二关节的外侧。尖拳的动作是：四指并拢，从第二关节处弯曲紧握，然后再从大关节处卷曲紧握，拇指扣在食指和中指、无名指的第一关节上，利用中指、食指、无名指和关节部位攻击对方。

2. 掌

掌的形状分四种：立掌、横掌、插掌、八字掌。就掌而言有掌心、掌背、虎口、掌外侧、掌根、掌指。

用途：用于推、切、砍、插等动作来攻击对方。

八字掌：用于卡、压、抓、拉等动作来攻击对方。

3. 爪

可分为龙爪、虎爪、鹰爪。主要用于抓、卡、拧、拉等动作来攻击对方。

4. 勾

五指前尖撮拢捏紧并屈腕。勾分勾顶、勾尖。用于向后攻击对方腹部、肋部、裆部。

（三）步形

步形主要分为：弓步、马步、虚步、仆步、骑龙步。熟练地掌握步形，是打牢下盘稳固性、培养下肢力量和灵活性的基础。

1. 弓步

要领：向前一大步，前腿屈膝，脚尖对向前方，膝盖与脚尖在一条垂直线上，后腿绷直，脚尖对向前方，脚跟不离地，上体稍向前倾，体重大部分落于前脚。左脚在前为左弓步，右脚在前为右弓步。

2. 马步

要领：两脚分开略比肩宽，脚尖向前，两腿屈膝半蹲，膝盖与脚尖在一条垂直线上；两手握拳提至腰际，拳心向上；上体伸直，重心落于两脚。

3. 虚步

要领：前虚步。后退一步，后腿屈膝半蹲，脚尖外伸；前腿膝盖微屈，脚面绷直，脚尖着地并内扣，重心落于后脚；两手握拳提至腰际，拳心向上。左脚在前为左前虚步，右脚在前为右前虚步。后虚步。向前一步，前腿屈膝半蹲，后腿屈膝里合，脚尖着地，重心落于前脚，两手握拳提至腰际，拳心向上。左脚在后为左后虚步，右脚在后为右后虚步。

4. 仆步

要领：一腿横跨一步并屈膝下蹲，臀部接近小腿，脚跟不离地，脚尖外伸；另一腿伸直，脚掌内侧着地，脚尖往里扣，重心落于蹲腿上；两手握拳提至腰际，拳心向上。蹲左腿为左仆步，蹲右腿为右仆步。

5. 骑龙步

要领：一脚向右后或左后撤一小步（约两脚长），前腿屈膝下蹲，膝盖与脚尖在一条直线上，大腿略成水平，后腿（前脚掌着地）下跪接近地面。

（四）致伤方法

致伤方法包括头部致伤方法、颈部致伤方法、躯干致伤方法、腿部致伤方法、关节部致伤方法五个方面。

1. 头部致伤方法

头部致伤方法有揪头发、戳眼睛、击太阳穴、击鼻梁、击下颌、撕击耳朵、击上唇。

2. 颈部致伤方法

颈部致伤方法有击咽喉、击颈部、击颈背、击刺锁骨。

（1）击咽喉。用拳外侧、拳头击打咽喉，或以扼勒的方法，可使其昏厥甚至毙命。

（2）击颈部。用掌外侧猛击对方颈部，可使其心恐昏厥；用扼的方法能将对手置死。

（3）击颈背。用掌外侧或实拳猛击颈背部，能将对手置死。

（4）击刺锁骨。挤压或用刀捅刺锁骨处，使其毙命。

3. 躯干致伤方法

躯干致伤方法有击肋骨、击肾部、击腰部、击腹部、击裆部。

（1）击肋骨。用拳头击打、用掌外侧砍击、用肘关节顶撞、用脚踢踹的方法击打肋骨处，可使其神志昏迷。

（2）击肾部。用拳击、掌外侧砍击或踢踹肾部，可使其内脏重伤。

（3）击腰部。用掌外侧猛击或踢踹腰部，可致其内伤。

（4）击腹部。用脚踢踹或以拳猛击敌腹部，可致其重伤。

（5）击裆部。用踢或打击的方法，可使其重伤。

4. 腿部致伤方法

腿部致伤方法有击大腿、击小腿、击脚背。

（1）击大腿。用脚踢踹大腿，可使其重伤。

（2）击小腿。用脚踢踹小腿，可使其重伤。

（3）击脚背。用脚踢踹脚背，可使其重伤。

5. 关节部位致伤方法

关节部位致伤方法有击膝关节、击踝关节、击肩关节、击肘关节、击腕关节、击指关节、击脊背、击趾关节。

（1）击膝关节。用踢踹或以肘关节顶压膝关节，可使其重伤。

（2）击踝关节。踢踹踝关节，可使其重伤。

（3）击肩关节。用拳猛击或双手抓拧肩关节，可使其重伤。

（4）击肘关节。用双手扭压肘关节，可使其骨折或脱臼。

（5）击腕关节。用单手或双手反压腕关节，可将其制服。

（6）击指关节。用手抓住其手指反压指关节，可将手指折断。

（7）击脊背。踢踹或拳击脊骨，可使其重伤。

（8）击趾关节。用脚后跟猛踢趾关节，可使其伤裂。

二、捕俘拳

捕俘拳是特种兵常用的一种拳法。

准备：在立正的基础上，两脚迅速并拢，同时两手握拳，两臂微弯，拳眼向内，距胯部约十厘米，头向左转，目视左前方。

（一）上挡冲拳

起右脚原地用力下踏，左脚向左侧跨一步，在左转身的同时，左臂上挡，拳心向前，右拳从腰际旋转冲出，拳心向下，成左弓步。

要求：下踏时要求脚掌着地，有爆发力。

（二）削臂绊腿

左拳变掌向前击右拳背，右拳收回腰际，右脚向前扫。

左手挡抓、拧、拉于腰际，同时右脚向后绊，右拳用力旋转冲出。

要求：向前扫、向后绊的动作要协调，出招要有力，重心要稳。

（三）上架弹踢

上右脚，两腿成右弓步，同时两拳变掌，沿小腹向上叉掌护头。

两拳变钩，然后用力向后击，同时起左脚，大腿抬平，脚尖绷直，用力向前弹踢，迅速收回。

要求：两臂挟紧，用力后钩击，要猛踢快收，重心要稳。

（四）下砸上挑

两手变拳，左拳由上用力向下砸，与膝同高，同时左脚向前跨步，成左弓步。

右拳向前上挑护头，拳心向前，同时起右脚，大腿抬平，脚尖绷直，头向左甩。

要求：起身要快，重心要稳。

（五）交叉侧踹

上身伸直下蹲，右脚用力向下踏，两小臂上下置于胸前，左臂在上，拳心向下；右臂在下，拳心向上。

迅速起身，两拳交错外格，起左脚，大腿抬平，脚尖内勾，向左猛踹，迅速收回。

要求：下踏要有爆发力，下蹲起身要快。

（六）顺手牵羊

左脚向前，落地屈膝，两拳变掌起在左前方，成抓拉姿势。

两手向右后猛拉，同时右脚用力向前扫。

要求：后拉前扫要有力，动作要协调，重心要稳。

（七）上挡抱膝

右脚向前落地，同时左手变拳，小臂向上挡。

左转身，屈膝下蹲，两手合力后抱，两掌相对，掌心向内，略低于膝，右肩向前顶，步伐成右弓步。

要求：转体合抱的动作要协调一致。

（八）插裆扛摔

左手向上挡抓，右手插前裆，掌心向上。

左手向右下拧拉，大臂贴肋，小臂略平，拳心向上，同时右臂上挑，右肩上扛，身体重心落于右脚，成右弓步。

要求：下拉、上挑、转体要协调一致。

（九）下拨上勾

左拳下拨后摆，左转身，同时右拳由后向前用力上击，拳心向内，与下颌同高，同时右脚向右自然移动，成左弓步。

要求：转身要快，勾拳要有力。

（十）卡脖掼耳

向左踹步，在左脚落地的同时，右脚往前一步，左拳变掌，置于胸前，右拳后摆。

向左转体，左手下按，右拳向下用力横击，成左弓步。

要求：踹步要有力，转体、卡脖、出拳要协调一致。

（十一）内外绊腿

在起身的同时，左脚向右踹步，右脚向前扫，两手合掌于右肩前。

两手用力向左肩前拧拉，上身稍向左转，同时右脚后绊，成左弓步。

要求：踹步、合掌、前扫要动作协调，重心要稳。

（十二）踹腿锁喉

右脚向右前方踹步，左脚向右跃步，然后起右脚，大腿抬平，脚尖内勾，两臂弯曲，置于胸前，掌心向下。

右脚侧踹，脚在落地的同时，右手前插，左手抓握右手腕，右手变拳，用力后拉下压，成右弓步。

要求：踹、锁要协调一致，重心要稳。

（十三）里拨冲拳

上左脚，右转身，成右弓步，左臂顺势内拨，护于胸前，右拳收于腰际，拳心向上。

左拳向左后，右拳向前以蹬腿、扭腰、送胯之合力同时冲出，成左弓步。

要求：双拳要有爆发力。

（十四）抓手缠腕

两手变掌，左手抓握住右手腕。

右掌上挑外拨，身体向右稍转，两臂用力后拉，猛扣压于腰际，成右弓步。

要求：抓握要有力，速度要快。

（十五）掐挡卡脖

左手抬起，手臂弯曲，掌心向前，右手下插，后拉上提，置于肋前，屈指、掌心向上，同时左手用力向前下方推压，与膝同高，掌心向下，成左弓步。

要求：上提、推压要动作协调。

第二节 战场医疗救护

一、救护基本知识

（一）战伤救护的意义

战伤救护是在战争中为减少伤亡，快速恢复战斗力，以保持战争实力而必须采取的医疗救护措施。战伤救护的基本原则是：加强敌情观察和严格灭菌，迅速、准确、及时地抢救伤员。在救护中要先抢后救，先重后轻，先近后远。在进行救护时，要做到不用手触碰伤口，不随便用水冲洗伤口（化学烧伤和磷弹伤例外），不用碘酒涂擦伤口，不随意取出伤口内的异物，不轻易放弃和停止抢救时机等。

（二）战伤救护的四项技术

1. 止血

（1）出血的种类与特征。血液从伤口向外流出称外出血。体表没有伤口，血液由破损的血管流入组织、脏器、体腔等称为内出血。出血有动脉出血：呈现喷射状，血色鲜红，生命危险性大。毛细血管出血：呈片状渗出，血色鲜红，生命危险性较小。静脉出血：呈缓慢流出，血色暗红色，生命危险性小。

（2）止血的方法。止血是为了防止伤员因流血过多而休克或死亡。毛细血管和静脉出血时，加压包扎即可。下面主要介绍几种动脉出血的止血方法。

① 指压止血法。它是一种暂时的紧急止血方法，适用于较大的动脉血管出血。用手压迫伤口的近心端，使动脉被压迫住，以达到迅速止血的目的，然后再使用止血带。小动脉出血，用指压后，可改用压迫包扎。

② 填塞加压包扎止血法。是战伤救护中常用的方法之一，适用于较大的伤口。可先用纱布块或急救包填塞，再用棉花团、纱布卷、毛巾、手帕折成垫子，或用石块、小木片等放在出血部位的纱布外面，然后用三角巾或绷带加压包扎即可。这种方法简便易行。

③ 加垫屈肢压迫止血法。适用于四肢无骨折和关节伤时的止血救护。如上臂

出血，可用一定硬度、大小合适的垫子放在腋窝，上臂贴紧胸侧，用三角巾、绷带和皮带等固定在胸部。如小腿出血，可分别在腘窝（即腿弯）、肘窝外加垫屈肢固定。

④ 止血带止血法。适用于四肢较大的动脉出血。较大的动脉出血，使用止血带时要松紧适宜，以伤口不出血为度。防止过紧伤害神经，过松又达不到止血的目的。

2. 包扎

包扎是为了保护伤口，降低感染，固定敷料，加压止血。包扎时动作要迅速、准确、轻巧、敏捷，包扎要松紧适宜，牢固严密。

（1）绷带包扎法。主要有以下三种方法。

① 绷带环形包扎法。适用于颈部、腕部、额部等处。其方法是：将绷带做环形重叠缠绕数周。

② 螺旋反折包扎法。主要用于前臂、小腿。其方法是：先用环形法固定，再以螺旋状缠绕至渐粗的地方，每圈反折一次。

③ 绷带帽式包扎法。适用于头部。其方法是：自右耳上开始，经额头、右耳上面枕骨外粗隆下回到右耳上的始点，重复一周进行固定。然后二次绕到额头中央，将绷带反折，用右手拇指、食指按住，绷带经过头顶中央而到枕骨外粗隆下面，由助手按住此点，绷带在巾带两侧回反，每周压盖前周1/2，直到完全包盖头部，然后缠绕两周固定。

（2）三角巾包扎法。主要用来包扎面部、肩部、腋窝、胸背、腹股沟等部位。此法操作简单，易于掌握，包扎迅速，应用灵活。主要有以下三种方法。

① 头部包扎法。头部包扎法是先在三角巾顶角和底部中间打一个结，形似风帽。把顶头结放于前额，底边结放于脑后下方，包住头部。两角向面部拉紧，向外反折3~4指宽，包绕下颌后拉至脑后打结固定。

② 胸背部双巾包扎法。用三角巾的斜边围绕身体一周，顶角与底角在 侧腰部打结，再用一个三角巾照样在对面包绕打结，然后打起两个三角巾的另一底角，各翻过肩头与相对的底边打结。

③ 三角巾腹部包扎法。三角巾顶角向下，底边横放于腹部，拉紧底边至腰部打结，顶角经会阴部拉至后方，同底角余头打结或再缠绕一周，与顶头打结，另一底角围绕与底边打结。

（3）包扎的注意事项。

伤口和敷料严禁接触其他脏物，以免造成伤口感染。

包扎止血时压迫重心应在伤处。

包扎时的松紧度要适宜，过紧会影响血液循环和神经，过松又不易止血且易脱落或移动。

包扎动作要轻巧，防止碰到伤口，加重伤口疼痛和出血。

3. 固定

骨折是常见的战伤之一。骨折后如不能及时与正确的固定，伤员不仅会因为剧痛而引起休克，而且会影响伤肢功能的恢复。严重骨折时，会因刺破血管、割断神经而造成重伤。骨折可分开放性骨折与闭合性骨折。骨折断端刺破人体皮肤与外界相通的称为开放性骨折。骨折断端未刺破人体皮肤不与外界相通的称为闭合性骨折。

（1）骨折的特征。一是局部肿胀；二是功能受限，不能活动；三是疼痛剧烈，在骨折处有明显的压痛；四是完全骨折时，因断端移位而发生肢体畸形（肢体缩短、伸长、屈曲、旋转、错位、重叠），并在断端移动时可听到摩擦声。

（2）骨折固定的办法。

① 锁骨骨折固定法。

丁字夹板固定法。将丁字夹板放置于背后肩胛骨上，骨折处垫棉垫，然后用三角巾绕肩两周打结在板上，夹板端用三角巾固定好。

三角巾无夹板固定法。伤员挺胸，双肩向后，在两侧腋下放置棉垫，用两块三角巾分别绕肩两周打结，然后将三角巾打结在一起，前骨屈曲，用三角巾固定于胸前。

② 前臂、上臂骨折固定法。

夹板固定法。前臂：将夹板放置于骨折前臂的外侧，骨折突出部分要加垫，然后固定腕肘两关节（胸部8字形固定），用三角巾将前臂屈曲悬于胸前，再用三角巾将骨折的前臂固定于伤员胸廓。上臂：将夹板放置于骨折上臂的外侧，骨折突出部分要加垫，然后固定肘和肩，用三角巾将上臂屈曲悬于胸前，再以三角巾将骨折的上臂固定于伤员胸廓。

无夹板、三角巾固定法。前臂：先用三角巾将骨折的前臂悬挂于胸前，后用三角巾将其固定于胸廓。上臂：先用三角巾将骨折的上臂固定于胸廓，再用三角巾将其悬挂于胸前。

③ 脊椎骨折固定法。伤员仰卧于硬板上,用绷带将伤员胸、腹、膝、踝部固定于木板上。

④ 颈椎骨折固定法。伤员仰卧于硬板上,颈部下方、肩部两侧要加垫,头部两侧用棉垫固定,防止摇晃,然后再用绷带或三角巾将额头、下巴尖、胸固定于木板上。

⑤ 小腿骨折固定法。将夹板放置于骨折小腿外侧,骨折突出部分加垫,然后固定伤口上下两端和膝、脚踝两关节(8字形固定踝关节),夹板顶端再固定。

⑥ 大腿骨折固定法。将夹板放置于骨折大腿外侧,骨折突出部分加垫,然后固定伤口上、下两端和踝、膝关节,最后固定腰、髂、踝部。

4. 搬运

(1)徒手搬运。单人搬运可采取扶、抱、背等方法进行搬运。双人搬运可采取椅式、拉车式、平托式方法搬运。

(2)担架搬运。把担架放在伤员的一侧,然后两个救护人员在伤员一侧俯下身,解开伤员的衣领,一人用手平托伤员的肩和头部,一人捧着伤员的下肢,把伤员轻轻地放在担架上。伤员躺好后,用衣物等软东西把空隙垫好,以免摇荡。抬担架行进时,伤员头部要向后,以便后面的人随时观察伤情。如果伤员的伤情恶化,要立即停下来急救。搬运脊椎骨折的伤员时,必须用木板做担架,不能用普通的帆布担架。抬担架时要尽可能保持平稳。冬季要防冻保暖,夏季要防暑遮阴。

二、个人卫生

(一)个人卫生的总要求

军人这一特殊职业要求士兵必须有强健的体魄。为此,《中国人民解放军内务条令》对个人卫生提出了总的要求,士兵应做到:饭前便后要洗手,不吃(喝)不清洁的食物(水),不暴饮暴食;勤洗澡,勤理发,勤剪指甲,勤洗晒衣服被褥;不随地吐痰和便溺,不乱扔果皮、烟头、纸屑等废弃物;保持室内和公共场所的清洁卫生。提倡戒烟。

(二)个人卫生的内容

1. 皮肤的卫生

皮肤是人体的最大器官之一,直接与外界接触,许多物理、化学和生物性的因素都可能给皮肤造成不同程度的损害。

军人要完成各类训练和施工任务,皮肤会大量出汗,因此要经常洗澡(提倡淋浴和冷水擦浴），保持皮肤清洁、卫生，避免出现皮肤疾病。

2. 头发的卫生

头发过长，既不利于保持卫生，又不利于战场行动。因此要保持头发整洁，定期理发。梳子和清洁用品不与他人共用，以免通过间接皮肤接触导致疾病传播。头发应经常梳理，梳头能刺激头皮血液循环，也可去除灰尘、头皮屑。

3. 手脚的卫生

饭前便后要有洗手的习惯，要经常修剪指甲和保持干净。不要用牙咬指甲，避免细菌通过口腔传播。要穿透气性好的鞋袜，要穿大小合适的鞋子。保持脚的清洁和干燥，尽可能每天洗脚换袜子。部队集体生活，经常不洗脚不换袜子，容易引起脚气传染。

4. 口腔和脸部的卫生

经常刷牙、漱口，保持口腔卫生。特别是晚上睡前要刷牙，因睡后口里的唾液分泌少，口里的自洁作用差，如有食物残渣遗留，口内微生物容易滋生繁殖，导致口臭、口腔溃疡等。

要养成经常洗脸的习惯，以保持脸部卫生。洗脸时不要把肥皂涂在脸上后用毛巾擦，这样会损伤面部皮肤。冬天提倡用冷水洗脸，干毛巾擦脸，以提高御寒能力。洗漱用具不能与他人共用，以免交叉感染。

5. 眼、耳、鼻的卫生

擦眼、鼻时要用干净的手帕，不要用手揉眼、抠鼻子。擤鼻涕时要左右鼻孔交替进行，不要用力过猛。清洁外耳道时，不要用树枝和火柴等尖硬物，可用手帕的一角捻起来清理。不在强烈的或太暗的光线下看书、写字。不躺着看书，乘车走路时不看书。执行任务遇有风沙时，可戴风镜。避免长时间接触高分贝噪音。经常按摩耳朵。

6. 饮食的卫生

搞好饮食卫生是防止病从口入的关键。平时要养成饭前洗手的习惯，不喝生水，不吃变质食物；就餐时，不暴饮暴食，要保持饮食均衡，减少胃肠负担；各类瓜果要洗净后再食用，积极预防各种消化疾病和传染疾病；注意饮水消毒，需要饮用地表水（江水、河水、溪水等）时，应首先进行净化处理后再饮用。

7. 衣服和卧具的清洁

衣服和卧具要勤换洗。若不能换洗，则应定期地打开抖一抖，并在阳光下曝晒，这样可以大大减少衣服和卧具上的细菌。

三、意外伤的救护

（一）蛰咬伤的急救

1. 被蛇咬伤

毒蛇，头部大多为三角形，有毒牙和毒腺，颈部较细，尾部较短粗，色彩较鲜艳，牙齿较长。被毒蛇咬伤者，一般可在患处发现有2~4个大而深的牙痕，局部疼痛。

被无毒蛇咬伤者，患处一般有两排"八"字形牙痕，小而浅，排列整齐，伤处无明显疼痛。

如果被蛇咬伤，一时无法确定是否为毒蛇，则应按毒蛇咬伤处理。

（1）立即就地自救或互救，千万不要奔跑，否则会加快毒素的扩散。

（2）立即用皮带、布带、手帕、绳子等物在距离伤口3~5厘米的上方缚扎，以减缓毒素的扩散速度。每隔20分钟需放松2~3分钟，以避免肢体缺血坏死。

（3）用清水冲洗伤口，用生理盐水或高锰酸钾溶液冲洗更好。

（4）冲洗伤口后，如果发现有毒牙残留必须拔出。用消过毒或清洁的刀片，连结两毒牙痕为中心做"十"字形切口，切口不宜太深，只要切至皮下能使毒液排出即可。

（5）可以用拔火罐或者吸乳器反复抽吸伤口，将毒液吸出。紧急时也可用嘴吸，但是吸的人必须口腔无破溃，吐出毒液后要充分漱口。

（6）有条件的话，可点燃火柴，烧灼伤口，破坏蛇毒。

（7）尽快食用各类蛇药，咬伤24小时后再用药则无效。同时可用温开水或唾液将药片调成糊状，涂在伤口周围的2厘米处，不要包扎伤口。

（8）经处理后，要立即就近就医。

2. 被狗咬伤

被狗咬伤对人的危害较大，因为狗的牙齿上有各种病菌和病毒，很容易通过伤口侵入人体，引发疾病，甚至致人死亡。如果是被疯狗咬伤，还会感染狂犬病毒，狂犬病致人死亡率非常高，所以，被狗咬伤决不能轻视，必须采取紧急处理措施。

（1）一般情况下很难区别是否被疯狗咬伤，所以一旦被狗咬伤，应按疯狗咬伤处理。

（2）被狗咬伤后，要立即处理伤口，首先在伤口上方扎止血带（可用手帕、绳索等），防止或减少病毒随血液流入全身。

（3）迅速用洁净的水或肥皂水对伤口进行流水清洗，彻底清洁伤口，但不要包扎伤口。

（4）迅速就医，在24小时内注射狂犬病疫苗和破伤风抗毒素。

3. 被蜜蜂、黄蜂等蜇伤

蜂的种类很多，有蜜蜂、黄蜂和土蜂等，蜂的腹部末端有与毒腺相连的蜇刺，当蜇刺扎入人体时，可随之毒液注入人体。蜇伤处会出现肿胀、水疱，局部剧痛或瘙痒，严重者甚至会出现头痛、恶心、烦躁、发烧等症状。被蜂蜇伤可以采取如下做法。

（1）不要紧张、保持镇静。

（2）如有毒刺刺入皮肤，先用工具拔去毒刺。

（3）用肥皂水、食盐水或糖水清洗伤口。

（4）被黄蜂蜇伤的，可以取食用醋涂在伤处。

（5）可以将大蒜、生姜捣烂后取汁涂于伤处。

（6）如有韭菜，可取少许，洗净捣烂成泥状涂在伤处。

（7）症状比较严重的，应立即送往医院抢救。

（二）触电受伤的急救

触电受伤包括交流电和雷电造成的击伤。触电可造成体表入口伤和出口伤，均由电能通过身体产生的热能所致。损伤包括外损伤和内损伤。触电受伤，轻者造成机体损伤、功能障碍，重者死亡。

1. 触电现场表现

（1）轻伤。触电部位起水泡，组织破坏，损伤重的皮肤烧焦。

（2）重伤。骨折，肌肉、肌腱断裂，抽搐、休克、心律不齐，内脏破裂，呼吸、心搏停止。

2. 现场急救

（1）交流电触电时，先切断总电源。如电源总开关在附近，则迅速切断电源，否则不能进行下一步措施。

（2）脱离电源。用绝缘物（木质制品、塑料制品、橡胶制品、书本、皮带、棉麻制品、瓷器等）迅速将电线、电器与伤员分离。要防止相继触电。

（3）心肺复苏。对心跳、呼吸停止者立即进行心肺复苏。

（4）包扎电烧伤伤口。

（5）迅速送医院就医。

（三）烧伤和烫伤的急救

烧伤和烫伤由火焰、沸水、热油、强酸、强碱等物质引起。最常见的是火焰烧伤，热水、热油烫伤。

烧伤和烫伤会损伤皮肤，轻者皮肤肿胀，起水泡，疼痛；重者皮肤烧焦，损伤血管、神经、肌腱。呼吸道也可能烧伤。烧伤引起的剧烈疼痛等因素能导致休克，晚期出现感染、败血症，危及生命。

烧伤和烫伤的急救措施如下。

立即脱离险境，但不能带火奔跑，这样不但不利于灭火，而且可能会导致呼吸道烧伤。

带火者要迅速卧倒，就地打滚灭火，或用水灭火，或用棉被、大衣等覆盖灭火。

冷却受伤部位，用冷水冲洗，冷却伤处。

脱掉伤处的手表、戒指、衣物等。

用消毒敷料或清洗好的毛巾、床单等覆盖伤处。

勿刺破水泡，伤处勿涂药膏，勿粘贴受伤皮肤。

口渴严重时可饮盐水，以减少皮肤水分渗出，预防休克。

迅速送医院就医。

（四）中暑的急救

在高温（温度>35℃）或在强热辐射下长时间劳动，未采取防暑降温措施，可发生中暑；在气温不太高而湿度较高和通风不良的环境下从事重体力劳动也可发生中暑。年老、体弱、营养不良、疲劳、肥胖、饮酒、饥饿、失水失盐、穿紧身不透风衣裤、水土不服，及甲亢、糖尿病、心血管病、广泛皮肤损害、先天性汗腺缺乏症、震颤麻痹、使用阿托品等均为中暑的诱因。

户外活动时如何防止中暑呢？

1. 喝水

大量出汗后，要及时补充水分。外出活动，尤其是拉练或去缺水的地方，一定要带够充足的水。条件允许的话，还可以带些解渴的水果。

2. 降温

外出活动前，应该作好防晒准备，准备太阳伞、遮阳帽，穿着浅色透气性好的服装。外出活动中一旦有中暑的征兆，要立即寻找阴凉通风处，解开衣领，降低体温。

3. 备药

可以随身带一些仁丹、十滴水、藿香正气水等药品,它们可以缓解轻度中暑引起的症状。如果中暑症状严重,应立即送医院救治。

(五)晕厥的急救

1. 晕厥的表现

晕厥是大脑一时性缺血、缺氧引起的短暂性意识丧失。病人晕厥时会因知觉丧失而突然晕倒。在晕倒前常出现身体发软无力、头晕、眼黑目眩等症状。晕倒后,面色苍白或出冷汗,脉搏细弱,手足变凉等。轻度晕厥,经短时间休息可恢复清醒,醒后会有头痛、头晕、乏力等症状。

晕厥一般可分为血管神经性晕厥和心脑疾病引起的晕厥两类。疼痛恐惧、过度疲劳、饥饿、情绪紧张、气候闷热、体位突然改变等因素可诱发血管神经性晕厥。心律失常、心肌梗死、心肌炎、高血压、脑血管痉挛等疾病等也可导致晕厥。

2. 现场急救

(1)使病人平卧,头部稍低,双足略抬高,保障其脑部供血。解开其衣领和腰带,打开室内门窗,便于空气流通。

(2)病人如有心脏病史,疑似为心脏病变引起的晕厥,应使病人取半卧位,以利呼吸。

(3)可针刺或用手指掐病人的人中、内关、合谷等穴,促使其苏醒。

(4)注意对病人身体的保暖,随时观察其呼吸、脉搏等情况。

(5)待病人清醒后,可给病人服用温糖水或热饮料,不要在病人晕厥时,经口给予任何饮料及药物。

(6)病人经急救处理仍未清醒,应及时呼叫急救电话或妥善送往附近医院。

四、心肺复苏

心肺复苏是指对由各种原因导致的循环和呼吸突然停止、伴有意识丧失这一急症所采取的一系列急救措施。在现场初级急救中,包括人工呼吸和胸外心脏按压两部分,病人就医后还应有药物及器械的抢救(包括脑复苏)。

在现场抢救时,如病人仅仅是呼吸停止而心搏尚存,可以立即对其进行人工呼吸;如病人伴有心搏停止,则应同时进行胸外心脏按压。在实际病例中,往往呼吸停止与心搏骤停是同时存在或相继出现的。

（一）心搏、呼吸骤停的原因

导致心搏骤停的常见原因有各种心血管疾病（冠心病、急性心肌梗死、脑血管意外等）、各种意外伤害和严重创伤、大量失血、溺水、电击等。呼吸停止的原因有气道异物阻塞、呼吸中枢抑制、窒息，等等。无论何种原因所致的心搏呼吸骤停，在处理原则上都是要尽快进行心肺复苏，尽早地建立有效的血液循环和人工呼吸，抢救病人的生命。

（二）对病人的初步判断

当遇到一个疑似失去知觉、呼吸和心搏骤停的病人，首先要在几秒内识别和确定病人的病情程度及其通气、循环状态。可从以下几个方面进行判断。

轻轻摇动其肩膀并对之叫喊，观察病人是否有反应。

用一只手将其颈部托起，另一只手则使其头部向后仰翻，保持其气道开放。

将耳朵贴向昏迷者胸部并观察其胸部活动，用耳朵测听和目测胸部起伏来判断昏迷者是否在呼吸。

捏住昏迷者鼻孔，做一次深呼吸，然后将吸入的空气吹入昏迷者口中，同时注意其胸部是否隆起。同样的动作迅速做四次，每次间隔不必等待前次吹入的空气呼出即可进行。

将两指置于昏迷者喉部，并向颈侧移动，如果发现其颈脉搏仍在跳动，则继续进行人工呼吸。但如果脉搏停止时，则要进行心外按压。

两手交叠置于昏迷者胸骨切迹上2~3厘米处，向胸部下压10~15厘米，松手，每分钟做60~80次。做15次按压后迅速捏住其鼻孔，进行人工呼吸2次，如此重复。同时，让身旁的人去拨打"120"急救电话。

若两个人同时抢救，可一人做人工呼吸，另一人做心外按压，按压频率为60次/分。心外按压与做人工呼吸之比为5∶1，即一人做心外按压5次，另一人做人工呼吸1次。二人必须配合默契，做人工呼吸者要经常检查病人的颈动脉有无波动。

（三）心肺复苏的效果判定

心肺复苏是否有效可以从以下几个方面来判定。

每次进行心外按压后，可摸到昏迷者颈动脉一次搏动，说明心肺复苏有效。

昏迷者面色由青紫或苍白逐渐转为红润，嘴唇变红，说明心肺复苏有效。如果昏迷者面色转为灰白色，说明心肺复苏无效。

昏迷者瞳孔由大变小，说明心肺复苏有效。如果瞳孔由小变大且固定，则说明无效。

如果昏迷者出现自主呼吸，说明心肺复苏有效。

病人呼吸、心搏恢复，仅仅是心肺复苏有效，病人能否真正恢复，还要看心肺复苏后的处理，如对病人心搏和呼吸的维持、酸中毒的纠正及抗感染等一系列的救治。

若病人有脉搏，收缩压保持在8千帕（60毫米汞柱）以上，瞳孔处于收缩状态，则应继续进行现场心肺复苏抢救。若病人深度昏迷，自主呼吸持续停止，瞳孔散大且固定15~30分钟以上，则表明脑死亡；心肺复苏持续1小时以上仍无心搏、无脉搏，则表示心脏死亡，可以终止心肺复苏。

五、战场自救互救

（一）掌握现代战伤的特点

现代战争，由于大量新式武器的使用，战斗的突然性和破坏性增大，战伤范围扩大，部队频繁机动，战况变化迅速。因此，同以往的战争相比，现代战争的战伤具备了新的特点：人员伤亡众多，战伤种类复杂，伤情严重。

以上特点对现代战争中的战场医疗救护提出了新的要求。由于伤员众多，伤类复杂，伤情严重，必须加强火线抢救，提高救护质量，减少伤残率，努力降低死亡率，提高治愈归队率，巩固部队战斗力，保证作战的胜利。

（二）组织自救互救的力量

战地救护是指战士在战斗中负伤后，在阵地上包扎、止血、骨折处理和撤离火线等一系列的救护措施。

现代战争使用的兵器十分精准，伤员较多，要在短时间内在战场上救护大批伤员，仅仅依靠医务人员是很难完成任务的。因此，根据以往的战争经验，必须依靠战士之间或负伤者本人就地进行救护，这就是自救互救。在战场上自救互救，重伤能够及时得到抢救，挽救生命；轻伤能够迅速处理，不影响战斗。

（三）伤情的种类及防治

1. 挫伤

挫伤是外力直接作用身体所致的闭合性损伤。比如，战斗训练时出现磕碰，具体症状是：皮肤局部青紫、皮下瘀血、肿胀、压痛，以四肢多见。轻度挫伤一般不做特殊处理，可早期予以冷敷，两天后可热敷。重度挫伤应作敷冰处理并注意休息。

2. 扭伤

扭伤是外力使关节活动超过正常范围，造成关节附近韧带部分纤维断裂。其病状特征是：受伤部位常呈现肿胀、瘀斑、功能障碍、压痛等症状。扭伤多发生于踝、腕、腰、膝等部位。早期应冷敷治疗，局部可做理疗或热敷。

为预防和避免扭伤的发生，训练前要进行合理有效的热身活动，包括慢跑、四肢伸展运动、四肢关节活动等。

3. 擦伤

擦伤是指皮肤的表皮擦伤。其症状特征是：皮肤有裂口；裂口处渗液、出血；裂口周围红肿、压痛，以四肢多见。轻者只涂少量红药水即可，如果伤口流黄水可涂紫药水。擦伤创面较重时，应由医生处理。

4. 刺伤

刺伤是指尖锐的器物刺入人体引起的损伤。一般情况下，伤口小而深。尖锐器物较小、刺伤不靠近主要器官时，可立即拔出异物，然后用碘酒或酒精消毒，再用纱布包扎好伤口；如果无法判断是否刺伤主要器官，或刺入物较大，不要立即拔除，应到医院处理。锈蚀的钉子造成的刺伤，清理伤口后，应就医注射破伤风抗毒素。

5. 肌肉拉伤

肌肉拉伤是由于肌肉过度拉紧导致肌纤维撕裂而引起的。其症状特征是：伤后局部肿胀、疼痛、肌肉紧张或痉挛、活动受限。损伤早期，可用冷敷、抬高伤肢等方法处置；疼痛较重者可进行理疗、按摩，几天后可进行适当的功能锻炼。

6. 脱臼

脱臼是指关节脱位，主要出现在引体向上、手榴弹投掷等行为中。其症状特征是：关节周围肿胀、剧烈疼痛、关节变形、功能障碍。不论什么关节脱臼，均应保持固定，不可活动和揉搓，并紧急送往医院处理。

7. 骨折

骨折有两种，一种叫闭合性骨折，特点是皮肤没有伤口，断骨不与外界相通；另一种叫开放性骨折，特点是骨头的断端穿出皮肤，有伤口。骨折后，应采取相应的救治办法处理。

8. 中暑

中暑是指人体在高温或烈日下，引起体温调节功能紊乱、散热机能发生障碍，致使热能积累所导致的以高热、无汗及中枢神经系统症状为主的综合症。根据病情，中暑可分为三类：先兆中暑、轻度中暑、重度中暑。野外现场发现中暑患者，要做到就地降温，就地抢救。

为预防和避免中暑，平时要注意进行耐热锻炼，以适应炎热环境。炎热条件下进行军事训练、施工、生产活动，要劳逸结合，正确补水、补盐，备足防暑药品。

9. 冻伤

冻伤是指低温导致人体的全身或局部组织的损伤。冻伤可分为局部冻伤及全身冻伤。局部冻伤多发于手指、手背、耳郭、鼻尖、指尖、趾端、面颊等部位，而且容易在同一部位复发。寒冷、潮湿、风速、机体抵抗力降低均是导致冻伤发生的直接因素。冻伤发生后，治疗比较困难，所以应以预防为主。

为了预防和避免冻伤，要积极开展耐寒训练，提高耐寒能力。在严寒条件下进行军事训练、施工、生产和执勤时，要保持着装干燥，不要穿潮湿过小的鞋袜，勤活动手脚和揉搓面、耳、鼻；不要长时间静止不动。

第三节　核生化防护

核、生、化武器具有巨大的杀伤破坏力，但也有可防护的一面。只要我们了解其特性，掌握必要的防护知识，学会一些基本的防护措施，就能减轻或避免其伤害。

一、核武器的防护

核武器是利用原子核裂变或聚变反应瞬间释放出巨大的能量，并具有大规模杀伤作用的武器。原子弹、氢弹、中子弹等统称核武器。核武器可制成弹头，装在火箭上射向目标，可以从陆上发射或从水面舰艇发射，也可以由潜艇在水下发射。核武器还可以制成炸弹由飞机空投，制成炮弹由火炮发射，或者制成地雷、鱼雷等。

核武器的爆炸方式有空中爆炸、地面爆炸等，不同爆炸方式的杀伤破坏效果也不同。核爆炸的共同特点是依次出现闪光、火球、尘柱、蘑菇状烟云。空爆的杀伤破坏特点是：杀伤地面人员，破坏地面目标及工矿、交通枢纽和城市建筑等，并形成一定的放射性沾染。地爆的杀伤破坏特点是：破坏地面或地下的坚固目标，杀伤工事内人员，造成严重的放射性沾染。

（一）核武器的杀伤破坏因素

核武器的杀伤破坏因素有光辐射、冲击波、早期核辐射、核电磁脉冲、放射性沾染。前4种是在核爆炸初期的几十秒产生的瞬时杀伤力。放射性沾染可以持续几个月、几年或更长的时间。

1. 光辐射

光辐射，又称热辐射，是爆炸时的闪光及高温火球辐射出来的强光和高强热能。它们具有大量热能，直接照射无隐蔽人员会造成烧伤。如果用眼睛看核爆炸的火球，会造成眼底烧伤。在爆炸中心附近的人员如果吸入被光辐射加热的空气，会造成呼吸道烧伤。光辐射能引起大面积火灾，烧坏物体，同时造成人员的间接烧伤。

2. 冲击波

冲击波是核爆炸时产生的高速高压气浪。它对人员、物体能够造成严重的挤压、抛掷作用。挤压作用会造成严重内伤，如肺、胃、肝、脾出血破裂。冲击波可摧毁建筑物，造成人员间接伤害及堵塞交通。

3. 早期核辐射。

早期核辐射，又称贯穿辐射，是核武器所特有的一种杀伤破坏力。形成早期核辐射是爆炸最初几十秒钟内放射出的人眼看不见的射线。射线作用于人体时无特殊感觉，但会破坏人的组织细胞，使人得急性放射病。早期核辐射，一方面能穿透各种物质，另一方面又会被各种物质吸收削弱。例如1米厚的土层或0.7米厚的钢筋混凝土能使早期核辐射削弱到原来的1%。早期核辐射能使光学玻璃变暗、胶卷曝光、化学药品失效，并能影响电子仪器性能。

4. 核电磁脉冲

核电磁脉冲是爆炸瞬间产生的一种强电磁波。它的作用半径可达几千米，对人员没有直接的杀伤作用，但能消除计算机上储存的信息，使自动控制系统失灵，家用电器受到破坏和干扰。

5. 放射性沾染

核爆炸后，蘑菇状烟云中含有大量放射性灰尘。放射性灰尘因重力作用或随风扩散时，会逐渐降落到地面或其他物体上，形成一个大范围的放射性沾染区。放射性沾染受气象条件的影响，同时也与爆炸方式有关。地爆时放射性沾染严重，沾染范围广，持续时间长。放射性灰尘能释放出对人体有害的射线，受到射线的体外照射，皮肤会被灼伤。若受沾染的物质进入体内，其体内的照射对人员的伤害要比体外照射严重得多，因此应尽量防止由于呼吸和饮食而受沾染。

（二）核武器的防护

1. 人民防空工程能防护各种杀伤因素

人民防空工程深入地下，防核、生、化物武器性能全面。只要核武器不直接命中，人员在工程内是安全的。因此，对核袭击的最好防护措施是进入人民防空工程。

2. 室内防护

室内人员发现核爆炸闪光后，应立即在墙的内拐角或墙根处卧倒，或在靠近墙角的桌下或床下跪趴，也可以在较小的房间内躲避。掩蔽位置应避开玻璃窗，避免被玻璃片击伤。待瞬时杀伤因素过后，可采用个人防护办法防止放射性灰尘沾染或迅速进入人民防空工程。

3. 室外防护

来不及进入人民防空工程和其他掩蔽场所的室外人员，发现核爆闪光后应立即就近利用地形地物进行防护。暴露人员防护要领：立即背向核爆炸中心卧倒，双手交叉垫于胸前，脸部尽量夹于两臂之间，两肘前伸，双腿伸直并拢，闭眼、闭口、停止呼吸15~20秒。也可就近利用地形地物，如土丘、矮墙、花坛等物防护，可横向核爆炸中心卧倒，也可利用沟、坑、渠等地形防护，方法是立即跃入坑内，跪、坐或卧于坑内，双手掩耳，闭眼、闭口，暂停呼吸。室外防护应避开高大建筑物、高压电线及易燃易爆物。待瞬时杀伤因素过后，立即进行呼吸道和皮肤的简易防护，戴上防毒面具或口罩，披上防毒斗篷或雨衣、塑料布，按人民防空指示转移出沾染地域或就近进入人民防空工程中掩蔽。

二、生物武器的防护

生物武器是指用来杀伤人员、牲畜和毁坏农作物的致病性微生物及其毒素。生物武器的施放装置包括炮弹、炸弹、火箭弹、导弹等的弹头，以及航空布洒器、喷雾器、气溶胶发生器、装载媒介物（鼠、摇蚊、蜱等）的容器等。

（一）生物武器的特点

1. 致病性强

生物武器多为烈性传染性致病微生物，少量使用即可使人患病。在缺乏防护、人员密集、卫生条件较差的地区，因生物武器所致的疾病极易传播、蔓延。

2. 污染面积大

喷洒的生物战剂能随风飘到较远的地区，杀伤范围可达数百至数千平方千米。在适当条件下，有些生物战剂存活时间长，且不易被侦察发现。例如炭疽芽孢具有很强的生命力，可数十年不死，即使已经死亡多年的朽尸，也可成为传染源。

3. 传染途径多

生物战剂能通过多种途径使人感染发病，如饮用受污染的水源，食用受污染的食物，吸入受污染的空气，皮肤接触、黏膜感染等。

4. 成本低

生物武器被称为"廉价原子弹"。据有关资料显示，以1969年联合国化学生物战专家组统计的数据，以当时每平方千米导致50%死亡率的成本计算，生物武器的成本仅为传统武器的1/2 000。

5. 难以防治

生物战剂可通过气溶胶、牲畜、小生物、植物、信件等多种不同形式传播。投放带菌的昆虫、动物还易与当地原有种类相混，不易发现。

6. 影响因素复杂

生物武器易受气象、地形等多种因素的影响，烈日、雨雪、大风均能影响生物武器作用的发挥。此外，使用生物武器时难以控制，使用不当可危及使用者。

（二）生物武器的防护

1. 做好经常性防疫工作

做好经常性的防疫工作，如日常进行防疫宣传和教育，开展群众性卫生运动，贯彻和落实各种防疫制度，有计划地接种各种疫苗等。

2. 早发现，早报告，早阻隔

一旦发现有生物武器袭击的征象，应及时通知部队进行防护，并由专业防护人员进行现场侦查，采集标本进行检验，确定生物战剂种类，通报部队采取针对性的防护措施。对污染区域及时隔离，并监视疫情，控制人员通行，进行全面消毒，杀虫灭鼠。

3. 做好个人防护和集体防护

发现生物武器袭击，接到防护指令后，应立即戴上防菌口罩，扎紧裤脚、袖口，颈部围上毛巾。

受生物武器污染后要抓紧时间，利用个人消毒包擦拭暴露的皮肤；清除服装、武器和车辆上的生物战剂；服用预防药物，补充接种疫苗，并定期接受医学观察。

三、化学武器的防护

化学武器是装有毒剂并能将其形成战斗状态的武器，它也是一种大规模杀伤破坏性武器。它自问世以来，由于其灭绝人寰的杀伤效应，立即遭到世人的强烈谴责和反对，国际上虽早就签订了禁止在战争中使用化学武器的公约和协议，但未被真正完全履行。化学武器的扩散局面日益加剧，且有愈来愈常规化的趋势。

（一）化学武器在战斗中的使用

1. 使用兵器

化学武器一般有毒剂炮弹、炸弹、导弹、火箭弹、航空布洒器、地雷、手榴弹和毒烟罐等。毒剂弹又可分为暂时性毒剂弹和持久性毒剂弹。

2. 施放方法

化学武器的施放方法有：爆炸分散法、热分散法和布洒法。

3. 化学武器的袭击方式

化学武器的袭击根据不同的作战目的采用不同方式，一般分为杀伤性化学武器袭击、扰乱性化学武器袭击和迟滞性化学武器袭击。

4. 化学武器的杀伤特点

（1）以毒性杀伤人畜。常规兵器靠弹丸、弹片的撞击作用杀伤人员，而化学武器是通过毒剂的毒性作用，即与生命体中的重要生命物质发生作用而引起伤亡，对设备器材不造成损害。

（2）伤害形式、中毒途径和毒害作用多。不同种类的毒剂可造成空气、水源、食物等染毒，人员吸入染毒空气、皮肤或伤口接触毒剂、误食染毒的水或食物时，都可引起不同程度的中毒症状，受到不同程度的毒害和杀伤。

（3）杀伤范围广。化学武器能使较大范围的空气和地面染毒，同时毒剂随风可扩散到更广泛的地域。此外毒剂还能渗入无防护设施、不密闭的工事、车辆、建筑物内。

（4）持续时间长。常规兵器在爆炸瞬间起杀伤作用，而化学武器使用后，能对地面、空气等造成较长时间的染毒，杀伤作用时间较长。有些毒剂的杀伤作用时间，可长达数周。

（5）受气象、地形条件影响大。风向、风速、温度、湿度、雨、雪等气象条件对化学武器的使用影响极大。条件有利时，其杀伤作用大和杀伤范围广，反之，则使其杀伤作用大大降低，甚至不便使用。例如，风向不对，不便使用；风速过大会吹散毒剂，使毒剂达不到杀伤浓度；气温高，毒剂可能被挥发；严寒时，某些毒剂会被冻结；强降雨能冲掉毒剂液滴或使某些毒剂水解；大雪能使毒剂液滴暂时被掩盖，等等。

（二）应对化学武器的主要措施

对化学武器的防护是为了避免和减少遭受化学武器袭击的人员伤害，因此，要加强防护准备，做好防护、消毒、急救等工作，提高城市的整体防护能力。

1. 观察与侦察

多种手段进行观察，如果发现敌人使用化学武器，迅速采取防护措施就能避免毒剂的伤害。除使用专业装备、器材进行侦察报知外，还可从下述迹象来判断化学武器的袭击。

（1）用飞机布洒毒剂的特征。飞机低空飞行，机翼下方喷出烟雾，就像飞机洒农药一样，在飞机经过的地面或植物上可发现液滴或粉末。如果使用毒剂弹，爆炸的声音低沉、弹坑浅而小，弹坑附近可能有液滴斑点或粉末，空气中有异味。动物、植物、昆虫同时大范围出现异常现象，如鸟、鸡、兔、狗等站立不稳、呼吸困难、瞳孔缩小或散大、抽筋等；蜂、蝶、蝇等抖动翅膀、飞行困难；植物叶子、花朵卷缩、枯萎，出现异常色斑等。若上述现象在一定地域内同时发生，可作为发现染毒的一种特征。

（2）人员有异常感觉。空气中出现异常气味或有刺激性气味导致人员出现视力模糊、流泪、呼吸困难、胸闷、皮肤有灼烧感，可能是空气或地面染毒，应立即采取防护措施，并进一步观察、侦察。

2. 防护

在判明敌人可能进行了化学武器袭击后，要积极作好防护准备，不失时机地采取防护措施。

（1）化学武器袭击时的防护。化学武器防护的基本方法：一是利用有密闭、滤毒通风等防护设施的工事进行集体防护；二是利用个人防护器材进行防护。利用防护工事进行防护时，应根据指挥人员的命令有组织地进入，不得随意进出，以防带入毒剂，降低防护效能。为了减少工事内氧气的消耗，工事内人员要尽可能减少各种活动。

当接到化学袭击警报时，个人应快速戴上防毒面具或其他防护器材进行防护，特别是做好对呼吸道和眼睛的防护。当敌人使用持久性毒剂时，还应进行全身防护，披上防毒斗篷或雨衣、塑料布等，穿好防毒靴套，戴好防毒手套。

（2）通过染毒地域的防护。人员通过染毒地域，要按规定穿戴好防护器材，如防毒面具、防毒衣、防毒斗篷、靴套、手套、雨衣或用其他有效的自制器材等。通过染毒区时，应选择地质坚硬、植物低矮且较少的道路，尽量避开弹坑和有明显液滴的地方，人员之间要拉开距离，并快速通过。通过染毒区后，应背向染毒区而立，将器材物品放置在下风方向2~4步处，先脱去防毒衣、斗篷或雨衣，将染毒面向内折叠放好在器材物品一侧，然后脱去一只手套，取出消毒液，再戴好手套，对被染毒的物品进行消毒，将已消毒物品放在上风位置，最后取下防毒面具。

（3）在染毒地域内的防护。要在染毒地域内停留时，必须严格按规定戴好防护器材，避免与染毒物品接触。条件允许的情况下，应对人员经常活动的区域进行消毒。在染毒区域内，个人不得随意走动，不得随便坐、卧，不得在毒气容易滞留的建筑物背风处、绿化带、低洼处停留。严禁在染毒地域内饮食和吸烟。在有防护设施的工事内饮食，必须对双手进行消毒和清洗。

3. 消毒

消毒就是采用某种方法使毒剂失去毒性或对染毒的人或物上去除毒剂的措施。由于毒剂性质和施放方法不同，染毒程度和持续时间也不同，因此采用的消毒方法也不相同。

（1）消毒的基本方法和常用消毒剂。

① 消毒方法。常用消毒方法有自然消毒法、物理消毒法和化学消毒法。

自然消毒法。将沾染毒剂的物资、服装等放在通风处，利用风吹日晒雨淋等自然因素，使毒剂自然蒸发、随风散去或让雨水将毒剂冲走。

物理消毒法。包括吸附、清洗、掩盖、铲除等方法去除或隔离毒剂。

化学消毒法。利用化学物质与毒剂作用，使毒剂转变为无毒或毒性很小的物质。此种方法与自然消毒法、物理消毒法有本质上的不同，它是比较彻底的消毒方法。

② 常用消毒剂。化学消毒剂就是利用化学反应破坏毒剂毒性的物质。主要有以下几类。

含有效氯化合物。它们具有很强的氧化、氯化性，可用来对糜烂性毒剂和V类毒剂消毒。其中次氯酸盐类有：次氯酸钙、漂白粉、三合二（3份次氯酸钙和2份氢氧化钙的混合物）等；氯胺类有：氯胺、二氯胺等。

碱性化合物。主要用于对沙林、梭曼类毒剂的消毒。强碱还能破坏路易氏气。强碱类有氢氧化钠、氢氧化钙等；弱碱有：氢水；碱性盐类：碳酸钠、碳酸氢钠等；有机碱类：乙醇胺等。

氧化剂。主要有重铬酸钾、高锰酸钾、过氧化氢等。

（2）对人员和染毒物品的消毒方法。

① 对人员的消毒。用纱布、棉花等吸去可见的毒剂液，再用消毒剂或肥皂、洗衣粉等碱性溶液洗涤局部，然后用净水冲洗。全身洗消：一般要在离开毒区后进行，当皮肤染毒面积较大时，经局部消毒后应再进行全身清洗、消毒。

② 对服装的消毒。将衣服脱下进行消毒或把染毒服装自然消毒后，再用弱碱性溶液浸泡、煮沸，再用水清洗。

③ 对染毒食品的消毒。食品染毒后，一般不能食用，若被毒剂液滴染毒，一般应销毁。

④ 对染毒水的消毒。染毒水一般不能饮用，确实需要时采用煮沸法和过滤法消毒。

⑤ 对地面、工事、建筑物的消毒。地面、工事、建筑物的消毒通常用化学法，即利用专门装置均匀喷洒消毒液，也可用铲除、掩盖、火烧等方法消毒。

4. 急救

当遭到化学武器袭击并发现有人员中毒时，先要给中毒人员戴好防护器材，并转移出毒区，按先重后轻的原则快速准确地进行急救。

（1）神经性毒剂中毒的急救。对神经性毒剂中毒人员应立即肌肉注射神经性急救针（解磷针），迅速清洗染毒部位。眼睛中毒可用2%碳酸氢钠溶液或1∶2000高锰酸钾溶液冲洗半分钟。皮肤染毒可用个人防护包内的消毒液进行急救，也可用10%~15%氨水、5%~10%苏打水溶液处理。误服染毒水或食物还应洗胃。

（2）糜烂性毒剂中毒的急救。对糜烂性毒剂中毒的急救主要是消毒，具体方法和对人员皮肤染毒进行的消毒方法是一样的。

（3）全身毒剂中毒的急救。对全身毒剂中毒者应迅速鼻吸亚硝酸异戊酯安瓿（戴面具者，则将捏破的安瓿塞入面罩内），如症状未消失，可每隔4~5分钟再次使用，但连续使用不得超过5支。对呼吸困难者还应进行人工呼吸。

（4）对窒息性毒剂中毒的急救。窒息性毒剂会导致中毒人员肺水肿，最终使人窒息致死，一般无特殊治疗方法。但要注意保持安静、保温，呼吸困难时，严禁压胸式人工呼吸，应及早送医院治疗。

（5）对失能性毒剂中毒的急救。中毒者一般不需要急救，只要离开毒区或紧急采取防护措施，不再吸入毒剂，过一段时间后症状会自行消失。

（6）对刺激剂和植物杀伤剂中毒的急救。中毒轻者一般不需要急救。中毒较严重者，可用2%小苏打水或净水洗眼、漱口、洗鼻；吸入抗烟混合剂，以解除呼吸道刺激症状；皮肤用肥皂水和净水冲洗。

四、防护装备的使用

核生化防护装备可以分为个体防护装备和集体防护装备。其中，个体防护装备既是救援人员的第一道防线，又是最后一道防线，它贯穿于整个防护过程。因此，我们重点介绍个体防护装备的使用。

（一）防护装备的分类及选用注意事项

在我国，按照人体防护部位，防护装备可分为10类：头部护具类、呼吸护具类，眼（面）护具类，听力护具类，防护手套类，防护鞋类，防护服类，护肤用品，防坠落护具类，其他防护装备品种。

要特别说明的是，在选择防护装备时，必须要根据危害的具体情况选择防护装备，以免造成人员伤亡。在实际使用个人防护装备时，还要注意以下几点：

必须使用经过认证的合格的防护装备。

必须确认使用的防护装备对将要工作的场所的有害因素起防护作用的程度，检查外观有无缺陷或损坏，各部件组装是否严密等。

要严格按照装备说明书的要求使用，不能超极限使用，不能使用替代品。

使用个体防护装备要规范化、制度化。

使用完防护装备后，要进行清洁处理，防护装备要定期保养。

个体防护装备要存放在指定地点、指定容器内。

（二）防护装备的使用

呼吸防护。可使用过滤式防毒面具、隔绝式防毒面具（即空气呼吸器、氧气呼吸器等）。核生化防毒面具如图8-1所示。

皮防。可使用轻便防化服、防火防化服、封闭式防化服、内置式重型防化服、防化手套、防高温手套、防冻手套、防护靴等。核生化防护服如图8-2所示。

核辐射防护。可使用防护眼镜、防护铅衣等。

图8-1 核生化防毒面具　　　　图8-2 核生化防护服

第九章　战备基础与应用训练

【教学目标】

　　1. 了解战备规定、紧急集合、徒步行军、野外生存的基本要求、方法和注意事项

　　2. 学会识图用图、电磁频谱监测的基本技能

　　3. 培养学生分析判断和应急处置能力，全面提升综合军事素质

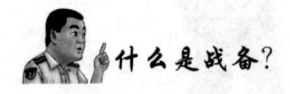

什么是战备？

　　为应付可能发生的战争或军事突发事件而在平时进行的准备和戒备。战备等级是部队战备程度的区分，全军战备等级分为四级战备、三级战备、二级战备、一级战备。

第一节 战备规定

战备是指为应付可能发生的战争或军事突发事件而在平时进行的准备和戒备。战备等级是部队战备程度的区分,全军战备等级分为四级战备、三级战备、二级战备、一级战备。

一、四级战备

即国外发生重大突发事件,或我国周边地区出现重大异常情况,有可能对我国安全和稳定带来较大影响时,部队所处的战备状态。

部队的主要工作要求:进行战备教育和战备检查;调整值班、执勤力量;加强战备值班和情况研究,严密掌握情况;保持通信顺畅;加强边境管理;加强巡逻警戒。

二、三级战备

即局势紧张。周边地区出现重大异常情况,有可能对我国构成直接军事威胁时,部队所处的战备状态。

部队的主要工作要求:进行战备动员;加强战备值班和通信保障,值班部队(分队)能随时执行作战任务;密切注视敌人动向,及时掌握情况;停止休假、疗养、探亲、转业和退伍;控制人员外出,做好收拢部队的准备,召回外出人员;启封、检修、补充武器装备器材和战备物资;必要时启封一线阵地工事;修订战备方案;进行临战训练,开展后勤、装备等各级保障工作。

三、二级战备

即局势恶化,对我国已构成直接军事威胁时,部队所处的战备状态。

部队的主要工作要求:深入进行战备动员;战备值班人员严守岗位,指挥通信顺畅,严密掌握敌人动向,查明敌人企图;收拢部队;发放战备物资,抓紧落实后勤、装备等各种保障；抢修武器装备；完成应急扩编各项准备，重要方向的边防部队按战时编制齐装满员；抢修工事、设置障碍；做好疏散部队人员、兵器、装备的准备；调整修订作战方案；抓紧临战训练；留守机构展开工作。

四、一级战备

即局势极度紧张，针对我国的战争征候十分明显时，部队所处的战备状态。

部队的主要工作要求：进入临战战备动员；战备值班人员昼夜坐班，无线电指挥网全时收听，保障不间断指挥；运用各种侦察手段，严密监视敌人动向；进行应急扩编，战备预备队和军区战备值班部队按战时编制满员，所需装备补充优先保障；完成阵地配系；落实各项保障；部队人员、兵器、装备疏散要隐蔽伪装；留守机构组织人员向预定地区疏散；完善行动方案，完成一切临战准备，部队处于待命状态。

第二节　紧急集合

紧急集合，就是在紧急情况下迅速进行的集合，是应付突然情况的一种紧急行动。部（分）队应当根据上级的紧急战备号令，或者在发现和遭到敌人的突然袭击，受到火灾、水灾、地震、台风等自然灾害威胁和袭击，以及上级赋予紧急任务或者发生重大意外情况下实施紧急集合。紧急集合的程序分为四步：着装、打背包、装具携带和集合。

一、着装

紧急集合一般分为全副武装紧急集合和轻装紧急集合，因而着装相应分全副武装和轻装两种。全副武装，是部队处于战备等级状态时实施，人员的负荷量和部队的携行量均按上级规定携带。轻装，通常是在执行紧急任务时实施，减轻人员负荷量，不背背包，以提高部队的机动能力。着装时，要做到迅速、肃静、完整、安全、便于行动。平时应按规定放置武器弹药和装具，便于拿取和穿着。

在听到紧急集合的信号或命令后，应立即起床，通常按帽子、上衣、裤子、袜子、鞋子（双层床上层的战士打完背包后再穿鞋子）的顺序着装。

着装规定是从实战中反复实践研究出来的，是用鲜血换来的经验，如果不按照规定去做，在突然情况时就不可能迅速投入战斗，就会影响战斗的进行。为使着装行动迅速，应根据部（分）队的装备、着装规定和季节，在卸装时将武器、弹药、服装、装具放置有序，通常是先穿的放在上边，后穿的放在下边。

二、打背包

没有装备生活携行具时，应打背包。打背包的要求是：背包宽35厘米，长40～45厘米，竖捆两道，横压三道。雨衣、大衣通常捆于背包上端，大衣袖子捆于背包两侧，鞋子横插在背包背面中央或竖插两侧；带锹（镐）时，将锹（镐）竖插在背包背面中央，头朝上。

打背包要领可归纳为：先叠被子后拿带，横三压二捆背带；背包上端雨、大衣，两侧方可捆米袋；鞋子横插被中央，锹镐竖插头朝上。

装备有背囊的分队，应按规定将需带的被装、器材装入背囊，扣扎结实，便于行动和携带。放置的顺序为：垫被、被子（卷起）、大衣（冬季）、小包、雨衣、制式挎包（内装弹匣1个、干粮数份）、脸盆（内放饭盒）。背囊左上侧装鞋，左下侧装水壶，右上侧装牙具、碗筷，右下侧装防毒面具。

装备有生活携行具时，应按以下顺序进行：结合背架，装物品，组合背架及携行具。

三、装具携带

没有装备战斗携行具时，携带装具的方法如下：

全副武装。背手榴弹袋，左肩右肋；背挎包，右肩左肋；扎腰带（机枪手先背弹盒）；披弹袋；背防毒面具，左肩右肋；背水壶，右肩左肋；背背包（火箭筒副射手背背具）；取枪（筒）和爆破器材。

轻装。其他装具的携带同全副武装，只是不背背包，将锹（镐）头朝下，背于右肩，系绳绕腰间与背绳系紧；雨衣（冬季带大衣时，将大衣袖子留在外面卷紧捆好，再将袖口对接扎紧）左肩右肋。

装备有战斗携行具时，应首先按要求将各功能模块组装好，尔后将战斗携行具披挂于身上，取手中武器。

装备背囊、背具的分队。背上背囊，将武器横置于背囊上，枪（筒）口向右，提携行包集合。

卸装时，按相反顺序进行。

四、集合

部（分）队接到紧急集合命令（信号），应当迅速而有秩序地按照紧急集合的有关规定，准时到达指定位置，完成战斗或者机动的准备。

集合的要领是：值班人员得到紧急集合的信号、命令时，应立即报告自己的首长，唤醒全体人员；担任警戒的战士应坚守岗位，严加戒备；战士听到紧急集合的信号或命令时，立即起床，不喧哗，不开灯，保持肃静；迅速着装，在班长的率领下，到指定地点集合。到达集合点后，检查武器弹药、装具器材，整理装具。如有战士执勤时，班长应指定专人将其未带的装具、背包带至集合场，待执勤战士归队后，交给其本人。各级指挥员到集合场后，应检查分队人员是否到齐及武器、弹药和装具的携带情况，同时按指示撤回警戒和执勤人员，并报告上级。

集合可归纳为：听到信号速起床，不准开灯快着装；武器装备都带齐，快到指定集合场；动作迅速又静肃，完整确实敌情强。

第三节 行军拉练

一、行军拉练

行军拉练是军队徒步或乘车沿指定路线进行的有组织的行动。战时行军通常在夜间或视度不良的条件下实施。

（一）行军的种类、速度与休息

行军的种类，按行动方式分为徒步行军和乘车行军；按时间分为昼间行军和夜间行军；按行程速度分为常行军、急行军和强行军；按行进方向分为向敌行军、侧敌行军和背敌行军。

所谓常行军是指徒步正常行军；所谓急行军是指以最快的速度实施的行军，通常在执行紧急任务时采用；所谓强行军是指加快时速和加大每日行程的行军。

行军的速度应根据任务、敌情、时间、行军能力、道路状况和气候季节而定。常行军时，速度大致为每小时4～5千米，日行程25～35千米；急行军时，速度通常为每小时7千米左右，日行程50千米以上。

行军时应适时组织大、小休息。小休息通常在开始行军30分钟后进行，其时间约15分钟，尔后每行进50分钟休息一次，每次约10分钟；大休息通常是在走完当日行程的1/2以上时，进入指定地区休息2～3小时。走完一日行程后，按上级指示进行宿营。

（二）行军前的组织准备

1. 研究情况，拟定出行军计划

指挥员在了解任务的基础上，应召集有关人员研究敌情、行军道路及其两侧的地形、本分队的任务，确定分队的行军序列，做好观察、警戒的组织。

2. 做好思想动员

行军前，指挥员应根据本分队所担负的任务，结合分队的思想情况，进行深入的思想动员，保障分队顺利完成任务。

3. 下达行军命令

下达行军命令时应指出以下内容。

（1）敌情。

（2）本分队的任务、行军路线、里程、出发及到达指定地区的时间，以及大休息的地点。

（3）分队集合地点，行军序列，乘车时还应区分车辆。

（4）着装规定。

（5）完成行军准备的时限，明确起床、开饭、集合的时间。

（6）行军口令及对口令传递的要求。

4. 组织战斗保障

（1）指定1～2名战士为观察员，负责观察地面和天空情况；指定值班分队及火器，负责对空防御。

（2）规定遭敌原子、化学、细菌武器袭击时，各分队的行动方法。

（3）规定在敌航空兵或炮火袭击时的行军方法。

（4）规定伪装方法及伪装纪律。

5. 做好物资装具准备

为了顺利完成行军任务，保持分队战斗力，行军前指挥员须做到以下几点。

（1）检查携带的给养、饮水、武器、弹药等情况。

（2）检查着装情况，如鞋袜的整理、背包的捆绑、装具的携带等。

（3）妥善安置伤病员。

（4）根据季节进行防暑、防冻教育和物品的准备。

（三）行军管理与指挥

在有可能发生遭遇战的情况下行军时，各排长应随连长在先头行进，以便及时受领任务。分队在公路或乡村路行军时，应沿道路的一侧或两侧行进；乘车时，应沿道路的右侧行进。

行军中应注意保持行进速度和规定的距离，听从调整哨的指挥，未经上级允许，不得超越前面的分队。经过渡口、桥梁、隘路等难以通行的地点时，指挥分队有组织地通过，防止拥挤。通过后，先头分队应适当降低速度，避免后面的人跑步追赶。徒步行军的分队应主动给车辆、执行特殊任务的分队和人员让路。

士兵在行军中听从指挥，不得擅自离队，不得丢失装具和食物等。

分队按上级的指示组织休息。小休息应靠路边，并保持原队形。在第一次小休息时，应督促战士整理鞋袜、装具等。大休息时应离开道路，进入指定地区。休息时应派出警戒，必要时可占领附近有利地形，加强对地面、空中的观察，并保持战斗准备，以防止地面和空中敌人的突然袭击。

行军中，不要喝冷水，不要随便采食野果。

在山林地行军时，通过山垭口和上下坡时，应适当减速行进，以避免后面的人跑步追赶和掉队，火炮、车辆应适当加大距离。在严寒地带行军时，小休息时间不要过长，并禁止躺卧，以免发生冻伤；在炎热季节行军时，应注意防暑。

遇敌空袭时，应指挥分队迅速向道路一侧或两侧疏散隐蔽，并指定火器射击低飞敌机。如空袭情况不严重或行军任务紧迫时，分队则应拉开队形，增大距离，加快速度前进。

行军中，连级应指定一名干部，带领卫生员和若干体壮战士为收容组，在连队的后尾跟进，负责收容伤病员，组织掉队的人员跟进。

二、宿营

宿营是军队在行军、输送或战斗后的住宿，其目的是为了使部队得到休息和整顿，以便继续行军或做好战斗准备。在现代高技术局部战争条件下，无论采取何种宿营方式，都应制定侦察、防空和防核、化学、生物、燃烧武器袭击的措施，做好抗袭击准备，保障部队安全休息。

（一）宿营方式

宿营方式分为舍营、露营和舍营与露营相结合三种。所谓舍营，是指军队在房舍内宿营。所谓露营，是指军队在房舍外宿营，通常在不具备舍营条件时采用，是平时部队训练的重点。

野外露营的方式分为利用制式器材露营和利用就地器材露营。利用制式器材露营，通常是指利用帐篷、装配工事等制式器材进行的露营。利用就地器材露营，通常是指利用车辆、坦克、篷布、雨衣、草木等进行的露营。

（二）宿营地区的选择

宿营地区的选择应根据敌情、地形、任务和行军编成而定。平时组织野营训练以能够达到训练目的为标准，通常应注意以下事项：

避开城镇、集市、车站、渡口、大的桥梁。

避开疫区、传染病流行村落。

有适当的地幅，通常师、团、营的宿营面积分别为600平方千米、60平方千米、

6平方千米。

有较好的进出道路，便于车辆、人员通行。

选择露营地时，夏季要尽量选在高处，避开谷地、低地、洪水道和易坍塌的地方；冬季应选在避风向阳处，或土质较黏便于搭设简易遮棚或挖掘的地方。

选择露营地区时，通常还要考虑表9-1所示的内容。

表9-1 选择露营地区时的注意事项

选择露营地区时的注意事项	要符合战术要求，从具体位置到配置方式都应以预想的战术背景为基本前提
	要着眼于训练课目需要，有利于达到训练目的
	要方便生活，尽量靠近水源并有进出道路
	要选择在群众基础较好或影响群众利益较小的地区

露营配置地域通常以班为点，排为块，连为片，团（营）为区，根据地形特点，可成一字形、梯形、三角形、扇形配置，形成野训营地。首长机关通常设在便于观察、指挥的位置，分队与分队之间要按战术要求保持一定的间隔。

（三）宿营准备

组织部队宿营前要与当地政府、武装部门取得联系，以得到他们的支持和帮助。舍营时设营人员要与乡、村领导取得联系，征得同意后方可号房设点；应向当地群众了解自然情况、社会情况等，为部队进驻提供资料。

组织部（分）队宿营训练时，准备工作通常有：宿营常识教育、现地勘察和物资器材准备等。

1. 宿营常识教育

宿营实施前，应进行群众纪律、民情风俗教育。在少数民族地区或少数民族集居地进行宿营训练时，还应进行国家的少数民族政策和尊重少数民族生活习惯教育。组织部（分）队学习宿营常识，学会搭设制式、简易帐篷，了解防蚊虫叮咬、防洪、防中暑、防冻伤、防塌方、防火灾、预防流行性疾病等基本常识。可以指定连队先试点，组织观摩示范。也可以先在驻地附近进行昼间的露营尝试训练，掌握露营方法。

2. 现地勘察

野外宿营前，通常以团（营）为单位组织现地勘察，视情况也可以连为单位进行。重点明确宿营地点、各分队的宿营区域、各级指挥所的位置、进出道路、通信联络的方法、各种信(记)号、完成宿营准备的时限,以及组织检查的时间、内容等。

3. 物资器材准备

宿营前,应认真检查个人的着装(衣服、被褥)。冬季宿营时要重点检查棉(皮)帽、棉(皮)手套、棉(皮)大衣、棉(皮)鞋的携带情况。夏季宿营时应重点检查雨衣(布)、蚊帐的携带情况。每人都应准备1~2套干净的内衣,以备更换。除携带装备的一般锹、镐外,还应准备必要的大镐、大锹、钢钎、麻袋等工具和物资。为弥补制式露营器材的不足,部(分)队应视情况购买或租借部分露营所需要的材料,如搭设简易帐篷的塑料薄膜、稻草、支撑木、斧、锯、线绳等。

(四)宿营地工作

部队到达宿营地后,应立即组织所属指挥员勘察地形,选定紧急集合场地,组织部队构筑必要的工事,组织各种保障,以保证部队安全宿营。

1. 组织侦察

为了防止敌人突然袭击和继续行军,部队到达宿营地域后,应立即向有敌情和继续行军的方向上派出侦察,查明敌情和行军路线情况。同时,迅速搜集部(分)队的行军情况和到达宿营地域后的住宿情况,了解有关情况。

2. 组织警戒

为保障部队安全休息,要周密地组织宿营警戒。宿营警戒的组织应根据敌情、地形和宿营部署确定。通常,团(营)向受敌威胁较大的方向上派出连(排)哨,向次要方向派出排(班)哨,连派出班哨、步哨、潜伏哨、游动哨。

警戒派出的距离以保障主力不受突然袭击和有时间组织部队投入战斗为宜,一般连哨为4~6千米;对警戒地带的宽度,连哨为2~3千米,排哨为1~1.5千米。另外,必要时应组织有重点的环形警戒。

除派出战斗警戒外,各部(分)队还应指定值班分队,并派出直接警戒。

3. 建立通信联络

宿营地域的通信联络通常以有线电通信和运动通信为主,同时应充分利用地方既设线路。驻地较远的部(分)队可在短时间内使用无线电联络。

4. 严密封锁消息

战时部队到达宿营地域后,要对部队和当地群众进行防奸保密教育,控制人员流动,严密封锁消息。

5. 密切军民关系

平时组织部队训练，部队应与当地党政机关取得联系，得到他们对野营训练的支持。部队可在训练间隙做好群众工作或组织军民共建活动。

部队宿营结束，要认真清理文件和武器装备，避免丢失，清除宿营时所留痕迹，进行群众纪律检查和做好善后工作。

第四节 野外生存

野外生存，即人在山野丛林中求生。战斗是不分时间和场合的，每名军人都会面临野外生存的考验，生存能力直接影响战斗力，也决定着战斗的胜负。深入敌后的特种兵、侦察兵、空降兵，以及在战斗中与部队失去联系的战士和失事的空勤人员，在孤立无援的敌后或生疏的野外，更需要野外生存的本领。

一、野外判定方向

野外判定方向，就是指现地判明东、西、南、北方向，明确自己所处的位置以及周围地形和敌情。特别是夜间，由于视线不好，人的视听及各种感觉器官受周围环境的影响较大，极易产生错觉。因此，要保证夜间行动的准确、隐蔽和迅速，首先要能正确判定方向。

判定方位的方法主要有指北针和观察太阳和星座。在阴天和没有指北针、地图的情况下，还应该会利用地物特征来判定方位。

一些地物地貌由于受阳光、风向、气候等条件的影响形成某种特征，可以利用这些特征来判定方位。独立的大树通常南面枝叶繁茂，树皮光滑；北面枝叶稀少，树皮粗糙，有时还长有青苔。树桩上的年轮线通常是南面稀、北面密。建筑物、土堆、田埂、高地的积雪通常是南面融化较快，北面融化较慢。

在野外迷失方向时，切勿惊慌失措，首先要立即停下来，冷静地回忆一下所走过的道路，想办法利用标志物重新辨别方向，然后再寻找道路。最可靠的方法是原路返回出发地。在山地迷失方向后，应先登高远望，判断应该怎么走。通常应朝地势低的方向走，这样容易碰到水源，在森林中顺河而行最为保险。因为道路、居民点常常是滨水临河而建。如果遇到岔路口，首先要明确要去的方向，然后选择正确的道路。若几条道路的方向大致相同，无法判定，则应先走中间那条路，这样即使走错了路，也不会偏差太远。

二、识别和采集野生食物

在野外生存中获取食物十分重要，获取的途径主要有两种：一种是采集野生植物；另一种是捕猎野生动物。

（一）采集野生植物

我国地域辽阔，横跨寒、温、热三带，大部分地区气候较好，适合于各种植物生长，其中能食用的植物就有两千种左右，其中主要包括可食的野果、野菜、藻类、地衣、蘑菇等。

我国常见的可食野果有：山葡萄、黑瞎子果、茅莓、沙棘、火把果、桃金娘、胡颓子、乌饭树、余甘子、野栗子、椰子、木瓜等，这些是应急求生的上好食物。常见的野菜有苦菜、蒲公英、鱼腥草、马齿苋、刺儿草、荠菜、野苋菜、扫帚菜、菱、莲、芦苇、青苔等。野菜可生食、炒食、煮食。

部分树木的树皮也可应急食用，柳树、松树、白杨树新生代树皮或内皮（在硬树皮与树木之间的软皮）都可食。抗日战争时期，东北抗日联军在密林中，总结出三月吃桦树皮、四月吃椴树皮、五月吃松树皮的经验。这些季节里的树皮，味道比较容易接受。

采食野生植物最大的问题是如何鉴别是否有毒，一般人需要在专家指导下经过一定时间的学习才能掌握鉴别方法。野外生存有一个简单的鉴别野生植物是否有毒的方法，即将采集到的植物割开一个小口子，放进一小撮盐，然后仔细观察是否改变原来的颜色，通常变色的植物不能食用。

（二）捕猎野生动物

捕猎野生动物首先要知道掌握动物的生活规律，摸清动物的栖息地，然后再采取套猎、陷阱以及射杀等方法进行捕猎。捕猎大型野生动物比较难，下面介绍一下可食用昆虫的种类和食用方法。

目前，世界上人们食用的昆虫有蜗牛、蚯蚓、蚂蚁、蝉、蟑螂、蟋蟀、蝴蝶、蝗虫、蚱蜢、湖蝇、蜘蛛、螳螂等。人们对吃昆虫虽然不习惯，但在野外为维持生命，保持战斗力，完成任务，可以食用昆虫补充体力。但是应注意，一定要煮熟或烤透，以免昆虫体内的寄生虫进入人体，导致中毒或得病。

可食昆虫的食用方法主要有：蝉可生吃或干炸，幼虫也可食；蝗虫浸酱油烤着吃，煮或炒也可；螳螂去翅后烤、炒、煮也可以吃；蜻蜓干炸后可食；蜈蚣干炸，但味道不佳；天牛幼虫可生食或烤；蚂蚁可炒食；蜘蛛除去腿后烤食；白蚁可生食或炒食；松毛虫可烤食。

三、寻找水源和鉴别水质

水是人类生存所需的基本物质之一，人类离开了水就无法存活，脱水使人感到口渴、恶心、头晕、呼吸困难、意识模糊、虚脱。水在人体内起稳定器作用，身体消耗过多水分后，如果得不到及时补充，并且持续时间较长，就可能出现脱水现象，甚至危及生命。水也是野外生存的重要条件，正常人没有食物可以活三周，但没有水，三天都活不了，水在某种程度上说比食物更重要。因此，寻找水源的训练是野外生存训练的重要内容之一。

（一）寻找水源的方法

一般来说，没有发现地表水，如小河、小溪和泉水等的情况下，可根据植物的生长分布和动物的出没活动的特点来寻找水源。

在干旱的沙漠、戈壁地区，生长着铃铛刺等灌木丛的地表下6~7米深就有地下水；有胡杨生长的地方，地下水位距地表不过5~10米；芨芨草生长的地方，地下水位只有2米左右。在芦苇生长的地方，地下水距地表只有1米左右；如果发现有喜湿的金戴戴、马兰花等植物，向下挖，不到1米也可找到地下水，并且一般都还是质量不错的淡水。总之，不管在什么地区，只要是植被茂盛的地方，这个地方附近或深、或浅就有地下水。此外，还可根据动物的出没习性来寻找水源。泥土潮湿，蚂蚁、蜗牛、螃蟹等经常出没的地方，有地下水，并且埋藏较浅；在夏天，蚊虫通常成柱状盘旋飞绕的地方附近一般都有地下水；在冬天，青蛙、蛇类等动物冬眠的地方，往往有地下水。

（二）鉴别水质与水的净化

1. 鉴别水质

野外水源有时候水质浑浊，并且有异味，这时应先辨别水中是否含有毒、腐烂的物质，在野外没有检验设备的情况下，一般可以根据水的颜色、味道、水迹来鉴别。

一般清洁的水是无色无味的，而被污染的水则是浑浊且水色因含污染物而带有一些颜色和异味。如：含有腐殖质的水呈黄色，含高价铁或锰的水呈黄棕色而且带锈味，含硫化氢的水呈浅蓝色且有臭鸡蛋味，含硫酸镁的水有苦味，含有机物质的水有腐败味、臭味、腥味。

通过水温来鉴定。地面水（江河、湖泊）的水温随气温变化而变化，而浅层地下水受气温影响较小，深层地下水水温恒定且温度较低。如果水温突然升高，多是有机物污染所致，同时工业废水污染水源后也会使水温升高。

还可以通过把水滴在白纸上，晾干后观察水迹的方法来鉴定，清洁的水是无斑迹的，有斑迹则说明水中杂质多，水质较差。

2. 水的净化

水质较差通常要进行净化处理之后才能饮用。一是可以进行药物净化，用"漂白粉""饮水消毒片"处理浊水，可以起到澄清杀菌的作用；使用明矾可以使浊水变清。二是可以通过植物净化，将一些含有黏液的植物，如榆树皮、仙人掌等，捣烂成糊加入浊水中，搅拌3分钟后，再静置10分钟左右，也可起到类似明矾的净水效果。

四、取火

对于野外求生者来说，火有着特殊的意义。火不仅能使人保持体温，减少体内热能散失，而且用火还可以烤干衣服、煮饭烧水、熏烤食品、驱走害虫、吓跑野兽、发信号求救等。因此，野外生存离不开火，在某种程度上说，野外生存的能力取决于取火的能力。

火柴或打火机在野外生存中是不可缺少的必需品。如果一个人迷失了方向或来不及在天黑之前到达宿营地，一盒火柴可以帮助他摆脱困境。如果没有携带火柴或打火机、火柴受潮，还可用其他办法取火。

（一）击石取火

击石取火是一种最古老的野外取火方法。可在野外寻找一块坚硬的石头（黄铁矿石最好）做"取火石"，用石头背或小片钢铁向下敲击"取火石"，使火花落在干草等引火物上。当引火物开始冒烟时，缓缓地吹或扇，使其燃起明火。

（二）弓钻取火

先寻找一根拉力强韧的藤条、树枝或竹片，然后绑上鞋带、绳子或皮带，做成一个弓。在弓上缠一根干燥的木棒，用它在一块硬木上迅速用力旋转，钻出黑粉末，最后这些黑粉末会生出火星，点燃引火物。

（三）透镜取火

可用放大镜、望远镜或瞄准镜、照相机上的凸透镜。冬季可用透明的冰块磨制成凸透镜。阳光透过凸透镜聚焦照射易燃的引火物（腐木、棉絮、撕成薄片的干树皮、干木屑等）取火。利用放大镜取火，最快的是照射汽油、酒精和枪弹的发射药或导火索，可在1~2秒内点燃起火。

（四）枪弹取火

取一枚子弹，将弹头拔出，倒出三分之二的发射药，撒在干燥易燃的枯草或纸上，把弹壳里空出的地方塞上纸和干草，然后装弹入膛，用枪口贴近撒了发射药的引火物射击，引火物即可燃烧。

第五节　识图用图

一、地形图基本知识

地形图是一种普通地图,比例尺一般大于1∶1000000,它是国家经济建设、国防建设和军队作战、训练不可缺少的重要地形资料。在地形图上,可以进行长度、高度、坡度、水平角度、坐标和面积的量读、计算。

（一）地形图在军事上的作用

地图是反映某区域地理环境特征的载体,也是表述地理信息的一种图形语言。在军事作战中,指挥官们在分析研究战场形势、制定作战方案时都离不开地图,因为地图记录了作战地域内的自然和人文状况。通过地图,可以了解作战区域内的地形、水文、植被、土壤、气候、交通、城镇村落、关键要塞等情况。在此基础上,还可以分析出该区域的地理形势,继而制定出正确的作战方案。在作战中,指挥人员还要根据参谋人员在地图上标绘出的敌我双方的情况,及时采取随机应变的措施,并根据地图上标示的变化的战场形势,预测战斗的进展,制定相应的对策。

地图自古就受到军事家的高度重视。《管子·地图》中就写道:"凡兵主者,必先审知地图。"这句话的意思是:凡领兵作战的统帅,必须首先审阅地图。在现代战争中,指挥员对地图的依赖性更大。地图已成为各级军队指挥作战的重要工具,其作用有以下几点。

1. 供各级指挥员掌握战场全局

地形图可以将某个地区或某个重要战略、战役方向上的地形、地势、江河、城镇、交通枢纽等情况,真实地展现在眼前,供指挥员分析研究战场、地形、敌我情况,审时度势地制定作战方案,组织战斗。

2. 标绘要图

标绘要图是指挥员、参谋人员的重要业务技能之一,如首长决心图、敌我态势图、战斗经过图、行军路线图、宿营部署图、工事筑城图和各兵种战斗保障图等,都需要以要图的形式表达，而地形图是标绘要图的基础。

3. 为重要资料提供数据

地形图的特点是精确、详细，特别是大比例尺地形图，各军兵种都要从地形图上获得作战行动的必要地理资料和数据。如地形的起伏和坡度，道路里程、居民区的大小和建筑情况，森林中树木的种类和高度、直径等数据，都可以直接从地形图上获取。

4. 进行图上作业

部队在用图中，除了战术标图外，还有大量的室内和野外图上作业。如炮兵联测战斗队形和准备开始射击诸元；航空兵计划航线，确立飞行高度；一些兵种进行规划、设计和计算，这些都要在地形图上进行量取距离、方位，判断高程和计算面积等作业。

5. 为合成军队作战提供统一的地形信息

多兵种协同作战时，需要有统一的坐标系统、高程和地名，以便协调指挥。在现代战争中，多兵种协同作战，战场的范围极广，战争的突然性和破坏性大，情况复杂，组织指挥难度大，对地图的依赖性更大，地图成了军队组织指挥作战必不可少的工具。指挥员如果能正确利用地图，就能顺利地完成战斗任务，如不能正确地利用地图，就可能在战争中遭受挫折。

（二）地图比例尺

地图上某两个点之间的直线长度与相应实地水平距离之比，叫作地图比例尺。它表示地图图形的缩小程度，因此称为缩尺地图比例尺。通常以数字比例尺或直线比例尺标注在地图图廓外，它是判定地表实地水平长度在地图上的缩小比例，也是根据图上量测长度计算实地水平距离的依据。

1. 地图比例尺计算公式

地图比例尺=图上长度/相应实地水平距离。例如，一幅地图的图上长1厘米，相当于实地水平距离10000厘米，则此幅地图的比例尺为1∶10000。

2. 比例尺的三种形式

数字式比例尺能清晰表现地图缩小的倍数。文字式比例尺能清楚地表示比例尺的含义。线段式比例尺可以直接在地图上量算。

数字式：有分数式和比例式两种，前者如"1/1000000"，后者如"1∶1000000"。从分数比例尺的形式可以看出，分母的数字愈大，分数值愈小，比例尺也愈小；分母的数字愈小，分数值愈大，比例尺也愈大。

文字式：即直接用文字说明，例如"一百万分之一"或"一厘米代表十千米"。

线段式：也称直线比例尺，可以直接用直线比例尺上线段的长度进行量算实地距离。直线比例尺与地图一起，经照相放大或缩小，一般无须改变。

文字比例尺和数字比例尺，在地图放大缩小后，会发生变化，比例尺大小必须重新计算。

3. 比例尺的大小

根据用图的目的和要求的不同，地图比例尺也有大小之分，通常按比值的大小来定。比值的大小可根据比例尺的分母来确定，分母小则比值大，比例尺就大；分母大则比值小，比例尺就小。图幅大小相同的地图，比例尺越大，图幅所包含的实地面积就越小，显示的地形越详细，精度也越高。因此，大比例尺地图比较适合于初级指挥员使用，小比例尺地图则适合于中级、高级指挥员使用。

我国地形图的比例尺系列有1∶1000、1∶25000、1∶50000、1∶100000、1∶250000、1∶500000、1∶1000000七种。

4. 在地图上量算距离

（1）用直尺量算。先用直尺量取图上所求两点的长度，然后乘以该图比例尺分母，即可得出相应的实地水平距离。其换算公式为：实地距离=图上长度×比例尺分母。

（2）依直线比例尺量。先用两脚规量出两点间的长度，并保持其张度，再到线段式比例尺上比量。比量时，先使两脚规的一脚落在尺身的整千米数上，再使另一脚落在尺头上，即可读出两点间的实地水平距离。

（3）用里程表量读。在地形图上量取曲线距离时，使用指北针上的里程表比较方便，里程表由表盘、指针及滚轮三部分组成。量读时，先使指针归零，然后手持里程表，将滚轮放在起点上（使指针按顺时针方向转），沿所量线段滚至终点，指针在相应比例尺分划圈上所指的千米数，即为测量的实地距离。

（三）地物符号

地面物体种类繁多、形态各异，不可能把它们全部按照形状描绘在地形图上，为了使地图便于识别，制定了一些图形和注记来代表实地的某种物体，这些图形和注记统称为地物符号。地物符号按照与实地地物的比例关系和形状分为以下几类。

1. 依比例尺表示的符号（轮廓符号）

依比例尺表示的符号（轮廓符号）是可以按测图比例尺缩小，用规定符号画出的地物符号。如大型居民区、森林、湖泊等面积较大的地物，其外部轮廓是按比例尺缩绘的，轮廓内的注记是按配置需要填绘的。这类符号的轮廓线与实地基本一致，轮廓的转折点位置精度很高。

2. 半依比例尺表示的符号（线状符号）

半依比例尺表示的符号是长度按比例缩绘，而宽度不按比例缩绘表示的符号。实地上的长度很长、宽度很小的线状物，如道路、水坝、河溪等，其长度可以按比例尺绘制，宽度不能依比例尺，只能放大描绘。这类符号，在地图上只能量取其实地长度，不能量取实地的宽度。

3. 不依比例尺表示的符号（点状符号）

不依比例尺表示的符号是无法将其形状和大小按照比例尺描绘到图上的符号。实地面积很小，但有一些重要作用的独立物，如铁塔、大树等，只能以规定的符号表示。在地图上可以了解实地地物的性质和准确位置，但是不能量取大小。

4. 说明和配置符号

说明符号用于说明图形符号所不能表示的内容，如以箭头表示河流流向等。配置符号主要用于表示某些区域的土质分布和植被种类等。主要是用来说明、补充上述三类符号不能表示的内容，如树、果园、草地等，它们只能表示实地地物的情况，并不能代表地物的真实位置和数量。

（四）地貌判读

地貌的表示方法，是人们在实践中不断积累经验，逐渐完善和丰富起来的方法。在距今2600多年前，我国的制图者就已经用图形来表示山峰位置和山脉大体走向。到了清朝初期，制图者开始采用等高线表示地貌的方法。要从地图上了解和研判地貌状况、地物的高程和高差、斜面的坡度及通视情况，应先懂得用等高线显示地貌的原理、特点和规定。

1. 等高线显示地貌

（1）等高线。在地图上将地面上高程相等的各点相连形成的闭合曲线称为等高线，亦称水平曲线。等高线主要用以显示地貌高低起伏、倾斜陡缓形态，量取某一地段的坡度或任一点的绝对高程与相对高程等。

（2）等高线显示地貌的原理。假设把一座山从底部到山顶按相等的高度一层一层地水平横截，则山的表面便会留下一条条的弯曲截口痕迹线，把这些截口痕迹线垂直投影到一个平面上，便呈现出层层相套的曲线图形。因为每条曲线上各点的高度都相等，所以这种曲线叫作等高线；各相邻的两条等高线间的垂直距离相等叫作等高距。地形图就是根据这个原理显示地貌的。

（3）等高线显示地貌的特点。地形图上的等高线不仅可以显示地面的高低起伏和实际高差，并且有立体感。其特点如下。

① 在同一条等高线上的各点高程相等，并形成闭合曲线。

② 在同一幅地图上，等高线条数多，山势就高；等高线条数少，山势就低。

③ 在同一幅地图上，等高线间隔大的，则坡度平缓；等高线间隔小的，则坡度较陡。

④ 等高线的弯曲形状与相应实地的地貌形态相似。

根据等高线的这些主要特点，就比较容易判读出一个区域内的地貌特征。

（4）等高线的分类与作用。为了便于详细判读地貌和计算高程，等高线根据不同的作用，分为以下4种。

① 首曲线，又叫基本等高线，是按规定的等高距在图上所绘的细实线，是表示地貌形态的主要等高线。

② 计曲线，又叫加粗等高线，是按规定的高程起算面算起，每隔4条首曲线描绘的粗实线，是辨认等高线高程的依据。

③ 间曲线，又叫半距等高线，是以等高距的1/2绘的长虚线，用来显示首曲线不能显示的局部地貌。

④ 助曲线，又叫辅助等高线，是按等高距的1/4绘的短虚线，用来显示间曲线不能显示的局部地貌。

间曲线和助曲线只用于显示局部地区的地貌，所以除了显示山顶和凹地时各自闭合外，其他情况一般都不闭合。还有一种与等高线正交、指示斜坡方向的短线，叫作示坡线，它与等高线相连的一端指向上坡方向，另一端指向下坡方向。

（5）等高距。地形图上两条相邻等高线间的高差叫作等高距。为了制图方便，便于用图，应选择适当的等高距。对于同一地形而言，等高线的多少，取决于等高距的大小。等高距大，等高线就少，地貌显示就较简略；等高距小，等高线就密集，地貌显示就更详细。

（6）高程起算和注记。我国从1988年开始采用据1952~1979年青岛潮汐观测资料计算的平均海水面，作为全国统一的高程起算面，称为1985年国家高程基准。从这个基准面起算的高程叫作海拔。起算面相同的两点间高程之差，叫作高差。地貌、地物由所在地面起算的高度，叫作比高。

地形图上的高程注记有三种，即等高线高程、控制点高程和比高。等高线的高程注记，用棕色，字头朝向上坡方向；控制点的高程注记，用黑色，字头朝向北图廓；比高注记与其所属要素的颜色一致，字头朝向北图廓。

（7）地貌类型。地貌的外部形态千差万别，但是它们都是由一些基本形态组成的，这些基本形态是山顶、凹地、山背、山谷、鞍部和山脊等。在地形图上，通过等高线和地貌符号，可以识别地貌的各种形态。

① 山顶和凹地。山顶按其形状可分为尖顶、圆顶和平顶，在等高线中以最小环圈表示，有时用示坡线表示斜坡方向，绘在环圈外侧。示坡线是指一线段垂直与等高线相连。它与等高线不相连的一端指向下坡方向；它与等高线相连的一端，指向上坡方向。

凹地是比周围地面低且经常无水的低地。大面积的低地称盆地，小面积的低地称为凹（洼）地。凹地的等高线是一个或数个小环圈，并在环圈内绘有示坡线。

② 山背和山谷。山背是从山顶到山脚的凸起部分。山背的等高线以山顶为准，等高线向外凸出，各等高线凸出部分顶点的连线，就是分水线。山谷是相邻两个山背之间的低凹部分。山谷的等高线以山顶或鞍部为准，等高线向里凹入或向高处凸出。各等高线凹入部分顶点的连线，就是合水线。

③ 鞍部和山脊。鞍部是相连两个山顶之间的凹下部分，其形如马鞍状，故称为鞍部，在地图上是用一对表示山脊的等高线和一对表示山谷的等高线显示。山脊由数个山顶、山背、鞍部相连所形成的凸棱部分。山脊的最高棱线叫作山脊线。

④ 特殊地貌。特殊地貌是指等高线无法显示的地貌，在地图上只能用特殊符号来表示。

2. 高程、起伏和坡度的判定

（1）高程和高差的判断。在使用地图时，经常要判定点位的高程或高差。判定高程和高差，都要依靠图上的等高线和高程注记。

① 高程判定。判定定点的高程时，先在判定点附近找高程注记，然后根据等高距进行推算。

当判定点在等高线上时，该条等高线的高程，就是该点的高程；当判定点在两条等高线之间时，应先查出相邻两条等高线的高程，再进行估计。

当判定点在山顶，而山顶又无间曲线或助曲线表示时，应先判明最高一条等高线的高程，通常再加上半个等高距。如是鞍部，则应先判明较低一条等高线的高程。

② 高差判断。高差判断是判断地面两个点间海拔高度的差值。当两个点位于同一斜面上时，只要数一下等高线的间隔数量，乘上等高距，再加上余高，即是两点

之间的高差。如果两个点不在同一斜面上时，先要分别求出它们的高程，然后用大数减去小数，即是两点间的高差。

（2）起伏判定。在图上判定战斗区域或行进方向上的起伏时，先要根据等高线的浓密情况，河流的位置和流向，找出各山脊的分布状况和地形总的下降方向，再明确山顶、鞍部、山脊、山谷的分布，综合判断起伏状况。通常，当等高线在河流一侧时，靠近河流的等高线表示下坡方向，反之为上坡方向；当等高线横穿河流时，上游的等高线表示上坡方向，反之为下坡方向。

（3）坡度判定。坡度是指斜面相对于水平面的倾斜程度。坡度通常以度数表示，也有用百分数表示的。在地形图上判定坡度时，通常借助地形图图廓下方的坡度尺。

① 用坡度尺量。坡度尺的底线上注有1~30度的数值和3.5%~58%的纵坡数值。从下至上有6条线（1条直线，5条曲线），可以分别量取2~6条等高线间的坡度。量取两条等高线间的坡度时，先用两脚规或纸条、小木棍等量取图上两条等高线间的宽度；再到坡度尺的底线与第1条曲线间的纵上方向比量，找到与其等长的垂直线，即可读出相应的坡度。

② 根据等高线间隔计算。如果采用统一规定的等高距的地形图，当两条相邻首曲线的间隔为1毫米时，则相应实地的坡度约为12度。如果间隔大于或小于1毫米，只要用间隔的毫米数除12就可以得出实地坡度。例如，相邻两条首曲线的间隔为3毫米，则坡度为4度。如果坡度超过30度时，则不宜采用此法，因估算误差较大。

二、现地使用地形图

现地使用地形图主要是通过对照地形图与现地，进行判读、量算、行进、组织计划等工作，了解周围地形情况，明确自己所处位置，确定进行任务的方向、路线、距离和作战目标。

（一）方位判定

方位判定就是在现地辨明所在地的方向，便于明确周围地形和敌我的位置，实施正确的指挥和行动。实地判定方位，就是实地辨明东西南北方向，确定地形图与实地的关系，是实地用图的前提。判定方位的方法很多，但要因地制宜，灵活运用，这里只介绍几个简单常用的方法。

1. 利用指北针判定

平持指北针，待磁针稳定后，磁针红色一端所指的方向，为实地的北方向，判定者面向北，那么就可以判定左西、右东、背后为南。使用指北针前，应检查磁针是否灵敏，使用时应避免靠近高压线和钢铁物体。在磁铁矿区和磁力异常地区不能使用此方法。

2. 利用北极星来判定

北极星是在天空正北方的一颗明亮的恒星，夜间找到北极星，就很容易判定北方。北极星位于小熊星座的尾端，因小熊星座比较暗（除北极星），故通常根据大熊星座，也就是北斗七星（人称勺子星），以及仙后星座（即女帝星座）来寻找。大熊星座由7颗明亮的星组成，头部像一把勺子，将勺端甲、乙两星的连线向勺子口方向延长，约在两星间隔的5倍处，有一颗略明的星，它就是北极星。仙后星座是由5颗明亮的星组成，形状很像英文字母W。在W字母的缺口方向约缺口宽度2倍处的那颗星，就是北极星。找到北极星，面向北极星，正前方就是北方。

3. 利用太阳和手表判定

一般情况下，早上6点时，太阳在东方；中午12点时，太阳在正南方；傍晚18点时，太阳在西方。根据这一规律，可以大概判定出方位。利用手表判定方向有一个简单的口诀是：时数折半对太阳（每天以24小时计算），12字头指北方。如在下午14时40分，应以7时20分对准太阳，12字头所指的方向就是北方。为便于判定，还可在时数折半的位置处，垂直竖立一根草棍或火柴棍，转动表盘，使其影子通过表盘中心。北京标准时间是以东八区的时间为准，如在远离东八区的地方判定方位时，应将北京时间换算成当地时间。夏季的南半球地区，太阳垂直照射南回归线时，不宜采用此种方法。

4. 利用地物特征判定

有些地物由于受阳光、气候等自然条件的影响，形成了某种特征，也可用来大概地判定方位。

（1）独立大树，通常南面的枝叶较茂密，树皮较光滑；北面的枝叶较稀疏，树皮较粗糙。

（2）独立大树的树桩年轮，通常北面的间隔小，南面的间隔大。

（3）突出地面的物体，如土堆、土堤、田埂和建筑物等，通常南面干燥，青草茂密，冬季雪融化较快；北面潮湿，易生青苔，冬季雪融化较慢。凹陷物体如土坑、沟渠以及林中空地的特征则相反。

我国幅员辽阔，各个地区有其不同的特征。如内蒙古高原冬季因受西北风的作用，山的西北坡积雪较少，而东南坡积雪较多；而在新月形沙丘地区，地面比较平坦，风向比较稳定，沙丘受风力的作用，顺着风向伸展，迎风的一面坡度较缓，背风的一面坡度较陡；草原上的蒙古包门多朝向东南。因此，利用地物的一些特征判定方位时，应采用多种方法相结合，并注意当地的一些特殊规律，以避免判断出错。

（二）地图与现地对照

现地使用地图要能随时确定站立点在图上的位置，了解周围地形情况，保持正确方向。因此，必须经常做一些专业试练。

1. 标定地形图

标定地形图就是使地图方位和现地方位一致，这是确定站立点和对照地形的前提。

（1）用指北针标定。在地图的南、北内图廓线上，各绘有一个小圆圈，分别为磁南和磁北，两点的连线就是本幅图的磁子午线（部分地图已用虚线连接）。

将指北针准星朝向地图上方，并使直尺边切于磁子午线。转动地图，使磁针的北端精确对准指标，地图就标定好了。

标定地图时因为要使用指北针，所以要避开磁铁、高压线和钢铁物体，如小刀、手机等。

（2）利用北极星标定。如果夜晚的天空中有星星，可利用北极星标定地图。首先找到北极星，使地图上方概略朝北；转动地图，使东、西内图廓线中的任意一条对准北极星，地图就标定好了。

（3）利用直长地物标定。当站立点位于直长地物上时（如公路、铁路），先在图上找到现地直长地物相应的地物符号，大概对照此类地物两侧的地形，使地图方位与现地方位概略相符；然后转动地图，使图上的直长地物符号与现地相应的直长地物方向一致，地图就标定好了。如果实地线状地物较宽时，应以其中一个侧边或中心线为准，并以线状地物符号的相应部位进行瞄准。

（4）利用明显的地形点标定。明确了站立点在图上的位置，然后在远方选一个现地和地图上都有的地点，如山顶、独立物等；将直尺切于图上的站立点和地形点；转动地图，使直尺边对准现地的明显地形点，地图就标定好了。

2. 确定站立点的方法

确定站立点在地图上的位置，是进行地图与现地对照的根据。

（1）利用明显地形点判定。当站立点恰在明显地形点上，则该地形点的符号即是站立点在地图上的位置。当在明显地形点附近时，先标定地图，然后进行对照分析，根据站立点与明显地形点的相关位置，确定出站立点在地图上的位置。

（2）用后方交会法确定。站立点附近没有明显的地形点，远方能找到现地和地图上都有的多个（两个以上）明显地形点时，可采用后方交会法确定站立点的图上位置。先标定地图，在远方选择两个图上和现地都有的明显地形点，用直尺边分别切准图上两个地形点，先后向现地相应的地形点瞄准，并画出两条方向线，两线的交点就是站立点在地图上的位置。

（3）用截线法确定。当站立点在线状地物上时，可用截线法确定站立点在地图上位置。先标定地图，在线状地物的侧方选择一个图上与现地都有的明显地形点；将直尺边切准图上地形点符号的定位点，向现地相应的地形点瞄准并画方向线，方向线与线状地物符号的交点，就是站立点在图上的位置。

3. 现地对照地形

进行现地对照地形，应达到两个目的：一是将地图上的地物、地貌符号和现地的地物、地貌一一对应；二是通过对照，发现地图和现地的变化情况。

通常在标定地图、确定站立点的基础上，根据目标的方向、距离、特征、高程及位置等因素进行对照。

当对照某一区域地形时，通常先对照明显的特殊地形，再由近及远、由点到面或逐片地进行对照。

对照平原地形时，可先对照主要的道路、河流、居民区和高大突出的建筑物，再根据地物分布规律和相关位置，逐点分片地进行对照。此类地形，变化的可能性较大，对照中尤其应注意。

对照山地和丘陵地形时，可根据地貌形态、山脉走向，先对照明显的山顶、山脊，然后顺着山脊、山背、山谷的方向进行对照。

（三）按地图行进

按地图行进就是分析地形图然后选定路线，在现地对照地形图行进。它是保障部队行动自如、夺取有利战机的一个重要方法。

1. 行进前的准备

行进前必须进行认真细致的图上作业，并且要切实做到"标""量""熟记"三结合。

（1）"标"。"标"就是根据任务、敌情、地形及部队装备等情况，在地形图上研究和选定行进路线，并将行进路线、沿途方位物，如岔路口、转弯点、居民区进出口等标绘在地形图上。

（2）"量"。"量"就是量算行进路线的里程，估算行进时间，并注记在图上。量算起伏较大地区的行进路线时，要考虑坡度对行进速度的影响。估算行进时间时应依据季节、气候、土质、植被等对行进可能造成的影响，考虑行进速度。

（3）"熟记"。"熟记"就是熟记行进路线。一般按行进的顺序，把每段的里程、经过的居民区、方位物和地形特征，特别是岔路口、道路转弯处和居民区进出口附近的方位物及地形特征等要熟记在脑子里。

如时间和条件允许时，还应调查通行情况，如前进路上的道路、桥梁、水库、水渠、渡口等有无变化，确定相关的保障措施。

2. 行进要领

行进时要做到方向明、路线明、位置明。无论是沿道路行进或越野行进，都要先在出发点上标定地图，对照地形，明确行进的路线和方向，然后计时出发。行进中要随时标定地图，对照地形，做到随时明确站立点在图上的位置。当怀疑行进出错时，应精确标定地图，找出站立点在图上的位置，再仔细对照周围地形，全面分析地形和地图，待判明后再继续前进。

到达转弯点，要对照现地，标定地图。确实判明是图上预定的转弯点后，在现地明确下一段应走的方向、路线，研究沿途地形，选好方位物，继续前进。乘车行进时，速度很快，地图与现地对照时比较困难，因此，精力要高度集中，多对照大的、明显的目标，如大的居民区、桥梁、河流、山峰等。同时，还要预知前方即将出现的地形情况，对即将到达的岔路口应特别注意，以免走错；在出发点和各转弯点，应根据道路里程表随时记下各段所走里程和时间，作为判定车辆到达位置的参考数据。行进中如遇地形变化，无法判断行进路线是否正确，应停车标定地图，进行现地对照，把情况弄清楚后再继续前进。

夜间行进时，由于视线不佳，地图和现地对照较困难，容易迷失方向。因此，行进前应认真分析和熟记沿途地形的特征，尽量选择道路附近的高大地物作为方位物。行进中可用指北针或北极星标定地图，根据预先对沿途各段经过地形的记忆，多找对照点，勤对照。如果怀疑路线错误，可采用走近观察、由低处向高处观察、由暗处向明处观察等方法，及时确定站立点的位置，明确行进的方向。还可以根据流水声、灯光等判断溪流和居民区的位置，及时确定站立点的位置，判明行进的方向。

如果发现进行路线走错了,应首先回忆已走过的路线的方向、距离和经过地形的特征,找到走错的原因;再对照现地,标定地图,判明当时到达点的图上位置及其与预定路线的关系;然后,可选择就近道路插到预定路线上;如果没有就近道路,可按原路返回,然后重新按预定路线行进。

第六节 电磁频谱监测

在军事上,电磁频谱既是传递信息的一种载体,又是侦察敌情的重要手段,已成为交战双方争夺的制高点之一。

电磁频谱是一个充满神奇的无形世界。随着军队信息化建设的高速发展,它已成为未来战场上影响战争胜负的一个重要砝码。

当今世界,是信息大爆炸的时代,电磁频谱管理则是信息高速公路上的"交通警察"。

一、电磁频谱的定义

按电磁波波长或频率连续排列的电子波族称为电磁频谱。

二、电磁频谱在战争中的应用

1904年,日俄在旅顺开战。俄国军舰上的报务员利用发射机成功干扰了日军的通信线路,结果使日本军舰不战而退。这是世界上第一次使用电磁频谱作战的经典案例。

1942年,美日中途岛大战,日军对电磁频谱控制不善,导致作战计划被美军截获破译,使得日军丧失作战主动权,4艘航空母舰被击沉。

三、电磁频谱的特性

电磁频谱的特性有:电磁频谱的有限性;频谱资源的非消耗性;频谱资源的三维性;频谱资源的易受污染性;频谱资源的共享性;频谱资源的不可替代性。

四、电磁频谱的重要性

(一)国家

电磁频谱对于一个国家是一种非常重要的战略性资源,在现代经济和国防建设中越来越显示出不可替代的重要性。

电磁频谱资源是现代人类社会和经济发展的物质基础,已经构成了信息化时代人类生存条件的基本要素。

(二)军事领域

未来战场具有装备数量多、种类全、电台密度大、程式复杂、电磁环境变化节奏快等特点,如不加强频谱管理,势必造成通信干扰、联络不畅等问题,从而影响整个战局的成败。在海湾战争中,曾使用7 500多个高频网,1 200多个甚高频网,以及7 000个特高频网。

附录一

教育部 中央军委国防动员部关于印发《普通高等学校军事课教学大纲》的通知

教体艺〔2019〕1号

各省、自治区、直辖市教育厅（教委），新疆生产建设兵团教育局，各军兵种、武警部队参谋部，各省军区（卫戍区、警备区），教育部直属各高等学校、部省合建各高等学校：

根据《中华人民共和国国防法》《中华人民共和国兵役法》《中华人民共和国教育法》，为适应立德树人根本任务和强军目标根本要求，服务军民融合发展战略实施和国防后备力量建设，增强学生国防观念、国家安全意识和忧患危机意识，提高学生综合国防素质，教育部、中央军委国防动员部联合制订了《普通高等学校军事课教学大纲》（以下简称《大纲》）。现将《大纲》印发给你们，请认真学习贯彻《大纲》的内容，按照《大纲》要求，切实保障学生军事理论教学和军事技能训练课时、内容和要求的落实。《大纲》于2019年8月起在全国施行，原《大纲》（2006年修订）废止。

教育部 中央军委国防动员部
2019年1月11日

附录二

普通高等学校军事课教学大纲

依据《中华人民共和国国防法》《中华人民共和国兵役法》《中华人民共和国教育法》，以及国务院、中央军委有关文件精神，结合我国高等教育发展、国防和军队建设发展的实际情况，制订《普通高等学校军事课教学大纲》（以下简称《大纲》）。

一、课程定位

军事课是普通高等学校学生的必修课程。军事课要以习近平强军思想和习近平主席关于教育的重要论述为遵循，全面贯彻党的教育方针、新时代军事战略方针和总体国家安全观，围绕立德树人根本任务和强军目标根本要求，着眼培育和践行社会主义核心价值观，以提升学生国防意识和军事素养为重点，为实施军民融合发展战略和建设国防后备力量服务。

二、课程目标

普通高等学校通过军事课教学，让学生了解掌握军事基础知识和基本军事技能，增强国防观念、国家安全意识和忧患危机意识，弘扬爱国主义精神、传承红色基因、提高学生综合国防素质。

三、课程要求

军事课纳入普通高等学校人才培养体系，列入学校人才培养方案和教学计划，实行学分制管理，课程考核成绩记入学籍档案。

军事课由《军事理论》《军事技能》两部分组成。《军事理论》教学时数36学时，记2学分；《军事技能》训练时间2~3周，实际训练时间不得少于14天112学时，记2学分。课程内容含"必讲（必训）"内容（以"★"标识）和"选讲（选训）"内容（其他未标识者），各学校可根据本校实际情况在确保完成"必讲（必训）"

内容的基础上，灵活选择"选讲（选训）"内容，但必须完成总学时。

普通高等学校要严格按纲施教、施训和考核，严禁以任何理由和方式调减、占用教学、训练内容和时数。

四、课程内容

（一）《军事理论》教学内容、教学目标与教学时数

注：带*的为必讲课目，其余为选讲课目。

	教学内容		教学目标	建议学时	备注
中国国防	*国防概述	国防的内涵、国防类型、国防的历史与启示、现代国防观	理解国防内涵和国防历史，树立正确的国防观；了解我国国防体制、国防战略、国防政策，以及国防成就，激发学生的爱国热情；熟悉国防法规、武装力量、国防动员的主要内容，增强学生国防意识	10	
	*国防法规	国防法规体系、公民的国防权利与义务			
	*国防建设	国防体制、国防战略、国防政策、国防成就、军民融合			
	*武装力量	中国武装力量的性质、宗旨、使命及武装力量构成，人民军队的发展历程			
	*国防动员	国防动员内涵、国防动员主要内容及意义			
国家安全	国家安全概述	国家安全的内涵、原则、总体安全观	正确把握和认识国家安全的内涵，理解我国总体国家安全观，提升学生防间保密意识；深刻认识当前我国面临的安全形势。了解世界主要国家军事力量及战略动向，增强学生忧患意识	8	
	*国家安全形势	我国地缘环境基本概况、地缘安全、新形势下的国家安全、新兴领域的国家安全			
	*国际战略形势	国际战略形势现状与发展趋势、世界主要国家军事力量及战略动向			
军事思想	军事思想概述	军事思想的内涵、发展历程及地位作用	了解军事思想的内涵和形成与发展历程，了解外国代表性军事思想，熟悉我国军事思想的主要内容、地位作用和现实意义，理解习近平强军思想的科学含义和主要内容，使学生树立科学的战争观和方法论	6	
	外国军事思想	外国军事思想的主要内容、特点及代表性著作			
	*中国古代军事思想	中国古代军事思想的主要内容、特点及代表性著作			
	*当代中国军事思想	毛泽东军事思想、邓小平新时期军队建设思想、江泽民国防和军队建设思想、胡锦涛国防和军队建设思想、习近平强军思想			

续表

教学内容			教学目标	建议学时	备注
现代战争	战争概述	战争的内涵、特点、发展的历程	了解战争内涵、特点、发展历程，理解新军事革命的内涵和发展演变，掌握机械化战争、信息化战争的形成、主要形态、特征、代表性战例和发展趋势，使学生树立打赢信息化战争的信心	6	
	*新军事革命	新军事革命的内涵、发展演变、主要内容			
	机械化战争	机械化战争的基本内涵、主要形态、特征和代表性战例			
	*信息化战争	信息化战争的基本内涵、主要形态、特征、代表性战例，战争形态发展趋势			
信息化装备	信息化装备概述	信息化装备的内涵、分类、对现代化作战的影响及发展趋势	了解信息化装备的内涵、分类、发展及对现代作战的影响，熟悉世界主要国家信息化装备的发展情况，激发学生学习高科技的积极性，为国防科研奠定人才基础	6	
	*信息化作战平台	各国主战飞机、坦克、军舰等信息武器装备发展趋势，战例应用			
	综合电子信息系统	指挥控制系统、预警系统、导航系统等装备电子信息系统发展趋势、战例应用			
	信息化杀伤武器	新概念、精确制导、核生化武器装备等武器装备发展趋势、战例应用			

（二）《军事技能》训练内容、教学目标与教学时数

注：带*的为必训课目，其余为选训课目；训练日按每天8学时计算。

训练内容			教学目标	建议学时	备注
共同条令教育与训练	*共同条令教育	《内务条令》《纪律条令》《队列条令》教育	了解中国人民解放军三大条令的主要内容，掌握队列动作的基本要领，养成良好的军事素养，增强组织纪律观念，培养学生令行禁止、团结奋进、顽强拼搏的过硬作风	40~56	
	*分队的队列动作	集合、离散、整齐、报数、出列、入列、行进、停止、方向变换			
	现地教学	走进军营，学唱军营歌曲，走进爱国主义教育基地			

续表

训练内容			教学目标	建议学时	备注
射击与战术训练	★轻武器射击	轻武器性能、构造与保养，简易射击学理，武器操作、实弹射击	了解轻武器的战斗性能，掌握射击动作要领，进行体会射击；学会单兵战术基础动作，了解战斗班组攻防的基本动作和战术原则，培养学生良好的战斗素养	20~28	在训练条件不满足时，可采取模拟训练
	★战术	单兵战术基础动作、分队战术			
防卫技能与战时防护训练	★格斗基础	格斗常识、格斗基本功，捕俘拳	了解格斗、防护的基本知识，熟悉卫生、救护基本要领，掌握战场自救互救的技能，提高学生安全防护能力	32~48	
	★战场医疗救护	救护基本知识、个人卫生，意外伤的救护、心肺复苏，战场自救互救			
	★核生化防护	防护基本知识和技能，防护装备使用			
战备基础与应用训练	★战备规定	战备规定主要内容、要求	了解战备规定、紧急集合、徒步行军、野外生存的基本要求、方法和注意事项，学会识图用图、电磁频谱监测的基本技能，培养学生分析判断和应急处置能力，全面提升综合军事素质	20~36	
	★紧急集合	紧急集合要领、紧急集合训练			
	★行军拉练	行军拉练基本要领、方法，徒步行军实践，宿营			
	野外生存	识别和采集野生食物，寻找水源和鉴别水质，野炊			
	识图用图	地形图基本知识、地图使用训练			
	电磁频谱监测	电磁频谱监测基本知识、方法训练			

五、教师发展

军事课教师是完成军事课教学目标的具体执行者和组织者，学校应当按照教学时数和授课学生数量配备相应数量的军事课教师。军队应完善派遣军官制度，按计划派出承训力量，军地双方共同完成军事课教学任务。

军事课教师必须在政治上从严要求，努力提高自身思想素质、军事素质和业务能力，积极参加教学改革和学术研究，不断提高教学质量，开创军事课教学科研工作新局面。

各级教育行政部门、军事部门和普通高等学校应当有计划地安排军事课教师接受继续教育和培训，不断改善知识结构，提高教育教学水平，以及学历、学位层次，适应现代高等教育和军事课教学科研需要。

六、教材建设

建立和完善军事课教材建设、规划、编审管理制度。加强普通高等学校军事教学指导委员会建设，规范军事课教材编写和审查。实行教材准入制度。高校应选用优质教材进行教学，确保教材的政策性、权威性和规范性。

七、教学方法

坚持课堂教学和教师面授在军事课教学中的主渠道作用，重视信息技术和慕课、微课、视频公开课等在线课程在教学中的应用和管理。

军事理论教学进入正常授课课堂，严禁以集中讲座等形式替代课堂教学。军事技能训练应坚持按纲施训、依法治训原则，积极推广仿真训练和模拟训练，严禁违规开展商业化运营和市场化运作。

八、课程考核

军事课考核包括军事理论考试和军事技能训练考核，成绩合格者计入学分。学校要建立健全军事课考核规章制度，对考核组织实施程序、方法、标准、要求等进行规范。军事理论考试由学校组织实施，考试成绩按百分制计分，根据卷面成绩、平时作业、考勤情况和课堂表现综合评定。军事技能训练考核由学校和承训教官共同组织实施，成绩分优秀、良好、及格和不及格四个等级。根据学生参训时间、现实表现、掌握程度综合评定。军事课成绩不及格者必须进行补考，补考合格后取得相应学分。

九、教学保障

学校要加强军事课教学的组织保障、经费保障、训练场地保障。军用装备器材由各省军区（卫戍区、警备区）保障；军民通用装备器材由学校保障，纳入政府年度预算和学校经费保障范畴。

十、督导评价

军事课纳入国家教育督导体系，定期组织军事课建设教育督导。各省级教育行政部门会同军事部门成立军事课教学督导机构，制定本地区的评价方案，定期组织军事课程督导评价，充分发挥教育督导评价的导向和激励作用。通过定期举办学生军事训练营等教学展示活动检验军事课教学效果。各学校要建立军事课程评价体系和管理制度，并将军事课程评价纳入学校课程评价总体框架、教学质量年度报告和学校综合办学水平评估。完善高校军事课评价体系，把军事课纳入高校人才培养工作评估体系，作为办学评价的重要指标。

十一、附则

本《大纲》是普通高等学校开展军事课教学的基本依据，也是军事课教学教材建设和教学评价的重要依据。

本《大纲》于2019年8月起在全国施行。原《普通高等学校军事课教学大纲》（2006年修订）废止。